高等职业教育校企合作新形态系列教材

大学生心理健康教育
（高职轨道交通专业版）
（活页式）

主　编　何贞国　苏　颖　钟筱璐

西南交通大学出版社
·成　都·

图书在版编目（CIP）数据

大学生心理健康教育：高职轨道交通专业版 / 何贞国，苏颖，钟筱璐主编. —成都：西南交通大学出版社，2021.8

ISBN 978-7-5643-8140-0

Ⅰ. ①大… Ⅱ. ①何… ②苏… ③钟… Ⅲ. ①大学生－心理健康－健康教育－高等职业教育－教材 Ⅳ. ①G444

中国版本图书馆 CIP 数据核字（2021）第 141968 号

Daxuesheng Xinli Jiankang Jiaoyu
（Gaozhi Guidao Jiaotong Zhuanye Ban）

大学生心理健康教育（高职轨道交通专业版）

主编　何贞国　苏　颖　钟筱璐

责任编辑	罗爱林
封面设计	何东琳设计工作室
出版发行	西南交通大学出版社 （四川省成都市金牛区二环路北一段 111 号 西南交通大学创新大厦 21 楼）
发行部电话	028-87600564　028-87600533
邮政编码	610031
网　　址	http://www.xnjdcbs.com
印　　刷	四川玖艺呈现印刷有限公司
成品尺寸	185 mm × 260 mm
印　　张	15
字　　数	347 千
版　　次	2021 年 8 月第 1 版
印　　次	2021 年 8 月第 1 次
书　　号	ISBN 978-7-5643-8140-0
定　　价	49.80 元

课件咨询电话：028-81435775

前言

PREFACE

2019年2月，国务院印发《国家职业教育改革实施方案》(职教20条)，进一步明确了职业教育在我国教育体系中的重要地位，提出了深化职业教育改革的路线图、时间表、任务书。文件明确要求："健全专业教学资源库，建立共建共享平台的资源认证标准和交易机制，进一步扩大优质资源覆盖面。遴选认定一大批职业教育在线精品课程，建设一大批校企'双元'合作开发的国家规划教材，倡导使用新型活页式、工作手册式教材并配套开发信息化资源。……适应'互联网+职业教育'发展需求，运用现代信息技术改进教学方式方法，推进虚拟工厂等网络学习空间建设和普遍应用。"2019年10月，教育部启动"十三五"职教国家规划教材建设工作，在《关于组织开展"十三五"职业教育国家规划教材建设工作的通知》(教职成司函〔2019〕94号)中提出："进一步完善教材编写、审核、选用、更新、管理和服务机制，健全制度体系。建设一大批校企'双元'合作开发的优质教材，倡导使用新型活页式、工作手册式教材并配套开发信息化资源。"2019年12月，教育部印发《职业院校教材管理办法》，倡导及时吸收比较成熟的新技术、新工艺、新规范等，"开发活页式、工作手册式新形态教材"。新形态教材的建设与普及，被提到一个极为重要的位置。

新形态教材，是以纸质教材为核心，将数字化资源、数字课程开发应用相结合的新型教材。它以课程建设为中心，承载了课程建设的所有资源，为教师提供"一条龙"服务，是课程标准、教学计划、课件、习题及答案、模拟试卷、题库、微课、动画等的集合。它满足了信息时代泛在学习需要，广泛适应当下混合式教学、在线学习等泛在教学模式，适应"互联网+职业教育"发展需求，回应"现代信息技术改进教学方式方法"的政策关切，充分发挥了数字化资源的价值，实现了教材内容与数字资源建设一体化、教材编写与课程开发一体化、教学与学习过程一体化。

进行新形态教材开发，是现代职业教育教学改革创新的需要；是推进产教融合、专业融合、课程与教学融合的需要；是新技术、新工艺、新规范、新发展理念融入教学的需要；是职教云、云课堂等教学工具深入课堂，各类专业教学资源库、精品在线课程建设所带来的海量数字资源应用的需要；是信息技术进步进而在现实场景中深化运用的必然结果。

2021年1月7日，教育部部长陈宝生在全国教育工作会议上指出："'十四五'时期，我国教育进入高质量发展阶段。教育改革发展的外部环境和宏观政策环境已发生深刻变化，面临着新形势、新阶段、新理念、新格局、新目标、新要求""发挥教材培根铸魂、启智增慧作用""促进学生身心健康全面发展，要面向全体学生开展心理健康教育。对学生心理问题及时发现、疏导和干预，增强学生承受挫折、适应环境的能力"。

湖北铁道运输职业学院（武汉铁路技师学院）结合深化院校教育教学改革的诸多要求，紧密联系轨道交通专业特色，针对新时期职业院校学生特点，贴合其学习能力、阅读习惯、学习目标、接受习惯等编写内容，推动新形态教材开发与建设。

本教材在教学改革的基础上，通过广泛调研论证，共分为10大专题、28项学习任务，教材具有以下特点：创设情境、课堂活动互动多；内容具有专业针对性，案例分析来自轨道交通行业真实案例，贴近学生专业；拓展阅读丰富了学生知识；使用二维码更适应现代青年学生的阅读习惯，充分体现了"互联网+职业教育"的发展需求，使学生在轻松愉快的学习氛围中，获得心理健康方面的知识，树立正确的健康观念，促进大学生全面健康成长。

本教材在使用中修改、在修改中完善，是《城市轨道交通心理学》的升级版，蕴涵了湖北铁道运输职业学院心理学教师的心血，也是学院"三教改革"成果的具体体现。本书由苏颖（专题一、专题三、专题五、专题七、专题八）、钟筱璐（专题二、专题六、专题十）、何巍（专题四、专题九）编写，何贞国完成前言和统稿工作，龙叶明老师给予指导意见。本教材在编写过程中参考了前辈学者大量的相关研究文献和最新研究成果，在此向原作者表示感谢；西南交通大学出版社策划编辑臧玉兰给予大力支持和无私奉献，在此一并致谢。

由于编者水平有限，本教材中难免存在疏漏和错误，同时编者参与轨道交通运营行业实际工作较少，与轨道交通运营行业结合的紧密程度尚有不足，敬请同学和同行来电来函批评指正，共同为心理学知识在轨道交通运营行业中的更广泛运用助力。

编者

2021年4月

目录
CONTENT

专题一　心理学与运输安全

学习目标

1. 能描述心理现象；解释知、情、意、行与乘务安全关系等基本心理学原理。
2. 能建立科学的心理学意识；
3. 能归纳整理影响运输安全的因素。

任务一　什么是心理学

【导读】

心理学是一门科学，是研究人的心理现象和规律的科学。心理学起源于哲学。19世纪80年代，心理学从哲学中分离出来，成为一门独立的科学。

心理学是一门交叉学科，它涉及哲学、生物学、社会学、医学、管理学、教育学等多种学科。在人类生活的方方面面以及诸多领域，可以发现许多心理学现象。学习和研究这些心理现象，可以帮助我们更好地认识自我与他人，更好地解决个人健康问题与社会问题。

【课堂活动】说说你眼里的心理学

姗姗：我在电视上看了一个催眠节目，那个视频真的深深吸引了我。虽然之前就听说过催眠，但就在那天才真正感觉到催眠的神奇，真的是目瞪口呆，简直不敢相信世间有这么神奇的事情，这让我对心理学充满了兴趣！

阿龙：我一直以为学了心理学就可以看穿人的心思呢，所以我都不敢跟心理专业的表哥多讲话，生怕他知道我每时每刻的想法。我知道这样理解不对，可我还是会忍不住这样想……

小丽：上高中的时候有个同学很喜欢看心理学的书籍，她还会给我们做心理咨询，同学们也愿意跟她说心里话，不过我觉得没什么用。

……

《你眼中的心理学》

思考：你之前通过哪些渠道了解过心理学？说说你对心理学的认识吧！

____

____

____

一、心理学的研究对象和内容

心理学（psychology）一词来源于希腊文，是由“灵魂”（psyche）和“讲述”（logos）两个词组合而成的，意思是关于灵魂的学问。灵魂在希腊文中也有气体或呼吸的意思。古代，人们认为生命依赖于呼吸，呼吸停止，生命就完结了。随着科学的发展，心理学的对象由灵魂改为心灵。由于当时人们对心灵的研究包含在哲学中，因此心理学属于哲学的范畴。直到19世纪中叶，德国心理学家冯特（Wilhelm Wundt，1832—1920年）（见图1-1）将实验法引进心理学，并于1879年在德国莱比锡大学建立了世界上第一个专门的心理学实验室，对感觉、知觉、注意、联想和情感等开展系统的实验研究，心理学才成为一门独立的科学。

冯特是科学心理学的创始者，实验心理学之父，创建了一支国际心理学专业队伍，奠定了构造主义心理学派的基础；是感情“三度说”的倡议者，也是使心理学脱离哲学范畴成为一门独立科学的巨擘。

图1-1　冯特

由于心理活动复杂而内隐，当人们初次接触心理学时，往往会产生某种神秘感，一些人还常常把心理学与相面、算卦等同起来。但受心理活动支配的行为是外显的，心理学从研究人的行为入手，去了解、分析、预测、调节和控制人的行为，探讨行为背后复杂的心理现象和活动规律。心理学中有关行为的结论都有科学依据，心理学的应用都源于科学方法，并经过科学方法的检验。因此，心理学是有关行为的、以数据为基础的科学研究。[①]

（一）什么是心理

心理是人脑对客观现实的主观反应。心理不像物质那样能直接看得见，摸得着，但它可以通过人的行为来表现。心理现象人皆有之，丰富多彩，表现形式多种多样，主要包括心理过程和个性心理，通过感觉、知觉、记忆、想象、思维、情感和意志等心理过程和气质、人格、能力等个性心理表现出来（见图1-2）。按照精神医学定义来讲，心理和精神是同义词，都是人脑高级神经活动的功能表现，只是人们的称呼习惯不同，因此，我们说人脑具有心理活动的功能，也可以说人脑具有精神活动的功能。

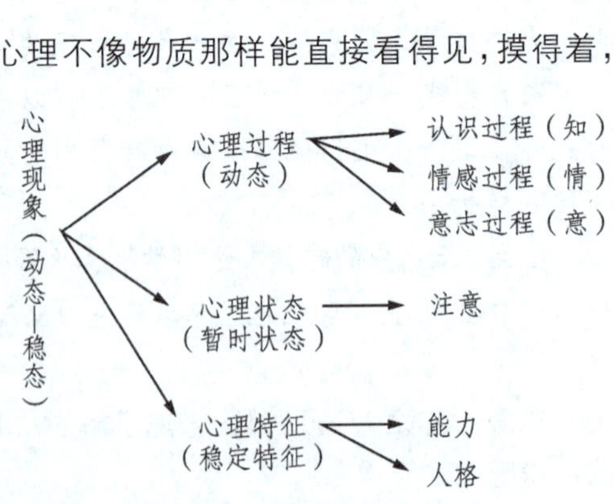

图1-2　心理现象示意图

① [加]基思·斯坦诺维奇.这才是心理学[M]. 北京. 人民邮电出版社，2008：8.

（二）心理过程

心理过程着重探讨人的心理的共同性。心理过程是人脑对客观现实的主观反映过程，是一个人心理现象的动态过程，它包括认识过程、情感过程和意志过程，即人们常说的知、情、意。知是人脑接受外界输入的信息，经过头脑的加工处理转换成内在的心理活动，进而支配人的行为的过程；情是人在认知输入信息的基础上所产生的满意、不满意、喜爱、厌恶、憎恨等主观体验；意是推动人的奋斗目标并且维持这些行为的内部动力。

认识过程是人最基本的心理过程，人的一切心理活动都是从认识过程开始的。我们闻到气味、听到声音、看见颜色；用手触摸物体时，感到物体是冷的、热的、硬的、软的、光滑的或是粗糙的，这就产生了不同的感觉。感觉是一种最简单的心理现象，它是人脑对直接作用于感觉器官的事物的个别属性的反映。在感觉的基础上，人能分辨出整个物体，如火车和汽车、花草和树木，这就是知觉。知觉是人脑对直接作用于感觉器官的事物的整体反映，它比感觉要复杂一些。人们把感知的事物和个人的活动、体验保留在头脑中，产生如话语犹在耳、情景历历在目等心理现象，即接触过的事物再度出现时，我们能够认出它，或者事物虽然没有重新出现在我们面前，我们也可以回想起它，这就是记忆。记忆是比感觉和知觉更为复杂的一种心理现象。人们不仅要认识事物的表面现象，还要认识事物的本质和事物变化的规律，认识事物之间复杂多变的关系；不但要直接依靠感觉认识具体事物，还要依靠判断、推理间接地、概括地认识事物的本质和规律，这就是思维。思维是人脑对客观事物的本质和规律间接地、概括地反映，是一种更为复杂的、高级的心理现象。我们在认识事物的时候，不仅能认识现实中存在的、被自己感知过的事物，而且能想象出现实中尚未存在或者根本不可能存在且自己未感知过的事物，如科学家的发明创造、艺术家的艺术创作，就是依靠人们的想象。想象和思维一样，也是一种高级的心理过程。

人们在认识客观事物的时候，常常不是无动于衷，总是根据事物能否满足自己的需要而产生一定的态度，自己对这个态度加以体验就是情感过程，如对祖国、对人民的热爱，对革命先烈的崇敬，对罪恶的愤怒，对不道德行为的憎恨，对下流作风的鄙视，学习成功时的喜悦，失去亲人时的悲伤等，这些心理现象都属于情感过程。

人们不仅能认识客观世界，还能改造客观世界。为了认识和改造世界，就必须有计划、有目的地进行工作。在完成某些任务的时候，常常需要忍受艰苦，战胜挫折，克服困难，以期达到预期目标。这一系列复杂的心理和行为过程，就是意志过程。

人的认识过程、情感过程、意志过程 3 个方面相辅相成。认识过程是一切心理活动的基础，在认识的基础上才有可能产生情感过程、意志过程。行是在认知的基础上和情的推动下产生的，它能提高认识，增强情感，磨炼意志。知、情、意是一个互相关联的统一的整体，它们相互联系、相互制约、相互渗透。

例如，学生明确学习目标以后，就会以饱满的热情下决心去克服各种困难实现目标。同时，这样的学习活动，也会让学生不断增强对专业的学习兴趣和爱好，加深对学习目标的认识，从而又促使他们更加刻苦地学习。

（三）个性心理

人们在现实环境中，每时每刻都受到社会的、自然的各种因素的影响，同时他们的思想、行为也在不断地影响着环境和他人。由于每个人的生活条件和生活经历不同，人的心理活动就必然具有各自的特点。例如，人的能力有高有低，脾气有急有慢，性格有襟怀坦荡和阴险狡诈的区别等，这就是人的个性心理。

个性心理是一个人在社会实践中形成的相对稳定的各种心理现象的总和，包括个性倾向和个性特征两个方面。人在各自的生活中，形成了各自的不同追求，诸如需要、动机、兴趣、理想、信念、世界观等，心理学上把这些统称为个性倾向，它是关于人的行为活动动力方面的特征，决定着人对认识和活动对象的趋向及选择，是个性结构中最活跃的因素。个性特征是个人身上经常表现出来的稳定的心理特征，集中反映了人的心理活动的独特性。个性特征包括能力、气质和性格。性格是区别一个人与众不同的最明显的特点，它是个性的核心。

另外，需要指出的是，人在感知某一事物、回忆一件往事、思考一个问题、想象一个形象、体验一种情感的思维过程中，必须把自己的心理活动有选择地指向和集中在特定的对象上，这样才能够使我们更好地看清它、记忆它、思索它、体验它，这就是注意。感知觉、记忆、思维、想象、情感、意志都属于心理过程，而注意是伴随于心理过程中的一种特殊的心理现象。它既不属于心理过程，也不是个性心理，但它是人们从事任何活动、获取新的信息和提高工作效率的必要的心理条件或心理状态。

二、心理现象是怎样产生的

产生心理现象的物质基础包括两个方面：一方面是人脑、神经系统，这是人的心理现象赖以产生和存在的器官；另一方面是客观现实，包括人类周围的事物，以及自身、社会生活、物质环境等，社会生活实践是人类心理发生、发展的根源。

（一）脑是心理活动的器官

正常发育的大脑为心理的发展提供了物质基础。没有脑的心理，或者说没有脑的思维是不存在的。相当长一个时期，人们曾认为心脏是产生心理活动的器官。随着事实和经验的积累，人们逐渐认识到心理活动不是与心而是与脑联系着的。如人在睡眠和醉酒时，心脏活动与清醒时并无太大的差别，而精神状态却大不相同。一些精神病人心跳正常，但神志不清。

心理现象随着神经系统的产生而出现，又随着神经系统的不断发展而不断完善，由初级不断发展到高级。无机物和植物没有心理，没有神经系统的动物也没有心理。无脊椎动物的神经系统非常简单。例如：环节动物只有一条简单的神经索，它们只具有感觉的心理现象，只能认识事物的个别属性；脊椎动物有了脊髓和大脑，有了知觉的心理现象，能够对事物外部的整体加以认识；灵长类动物，像猩猩、猴子，大脑有了相当大的发展，能够认识事物的外部联系，有了思维的萌芽，但是还不能认识事物的本质和事物之间的内部联系。只有到了人类，才有了思维，才有了意识。人的心理是心理发展的最高阶段，因为人的大脑是最复杂的物质，是神经系统［神经系统分为中枢神经系统（见图 1-3）和周围神经系统两大部分］发展的最高产物。心理现象产生和发展的过程，说明了心理是神经系统，是大脑活动的结果。

（二）心理是人脑对客观现实的主观反映

无论是简单的心理现象还是复杂的心理现象，其内容都来自客观现实。客观现实既包括自然界，也包括人类社会，还包括人类自己。20 世纪 20 年代，印度发现的两个狼孩——让狼叼走养大的孩子，他们有健全的人的大脑。但是，他们脱离了人类社会，是在狼群里长大的，只具有狼的本性，而不具备人的心理。所以，心理也是社会的产物，离开了人类社会，即使有人的大脑，也不能自发地产生人的心理。

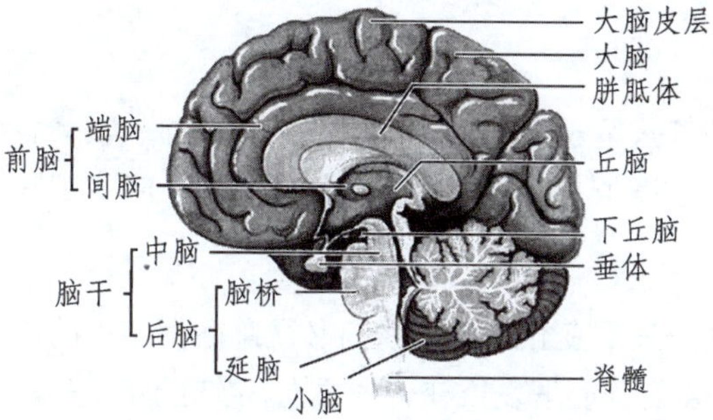

图 1-3 中枢神经系统

心理对客观现实的反映具有主观性，个人的知识经验、个性差异和年龄特征以及当时所具有的不同心理状态都会对客观现实产生深刻的影响，所以人们对同一客观事物的反应会有所不同，如“仁者见仁，智者见智”。

【课堂活动】讨论：从下图中你看到了什么？是什么原因让我们看到的东西有所不同？

三、心理学研究任务

（一）描述心理事实

从科学心理学的角度对各种心理现象进行科学界定，以针对心理学中有关心理现象建立和发展的一个完整的、科学的概念体系。这涉及大至对整个心理现象、小至对某一具体心理现象的概念内涵和外延的确定。

（二）揭示心理规律

科学的心理学不只限于描述心理事实，而是从现象的描述过渡到现象的说明，即揭示某些现象所遵循的规律。一方面，研究各种心理现象的发生、发展、相互联系，以及表现出的特性和作用等；另一方面，研究心理现象赖以发生和表现的机制，包括心理机制和生理机制。

（三）指导实践应用

指导人们在实践中如何了解、预测、控制和调节人的心理。例如，可以根据智力、性格、气质、兴趣、态度等各种心理现象表现的情况，研制各种测试量表，以了解人们的心理发展水平和特点，为因材施教和入职匹配提供依据。

四、心理学研究原则

（一）客观性

心理学研究必须尊重客观事实，在观察和实验设计、收集各种数据材料、分析整理记录和得出结论的过程中，必须坚持客观性原则，不能主观臆测、暗示和虚构。

（二）发展性

心理现象始终处于发展变化之中，我们必须遵循发展性的原则，不仅要看到当前的心理活动特点，还要看到心理发展变化的方向，绝对不能把心理看成是固定不变的。即使是比较稳定的心理特征，也可能因各种因素的长期影响而发生变化。

（三）实践性

人的心理是在社会实践中发生、发展的。心理学研究不仅需要在实验室中进行，还需要在各种实践中进行；既要有理论研究，也要注重应用研究。

（四）系统性

在对人的心理现象进行研究时，必须考虑各种内、外因素相互之间的关系和制约作用，应该把某一心理现象放在多层次、多因素和多维度的系统中进行分析。

（五）伦理性

对心理现象和过程的研究应当符合社会和生命伦理的要求。心理学是关于人的科学，因此，任何心理学研究都不得为了获得研究资料而对被试施加不利于其身心健康的处理，也不得在未经被试允许的情况下，把被试的任何档案资料公布或供给其他人使用。

【课堂活动】小组讨论：千姿百态的心理现象

材料 1：巴纳姆效应

巴纳姆效应又称福勒效应、星相效应，是 1948 年由心理学家伯特伦·福勒通过试验证明的一种心理学现象，指当人们用一些普通、含糊不清、广泛的形容词来描述一个人的时候，人们往往很容易就接受这些描述，认为描述中所说的就是自己。如：“你很需要别人喜欢并尊重你。你有自我批判的倾向。你有许多可以成为你优势的能力没有发挥出来，同时你也有一些缺点，不过你一般可以克服它们。尽管表面显得很从容，其实内心焦急不安。你有时怀疑自己所做的决定或所做的事是否正确。你喜欢生活有些变化，厌恶被人限制。你以自己能独立思考而自豪，别人的建议如果没有充分的证据你不会接受。你认为在别人面前过于坦率地表露自己是不明智的。你有时外向、亲切、好交际，而有时则内向、谨慎、沉默。你的有些抱负往往很不现实。”

正如一位名叫肖曼·巴纳姆的著名杂技师在评价自己的表演时说，他之所以很受欢迎是因为节目中包含了每个人都喜欢的成分，所以“每一分钟都有人上当受骗”。20 世纪 50 年代，心理学家保罗·米尔以巴纳姆的名字将福勒的实验结果命名为“巴纳姆效应”。

材料 2：社会刻板印象

人们对某个社会群体形成一种概括而固定的看法，这种看法实际上是对一群人的特征或动机加以概括，把概括得出的群体的特征归属于团体的每一个人，认为他们都具有这种特征，而无视团体成员的个体差异，这种现象被称为社会刻板效应。比如人们一般认为农民质朴，军人雷厉风行，知识分子文质彬彬，商人较为精明等。在地域方面，人们会倾向认为法国人浪漫，英国人绅士，东方人观念保守等。

利用刻板印象可以简化我们的认识过程，使我们能迅速地适应某种环境。但由于刻板印象是固定化的，往往阻碍人们看到新的现实，接受新的观点，结果导致人们对某类群体有许多社会偏见，如对男幼师、男保姆不理解。

材料 3：投射效应

投射效应是指以己度人，认为自己具有某种特性，他人也一定会有与自己相同的特性，把自己的感情、意志、特性投射到他人身上。心理学家罗斯做过一个实验：在 80 名参加实验的大学生中征求意见，问他们是否愿意背着一块大牌子在校园里走动。结果，48 名大学生同意背着牌子在校园内走动，并且认为大部分学生都会乐意背；而拒绝背牌的学生则普遍认为，只有少数学生愿意背。这是因为这些学生将自己的态度投射到其他学生身上。

在与人交往时，人们往往会把自己具有的某些不讨人喜欢、不为人接受的观念、性格、态度或欲望转移到别人身上，认为别人也是如此，如“以小人之心度君子之腹”。

思考：

（1）生活中你还观察到哪些有趣的心理现象？请与同学讨论，并进行分享。

（2）我们每个人对外在客观世界所体验到的感受千差万别，请用所学的心理学知识进行解释，讨论并分享。

【拓展阅读】心理学专业的人，现在都在做什么？①

那些认为心理学专业的学生毕业后只能去做心理咨询师的，说明他还不足够了解心理学，把心理学等同于心理咨询。心理咨询师是心理学的出路，但不是唯一的出路。

心理学专业的毕业生，从事的行业种类繁多，所做的事情五花八门。

因为，有人的地方，就有心理学。

接下来就来细数一下，那些从心理学专业毕业的学生，现在都在干什么？

出路 1：人力资源、管理咨询、猎头。

管理心理不分家，管理心理学本身也是心理学一个非常重要的分支。所以就有那么一批心理学专业的人，毕业之后进入了管理行业。

有很多的心理学毕业生，在这个行业也通过发挥心理学的优势，闯出了自己的一

① 王小凡. 心理学专业的人，现在都在做什么[OL]. 壹心理.

片天地。比如著名的人力资源测评公司 Normstar 的创始人苏永华就是一个心理学人在管理领域风生水起的典范。

从事人力资源专员这个岗位的人，各个专业的都有，心理学也是其中之一。心理学可以从选拔人（如人才测评）、培养人（如成人学习心理学、学习动机）、激励人（如成就动机）的角度去做深人力资源的专业。

出路 2：互联网公司。

在人人都能成为产品经理的时代，有不少心理学毕业生义无反顾地加入了互联网大军。

互联网职位“四大金刚”：技术、设计、产品、运营。除了技术是程序员的专长外，设计产品和运营都有心理学毕业生身影出没。

心理学专业毕业生更多的是做用户研究或用户体验的工作，心理学在用户研究中则是运用心理学思维和心理学研究方法来解决问题。

出路 3：高校心理教师、中小学心理老师。

各大高校和中小学纷纷开设心理健康中心，使高校和中小学心理健康教师的需求增长，因而学校成了心理学专业毕业生的好去处。

高校的心理健康老师需要负责大学生心理健康课程以及提供免费的大学生心理咨询服务。中小学心理老师，可能是心理老师，也可能会转为语文老师或者数学老师。

出路 4：读博，做科研。

就目前来看，心理学博士的就业率比较乐观，大多数是进入高校，做着教书育人和科研工作。

出路 5：心理咨询师。

注意是心理咨询师而不是心理医生，因为如果只学了心理学，是没有资格当心理医生的。

影视剧的渲染让大众普遍以为心理咨询师是个“高大上”的职业，但真实的情况是，在中国心理咨询师的入职门槛和从业资格比较低，并非心理学专业的专利。在咨询师群体中，非心理学专业出身的咨询师占了半壁江山。而心理学专业出身，投身于心理咨询行业的人，则为数不多。

出路 6：培训师。

很多培训师最初都会供职于心理服务机构，以项目的形式为企业提供心理服务，如 EAP（员工帮助计划）。

出路 7：跑偏。

从事各种职业，如销售经理、客户经理、大堂经理等，再如演员娜塔莉·波特曼，毕业于哈佛大学心理学专业；NBA 球星邓肯，毕业于维克森林大学心理学专业；制片人杰瑞·布莱克海默，毕业于亚利桑那大学心理学专业；导演英达，毕业于北京大学心理学专业。

任务二　运输安全心理

【导读】

“安全第一”是轨道交通运输行业的宗旨之一，是乘客的基本需求和首要标准。如何提高交通运输行业员工，特别是该行业的列车驾驶员面对安全生产时的心理承受能力，以及在紧急情况下的果断处理能力，从而确保生产安全，是轨道交通运输行业各系统、各部门面临的一个崭新的亟待解决的问题。

【案例】

2003 年 2 月 18 日，韩国某市地铁中央路站发生火灾，造成 198 人死亡，146 人受伤，298 人失踪。车内起火后，车站的电力系统立刻自动断电，站内一片漆黑，列车门因断电无法打开。车内没有自动灭火装置。正当大火烧起来的时候，对面刚好驶进站台的一趟列车也因停电而无法动弹。大火迅速蔓延过去，两列车的 12 节车厢全被烈火浓烟包围。人们乱作一团，有的拼命撬门，有的四处寻找逃生的出口。事故发生后，消防部门立即赶往火灾现场进行灭火救人。当 66 辆消防车和救护车冲往事发现场时，附近街道的交通几乎陷入了瘫痪，所有地铁也停止运行。

事故分析：

（1）车站和列车内安全设施不足：

第一，虽然安装了火灾自动报警设备、自动喷淋灭火装置、排烟设备和紧急照明装置，但这些设备在应对严重火灾时的处置能力仍明显不足。

第二，车站断电后，整个车站内充满浓烟，一片漆黑，紧急照明装置和出口指示灯均没有亮起。

第三，列车座椅地板等材料均为易燃物，并且燃烧后释放了大量有毒气体，加之通风设备能力不足，难以及时排除浓烟，最终导致大量乘客窒息死亡。

（2）地铁工作人员应对措施不当：

第一，两名驾驶员在火灾发生后，既没有采取灭火措施，也没有及时引导乘客疏散，特别是后来进入中央路车站的 1080 次列车驾驶员在逃离火灾现场时拔走了列车的主控钥匙，致使列车完全停电，不能自动打开车门，导致大量乘客窒息死亡。

第二，工作人员没有及时观察监控画面，火势蔓延后也没有及时下达停驶指令，致使列车在火灾事故发生情况下还继续进站，造成了更多的人员伤亡。

一、影响运输安全的因素

导致运输安全事故发生的原因多种多样的，有环境的因素、设备的因素，但事故的统计结果显示人的因素占主导。

随着社会生产和科学技术的发展，人们对事故问题的认识和预防手段经历了一个不断发展的过程。最初，由于事故的难以预测性，人们把事故看作偶然的事件，把它归于命运和天灾。而且在很长的一段时期内，这种认识一直居于主导地位。后来，随着科技的进步，人们才认识到，大多数事故的发生与人的不安全行为有关，人的心理活动和行为本身是造成危害的一个重要因素。心理学家海因里曾经调查了 75 000 件工伤事故，发现其中有 98%是可以预防的。在可预防的工伤事故中，以人的不安全行为为主要原因的占 89.8%，而以设备的、物质的不安全状态为主要原因的只占 10.2%。人的心理活动失常时会导致生产工作的不稳定性，而良好的安全心理活动可以发挥人的积极性、主动性、创造性，可以为提高安全效果提供稳定可靠的保障。

【案例】

2017 年 2 月 10 日 19 时 11 分，香港地铁发生一起人为纵火事件。当时一辆列车在开往尖沙咀期间，车上突然有浓烟冒出。警方拘捕了一名 40 岁男子，怀疑其与纵火有关。初步调查显示，该男子曾有案底，受家庭问题困扰而犯案。疑犯在车厢内点燃助燃剂导致事故。此次事故造成 18 人受伤，其中 4 人严重烧伤，事故没有造成其他人员死亡。

事故分析：事故后生后，警方接到火警报告后两分钟内随即抵达现场，冲锋队、反恐特勤队及机动部队先后抵达。警方除了迅速拘捕涉嫌纵火的疑犯，还设立专线呼吁目击者提供线索，并将案件交由警方重案组接手调查。消防接获起火报告后 5 分钟内抵达，当时火已熄灭。据了解，事发后有乘客立即使用紧急通话装置报告车长，地铁职员和乘客则第一时间用灭火器将火扑灭。医疗救援团队等也在数分钟内抵达站台，随即展开救援。事后尽管现场一度混乱，但秩序很快又恢复。有乘客自发协助有需要的伤者，地铁客运服务人员立即做出应急措施，除了派驻大量职员在站内外戒备，还迅速安排了免费巴士接载受影响的乘客来往尖沙咀和油麻地，在短时间内有效疏导乘客。此外，涉事的港铁荃湾线除了尖沙咀站不停站，其余列车服务很快恢复正常，维持每 5 分钟一班。

事发后特区政府高度关注，并前往医院探望伤者及责成各医院全力救治，设立了跨部门援助站供市民查询，红十字会也在短时间内设立心理热线提供心理辅导。

安全工作的重点应该放在人的身上，提高人的综合素质和安全意识，提高生产者遵守安全规章制度的自觉性，提高他们的工作技能及安全防护技能。

乘务员是运输安全的最后一道防线，担负着驾驶列车、确保列车按图运行、安全正点的重要岗位职责。乘务员各项素质（见表 1-1）的高低直接决定了列车是否能够正常运行、事故发生的比率等安全指标。

表 1-1　乘务员的各项素质

序号	素质要求
1	在任何情况下保持精力集中，不为外务所分散吸引
2	对意外情况表现镇定、反应迅速、处理果断
3	长时间紧张从事操作工作，而不降低工作质量和进度，即有较强的抗单调、抗疲劳能力
4	视觉、听觉、运动感觉、嗅觉等灵敏度良好，与动作协调好、多通道信息加工处理
5	注意广度、注意力集中和注意迁移适当
6	瞬时、短时、长时记取
7	逻辑思维能力强而迅速
8	敏锐感觉速度、距离、时间并准确判断
g	对长时间噪声、振动、摇摆、磁场环境下工作适应
10	自我控制、调整能力强，可适应在各个时间段退勤后充分休息，体力、智力恢复快，责任心强，无侥幸心理和冒险心理等行为倾向，以保证随时自我激励，维持意识清醒程度

行为心理学认为，人的行为受客观刺激的影响，按照“外部刺激—大脑分析处理—动作（安全行为或不安全行为）—达到安全目标或者产生安全事故”这样的路径反映出来（见图 1-4）。问题心理影响职业安全，一旦驾驶员思维方式及心理活动产生偏差，就会导致行为差错，甚至酿成安全事故。运输行业一旦发生安全事故，其经济损失无法估算，同时事故造成的人员伤亡以及与此相关的损失和影响往往也更为严重和深远。

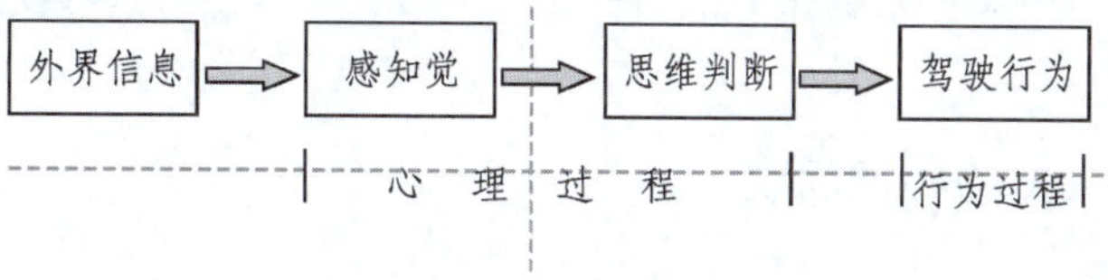

图 1-4　乘务行车基本原理图

【案例】

2006 年 4 月 11 日，由青岛开往广州东的 T159 次列车与武昌至汕头的 1017 次列车发生追尾，造成 23 人死伤。

T159 次驾驶员在开行过程中，接到车站值班员通知 20679 号信号机故障的信息。而 T159 次列车在 20667 号区间通过信号机时，刚好因 1017 次列车占用而显示红灯。T159 次驾驶员将正常显示红灯的 20667 号信号机误认为是故障信号机，认为防护区间没有列车，于是盲目行车。并以 48 km 的较快时速，进入有车占用的闭塞分区，导致追尾。当时继乘（第二）司机在睡觉，没有执行在故障情况下必须双司机值乘的规定。

事故分析：电务部门对信号故障处理不及时是重要原因。据悉，从 3 月 6 日到发生事故的 35 天中，20679 号信号机共发生 6 次故障，都未及时处理。事故当天，T185 次列车司机曾在 2 时 24 分时报告该信号机发生故障，但离事故发生时长达近 7 小时未恢复，而 T159 次列车机车乘务员正是在信号机故障的情况下，发生了一系列违章行为，最终酿成惨祸。

（一）乘务工作的性质

乘务工作运输任务重，工作责任重大，作息不规律；工作以紧张的脑力劳动为主，指操作动作单一，长时间站在（或坐在）操作台前，心理压力大，压抑程度高，心理（精神）消耗大；工作环境单调枯燥，噪声大，震动频繁，空间封闭；列车运行须严格按照运行图，通过计划调度，车、机、电等部门工种的配合，接收的信息量大，需要处理各种突发事件；工作疲劳以心理疲劳为主；对家庭顾及不足，缺乏与外界的沟通交流。

另外，乘务员知识要求的复杂性也很突出。乘务员要懂得列车构造原理、电器和电机及制动机的工作原理，要具备钳工和电工的基本知识，要熟悉运输常识，熟悉《铁路技术管理规程》《铁路客车（货车）运用维修规程》《行车组织规则》《机车操作规程》《铁路交通事故调查处理规则》等。

（二）从业人员的生理因素

人的身体情况不同，安全行为也有很大差异。如乘务员需通过眼睛瞭望观察，在不同的作业环境条件下快速辨别各种颜色的信号和物体，若两眼远视力、色觉、视野、视力、立体视力、动视力、夜视力、深视力这些指标中某项不合格，都是非常危险的，可能会因瞭望观察的错误或不及时而发生事故。另外，患有精神障碍性疾病、高血压和心血系统疾病、呼吸系统疾病、贫血和出血性疾病、癫痫或晕厥等能影响手脚活动的脑病和神经性疾病、运动型障碍疾病等从事乘务作业时，会因其疾病的发作或服药后药物的副作用而失去正常的作业能力而发生事故，所以患有这些疾病的人不宜从事这类职业。

（三）从业人员的心理因素

1. 情绪状态

据统计，80%以上的交通事故与驾驶人员有直接或间接的关系，其中驾驶人员的情绪状态对行车安全的影响极大。驾驶人员在积极的状态下，有较高的感知水平，集中注意力观察作业对象和作业场所的安全动态，遇到不安全情况能理智地处理，驾驶车辆时的差错失误少、工作效率高；反之，在消极的情绪下，驾驶员感知水平降低，注意力涣散，思维阻塞，易做出错误的判断和决策，甚至产生不安全或非理智行为，对安全行车将产生很大的阻碍作用。因此，驾驶员自我调节和保持积极的情绪状态极其重要。

2. 态度

态度是个体对特定对象（人、观念、情感或者事件等）以一种特定方式表现的倾向，如一个人对某事、某人或工作满意不满意。在行车安全管理中，企业会有许多安全规章制度。有些员工会在认可态度的影响下，在行为方式上自觉遵守规章制度；而有些员工对规章制度有意见甚至反对，在这种态度的影响下，其行为方式就可能出现违反规章制度的情形。再如售票人员明确工作对乘客出行、对地铁收入、对路风建设的重要意义，有强烈的对乘客负责、急乘客之所需的责任感，就能稳定地将自己的注意力集中在售票、收款和提高售票速度和收款的准确性上。因此，企业必须引导员工形成正确的安全态度，避免行车事故的发生。

3. 安全意识

安全意识是人们头脑中建立起来的生产必须安全的观念，是人们在生产活动中对可能对自己或他人造成伤害的外在环境条件的一种戒备和警觉的心理状态。如以“99加 1 等于 0”的理念做好安全工作，在每个员工思想深处牢固树立“生产再重重不过安全，金钱再贵贵不过生命”的观念。

4. 气质、性格

从安全角度看，同样是完成某项任务，有的人表现为遵章守纪，动作行为安全可靠；有的人表现为蛮干、急躁，安全行为差。性格对人的职业活动成效有着重要的影响和作用，如勤劳和懒惰、认真和马虎、细致和粗心、守纪和散漫，以及有无责任感都会影响人的工作绩效。一些科学家通过对大量事故案例研究发现，在现实生活中有少部分这样的人，在相同的客观条件下，出事故次数比其他人多得多。因此，有心理学家提出一种被称为事故倾向性（accident proneness）的理论。这种理论认为，事故与人的个性有关。某些人由于具有某些个性特征（personality trait），因而比其他人更易发生事故。换句话说，这些人具有“事故倾向性”。

事故倾向性者往往有如下性格特征：

（1）感情冲动，容易兴奋；

（2）脾气急躁；

（3）厌倦工作，没有耐心；

（4）慌慌张张，难以沉着；

（5）动作生硬而工作效率低；

（6）喜怒无常感情多变；

（7）理解能力低，判断和思考能力差；

（8）处理问题轻率冒失；

（9）缺乏自制力；

（10）运动神经迟钝，动作不灵活。

因此，在运输安全管理中，了解和掌握职工的性格特征，注意针对他们进行良好性格的培养和不良性格的改造，根据相关人员的性格特征，来安排相应的工作，对加强运输安全具有重要的意义。

安全生产的管理者也应具备一定的安全心理学知识，努力提高安全管理的技巧和水平。随时掌握生产员工的愿望和动机，把安全管理由被动的事中、事后控制变为主动的事前分析、预测和控制，从决策、管理、实施的各个层面、各个环节，加大对生产人员心理问题的重视及研究力度，可在一定程度上减少事故发生。

二、乘务作业不安全行为的心理分析

（一）无意识导致的不安全行为

此类不安全行为是在当事人没有意识到的情况下发生的，最为常见的原因是职业选择不合理或不胜任，即不具备预防和控制事故的能力导致不安全行为，如：

（1）安全操作能力低，注意力分散，对工作性质、工作环境、工作设施设备等感知错误。

（2）缺乏经验，对突发状况盲目处置，不能及时准确查知事故危险。

（3）工作缺乏技巧，熟练程度不够，操控错误。

（4）疲劳、身体不适等其他因素导致大脑意识水平无法满足工作需求。

【课堂活动】

某日，2213次列车到站后自动开门上下客。站台保安见车门和屏蔽门仍未关闭后立即去司机室查看情况。行调连续两次呼叫该次列车司机均未获回复。保安进入端门后，看到司机在驾驶台上睡着了，便立即叫醒司机。司机惊醒后站起身，迷糊之中以为列车到达终到站（D折返站）没人接车，即关掉主控钥匙，直接换端向列车尾部（1181车）走去。司机到达列车尾端驾驶室（1181车）听到行调呼叫，并回复“有”，接着打开主控钥匙，车门自动关闭，手动关闭屏蔽门，RM模式向反方向动车。这期间，行调两次通知司机赶快关门，并提醒司机屏蔽门未关好，司机均未回复。

思考：造成本次事故的原因有哪些？如果你是司机，如何保持良好的精神状态？

（二）有意的不安全行为

不安全行为与失误的一个主要差异就是，不安全行为大多是明知故犯的行为，即有意违反安全操作规程，如安全道德水平低，不顾他人；破坏或错误地调整安全设施和设备等；为追求经济效益或其他动机而故意采取冒险行为等。

下述心理状态极易导致不安全行为：

1. 侥幸心理

当某种行为既可以导致有利后果，也可以导致不利后果的情况下，行为人主观认为不利后果不会发生的臆测判断，就是侥幸心理。有侥幸心理的人，在一定程度上也知道安全的重要性，但明知有危险，却因怕麻烦而不愿采取应当采取的安全措施；明知有危险，却抱着试试看的态度，企图侥幸过关。侥幸心理主要有以下几种表现：

第一，经验性侥幸。主要是指作业人员违背规定，凭着“老经验”行事，制度观念淡薄，有章不循，违章作业，盲目自信蛮干。

第二，技术性侥幸。主要是指作业人员由于其业务素质、工作经验、操作技能等方面的原因导致事故与违章行为的出现。

第三，管理性侥幸。如有些管理者认为经济利益高于一切，将安全制度视为形同虚设。

“千里之堤，毁于蚁穴。”安全犹如一道千里长堤，而每一道操作工序、生产工作面和生产过程中的每一件物品，随时都有可能成为决堤的“蚁穴”。稍有不慎、存有侥幸，就可能酿成大祸。所以在安全生产中一定要“点、线、面”相结合，杜绝死面、死角、死点，要勤检查，发现隐患及时整改，坚决克服侥幸心理。

2. 盲目自信心理

盲目自信时人会麻痹大意，心不在焉，凭经验、习惯、印象进行操作，认为这是“经常干的工作”“不知干过多少次”“从来没有什么危险”等，如机车检查实验时走马观花，安全学习和培训时不以为意。

【案例】

某日，10626 次在某站到达场通过后，因本务机车 DF43294 号故障，于 4 时 53 分停在咽喉道岔区处。列车司机处理不当，不按规定报告，值班员用无线列调呼叫 19 次，司机均不予回答，助理值班员到机车上询问司机亦不理睬，导致耽误救援时机。至 5 时 47 分才将列车拉回站内，对行车组织造成严重影响。

事故分析：司机在机车发生故障时处理不当；司机未按规定汇报，导致耽误救援时机。

（1）司机盲目自信，认为自己能够处理好故障；

（2）司机心理执拗，明知已超过故障处理时间却仍不按规定请求救援；

（3）副司机害怕与司机关系闹翻而不敢阻止司机错误的行为，最终导致事故发生。

3. 惰性心理

惰性心理也称“捷径心理”或“节能心理”，是指在作用中尽量减少能量支出，能省力时便省力，能将就便将就的一种心理状态。这种心态在作业过程中表现为：图省事，怕麻烦，不愿受安全规章制度的制约，简化作业，应付了事。这种心理和冒险心理紧密相连，有些人宁愿冒险也不愿多走一步路，如宁愿在车站内横穿也不愿绕行等。

4. 冒险心理

当一些违章违纪的不安全行为存在相当大的危险性，具有冒险心理的人往往抱着赌一把的心态，冒险成功时会在心态上获得一种快感和满足。如行车途中的通过信号机显示红灯时有两种可能：一是前边区间有车；二是该信号机故障。按《铁路技术管理规程》规定应当在该信号机前停留 2 分钟后再以不超过 20 km/h 的速度运行至下一信号机前，再根据下一信号机的显示运行。但具有冒险心理的作业者，会以自己主观的心态臆测为信号机故障，既不在红灯前停车，也不以 20 km/h 以下的速度运行，若前边有车停留或低速运行时，势必会造成重大的人员伤亡和不可挽回的经济损失。如果这样冒险的不安全行为得不到有效的遏制，就会成为习惯或得到蔓延，进而成为巨大的事故隐患。

5. 逆反心理

在某些条件下，个别人会在好胜心、好奇心、求知欲、偏见、对抗情绪等心理状态下，产生与常态心理相对抗的心理状态，去做不该做的事情，以致出现不安全行为。逆反心理的行为表现一般有两种：一是公开不遵守规章制度、作业标准；二是用一种隐蔽的抵触行为，阳奉阴违，对于批评劝阻当面虚心接受，过后又故态复萌，我行我素。

产生逆反心理的原因，可归纳为以下 4 个方面：

一是厌倦心理。员工长年累月同所操作的设备打交道，容易对本职工作产生厌倦心理，缺乏热情，马虎草率，不能严格遵守各项制度。

二是好奇心理。人们都有探索未知事物奥妙的本能欲望。越是神秘的事物越是让人心驰神往，对有明文规定的禁止事项越想去尝试。

三是好胜心理。少数人好胜心重，往往喜欢与众不同，别人不敢干的他敢干；别人都按操作规程去做，他偏独出心裁、另搞一套。

四是不满足心理。对工作环境、生活待遇等不满足，进而引起对领导和制度的不信任，一意孤行。

另外，现场安全管理人员某些简单粗暴的管理方式，也容易促使工作人员产生逆反心理。

6. 从众心理

人的盲目从众心理是自身行为受到他人行为的影响，从而无法用自己理性和识别能力做出判断的一种心理。如地铁里有乘客晕倒、发生争执或肢体冲突，有乘客尖叫、恐慌奔跑，后面的乘客也会跟着恐慌，造成群体性恐慌，甚至导致伤害事件发生。

我们每个人都有不同程度的从众倾向，总是倾向与跟随大多数人的想法或态度，以证明自己并不孤立。研究发现，持某种意见的人数的多少是影响从众心理最重要的一个因素。“人多”本身就是有说服力的一个证明，很少有人能够在众口一词的情况下还坚持自己的不同意见。从众行为出现的另一个原因是，在很多情况下，由于缺乏相应的知识，人们往往从其他途径来获得行为指导，在不了解更多信息时，对于多数人的行为会特别地信任。比如，在不熟悉的情况下我们会选择到人多的商店购物，购买大多数人都买的商品。人们会假定，这么多人的选择自有他们的理由。

【拓展阅读】从众效应是一把双刃剑

一方面，从众效应有积极的作用。对于一个社会而言，多数人的观念与行为保持一致都是必要的，因为共同的语言、共同的价值观与行为方式是必不可少的。只有这样，人与人之间才能顺利地交往，社会才能正常运转。从个人来说，一个人只有在更多方面与社会的主导倾向取得一致，他才能够更好地适应这个社会。另外，一个人无论怎样聪明，知识都是有限的，不可能多到足够适应他所遇到的每一种情况。因此，个人需要采用从众的方式，学习他人的智能经验，扩大视野，克服固执己见和盲目自信，修正自己的思维方式，使自己迅速适应未知的世界。

另一方面，从众也有着不容忽视的消极作用，它很大程度上压抑了个性，束缚了思维，扼杀了创造力，甚至可以毁掉个人今后的发展前程。比如企业员工群体发牢骚。其实，发牢骚本来属于一种人的情绪的正常发泄，但基层的个别员工有时的做法偏激，没有采取合理的程序和方法，利用人多势众，向上级部门“示威”。这样做多半会使事情变得更糟，严重时甚至会造成停工停产。这中间包括一些平时比较“低调”的员工，他们会在众人的鼓动下，产生从众心理，没有认真考虑事情的后果，随意理解“法不责众”，使矛盾进一步激化。最终当大家清醒时，就已造成了无法挽回的损失和影响。

除上述几种易于引发不安全行为从而导致事故的心理状态外，还有一些心理状态也与安全行为有关，如疲劳心理、好奇心理等，也会引起不安全行为。应当注意，一些不安全行为的心理状态常是紧密相连的，一种不安全行为往往由几种心理状态所支配，如侥幸心理常常和冒险心理联系在一起；同时，一种心理状态也会引起众多的不安全行为。在进行安全教育和安全指导时应加以识别，在了解掌握受教育对象真实的心理状态后，因人而异，采取适宜的方法，才能收到应有的成效。

【课堂活动】

某日 13 时 58 分，某地铁中央调度列车自动监控红光带、区间线路区域内车站列车自动监控面板黑屏。地铁运营由自动系统向人工控制系统转换 B 站至 C 站上下行采用电话闭塞方式，列车限速运行；约 41 分钟后，一列车行至 D 站至 E 站下行区间不慎与前车发生追尾。

1016 号列车在 D 站下行出站后显示无速度码，司机即向 10 号线调度控制中心报告，行车调度员命令 1016 号列车以手动限速（RMF）方式向 E 站运行。14 时，1016 号列车在 D 站至 E 门站区间遇红灯停车，行车调度员命令停车待命。14 时 01 分，行车调度员开始进行列车定位。14 时 08 分，行车调度员发布调度命令，B 站至 C 站上下行区段实行电话闭塞法行车。14 时 35 分，1005 号列车从 D 站发车。14 时 37 分，1005 号列车以 54 km/h 的速度行进到 D 站至 E 站区间弯道时，发现前方有列车（1016 号）停留，随即采取制动措施，但由于惯性仍以 35 km/h 的速度与 1016 号列车发生追尾碰撞。

事故直接原因：地铁行车调度员在未准确定位故障区间内全部列车位置的情况下，违规发布电话闭塞命令。

间接原因：接车站值班员在未严格确认区间线路是否空闲的情况下，违规同意发车站的电话闭塞要求，导致1005号列车与1016号列车发生追尾碰撞。

思考：请说说你对本次事故的看法。

三、感知觉与运输安全

感觉是人通过感觉器官（如眼、鼻、口、耳等）对客观事物个别属性的反映，知觉是人对客观事物的各种表面现象和诸多属性的综合反映，是在感觉基础上形成的。感觉和知觉是两种不同而又不可分割的心理过程，人们通常将这两种心理现象称之为感知或感知觉。

感知觉的能力是可以通过训练提高的，比如：因为足够熟悉，我们可以凭声音（脚步声、说话声）判断是家里哪一位成员上楼梯进家门；有不少有经验的铁路内燃机车司机，可以通过柴油机启动和转动的声音来发现柴油机的一些常见问题。轨道运输行业中有许多日常检查都是通过听力完成的。比如，检查车轴有无裂纹，轮对有无迟缓，弹簧有无断裂，紧固螺栓是否松动等，很多列车检修人员都可以做到"一锤定音"。当然要做到这一点，平时就得艰苦努力地训练。所以，我们在工作中对工作对象的感知觉也可以通过训练来达到非常敏感的、准确的要求。只有这样，那些不安全的隐患才能迅速被我们敏锐的感觉力"扫描"出来，从而事先予以消除，并增强工作对象在生产运输中的安全性能。

有效地利用人的感知觉特性，可以提高安全生产。例如，利用红色光波在空气中传播距离较远、易被人识别的特点，将红色作为安全色中的禁止、危险等信号。利用人能在背景条件下易于分辨知觉对象的特点，有意加大对象与背景的差别，以引起人对安全作业的注意。如在铁路与公路交叉处或城市马路的护栏上涂上一环白一环黑的颜色，就是加大对比以利于察觉。此外，也可以将安全与人机工程的设计密切联系起来。在现代化生产的人机系统中，显示控制系统越来越复杂，如何让机器更好地适应人的感知觉的基本特点和要求，已受到普遍的重视。人们已注意到应用编码手段有利于作业人员及时、迅速、正确地感知。例如，控制台上的旋钮，按其形状、大小、功能进行编码，以利于作业人员应用触觉进行感知；显示仪表也按其逻辑关系、功能以及人的视觉特点进行合理布置。这些对于操作者来说都是非常重要的。

在轨道运输中，人的感知觉具有独特的地位。信号的识别、轴温的掌握、气味的分辨、旅客表情的判断等许多方面，都要依靠我们的感知觉。

但是在作业环境中，往往由于某些职业性危害的影响，人的感知觉机能有所下降。例如：不良的照明条件可使人产生视觉疲劳从而影响视觉功能；高强度的噪声环境使人听觉减退，从而出现误识别，并导致判断错误、引起事故。

在运输生产过程中，有些事故是由人的感知觉发生错误而造成的。比如调车员在光线不好的条件下执行调车作业，发生事故的概率就很大。引起错觉的原因很复杂，既有心理因素也有生理因素，错觉现象也很多，其中，视觉错误对行车安全的影响较大。错觉会引起错误的判断，导致行动上的失误，给行车安全带来隐患。例如，误认信号，误听或误传命令等。为避免这种视觉错误，在接发列车、调车作业中，我们必须强调有关作业人员间的“复诵”“互控”“双确认”等制度。

【拓展阅读】

视错觉是指人们对外界事物的不正确的感觉或知觉。视错觉对于安全行车有非常大的影响。产生错觉的原因除来自客观刺激本身特点的影响外，还有观察者生理上和心理上的原因。来自生理方面的原因与我们感觉器官的机构和特性有关；来自心理方面的原因与我们生存的条件以及生活的经验有关。

1. 光线错觉。

在太阳光、反射物体的亮光、车头迎面灯光、夜间远光灯强光等照射下，驾驶人员的视觉一时难以适应。比如，明亮车窗、阳光下路旁树木交替变换的阴影、原野上积雪的反光、进出隧道时光线的变化等，都容易使驾驶人产生眩晕，形成光线错觉，从而导致操作失误。

2. 速度错觉。

行车过程中驾驶人大多是根据观察到的景物移动作参照物来估计车速的，并不是完全依靠车辆自身车速表的指示针来进行判断。路边景物多时易高估车速，景物少时易低估车速；长时间以某一速度行驶后会对该速度产生适应，对其余速度易错估，特别是误将高速低估是非常危险的。列车从郊区驶进城区易发生追尾撞车事故，在速度上产生错觉是原因之一。

3. 弯度错觉。

驾驶人员在道路上行驶的快慢，经常随道路的弯度而改变。变速的程度如何也会造成错觉。一般对于未超过半圆的圆弧，驾驶人员感觉到的曲率半径往往比实际小，圆弧的长度越短越感到曲率半径小。在连续转弯的山道上行驶，驾驶人会感到山区比平地容易转弯，所以，在行驶中高速连续急转弯是很危险的。

4. 距离错觉。

对于驾驶人员来说，同样的距离，白天看起来近，而在夜间较昏暗时会感觉远；去的路途感觉要远，而返回的路程感觉要近些。

5. 颜色错觉。

在运输交通复杂路段，周围景物五颜六色、相互交错，容易分散驾驶人的注意力。特别是夜间，大雾天气运行，容易将信号灯误看、错看。白天太阳光强烈的时候也容易产生信号的错判，白天与夜晚交错时容易让人瞭望困难。另外，夏季戴墨色太阳镜时易将浅色物体“滤”掉，产生错觉。而驾驶轨道交通列车的过程中，因工作场景单一，容易使驾驶人员对色彩的感应变得迟钝。

6. 时间错觉。

驾驶人员心情愉快时，感觉时间过得很快；心情烦躁时，感觉时间过得很慢。另外，在任务紧急、急于赶路时，也会产生时间长的念头，以至于盲目开快车。

【拓展阅读】距离与时间知觉

英国一家机场的设计是这样的：客人下飞机后只需走 2 分钟的路就能到达取行李

的地方，但需要等 5 分钟以上才能拿到行李。乘客纷纷投诉，说机场工作效率太低，耽误了他们的时间。机场方面在增加雇员和设施都有困难的情况下，采取了将行李领取处迁移的措施：乘客走 5 分钟才能到达行李领取处，而等候时间缩短到了 3 分钟。机场方面的工作效率并没有提高，乘客仍需用 7~8 分钟时间方可取到行李，但由于感知时间被缩短，乘客不满意的情况大大减少。

有人利用同样的原理，在需要客人排队等候的地方把路线设计成“S”形，使人总感觉是在走动，不致因感觉等候时间过长而产生不满。

四、注意与运输安全

注意不是独立的心理过程，它总是通过感觉、知觉、记忆、想象、思维、情感、意志等心理过程表现出来，是各种心理过程所共有的特性，不能离开一定的心理过程而独立存在。如果把心理过程比作一艘航船，那么注意不仅掌管着起航，还负责领航、护航，也就是说，注意贯穿于各个心理过程的始终。一旦注意中止，心理过程将偏离目标，甚至终止。任何一个心理过程自始至终都离不开注意。

注意的作用或功能分为三种情况：第一，注意集中，即把心理活动重点指向特定对象，对其他无关的心理活动进行抑制，不因无关刺激源的干扰而分散精力。第二，注意分配，即在同时进行两种及两种以上活动时，把注意有目的地指向不同对象。第三，注意转移，即根据活动需要，主动有秩序地把注意从一个对象转移到另一个对象上。

注意是保证行车安全的基本心理条件。任何一项工作都是由多个作业环节组成的，如果作业人员的注意不集中，或过分集中而不能及时转移，或注意分配不当等，都有可能导致行车事故发生。例如，为了保证安全，高铁司机必须定期踩一次警惕踏板，这样做有利于高铁司机时刻保持注意力。在驾驶列车过程中，司机会不断复述各种运行指令，同时用不同的手势确认前方信号和操作指令，以达成“手、脑、口”的高度统一。

客运服务人员在工作中，尤其是超员比较严重、车站秩序不好的情况下，需具备良好的注意力和观察力，以便注意具有一定刺激（音响、气味、活动）和新奇、意外的事物（某些乘客的不寻常动作、神态），从而发现“问题”，如发现携带危险品及其他禁止物品上车，发现并安置特殊旅客等。

扩大注意范围是对客运服务人员的要求。注意范围大，能够全面地观察到站内乘客的情况，对乘客的手势、表情、语言等能敏捷地注意到并迅速地做出反应，及时、主动地为乘客服务。

很多事故发生，从表面上看是违章违纪，而实质上却是注意力分散而忽视了规章制度。运输企业要有意识地培养员工注意力的集中，确定注意分配的工作环节内容；要教育员工如何掌握作业顺序，如何从制度上规范并加强互控措施，防止员工慌乱中忘记一些作业；要注意对员工多一些人文关怀，留意员工家庭中的一些变化（如孩子上学遇挫、家庭有成员病故等），要引导员工对工作及生活中的琐事保持良好心态。

【拓展阅读】

舒尔特方格是在一张方形卡片上画上 25 个方格，格子内任意填写 1～25 等共 25 个数字。训练时，要求被测者用手指按 1～25 的顺序依次指出其位置，同时诵读出声，施测者一旁记录所用时间。数完 25 个数字所用时间越短，注意力水平越高。练习的时间越长，看表所需的时间会越短。

舒尔特方格对于培养注意力集中、分配、控制能力非常有效。

11	18	24	12	5
23	4	8	22	16
17	6	13	3	9
10	15	25	7	1
21	2	19	14	20

【课堂活动】一位乘客的乘车感受

某乘客每天搭乘地铁，早出晚归。他总结了以下几点感受：

1. 列车上如同春运火车般的摩肩接踵，对于中途上车的我来说，是个苦恼的问题。

2. 我发现无论车上如何拥挤，只要上车后主动走到后节车厢，那么不出两站，一般即可有座位。

3. 在早晚下班高峰期，地铁上最多的是上班族。可以看到，绝大部分人上车后都将目光锁定在某个位置，再不轻易移动。且对于身边的人和事物，也不会轻易表现出关注。

思考：根据以上材料分析乘客的心理特征有哪些？在实践中是如何表现的？

【知识点小结】

1. 心理学是研究人的心理现象和规律的科学，从研究人的行为入手，去了解、分析、预测、调节和控制人的行为，探讨行为背后复杂的心理现象和活动规律。

2. 心理是人脑对客观现实的主观反应，可以通过人的行为来表现。心理现象主要包括心理过程和个性心理。

3. 心理过程是心理现象的动态过程，包括认识过程、情感过程和意志过程，即知、情、意。

4. 个性心理是一个人在社会实践中形成的相对稳定的各种心理现象的总和，包括个性倾向和个性特征两个方面。

5. 心理学研究遵循客观性、发展性、实践性、系统性和伦理性原则，主要描述心理事实、揭示心理规律从而指导实践应用。

6. 导致运输安全事故发生的原因有环境、设备和人的因素，人的因素占主导。

7. 无意和有意都会导致不安全行为。

8. 侥幸心理、盲目自信心理、惰性心理、冒险心理、逆反心理、疲劳心理、好奇心理等会引起不安全行为。

9. 感知觉和注意对运输安全影响很大。

【课后思考与自评】

表 1-2　自我评价

项目	自评	备注
知识掌握	1　2　3　4　5	
活动参与	1　2　3　4　5	
实践应用	1　2　3　4　5	

专题二　睡眠与运输安全

学习目标

1. 理解睡眠对人体的重要意义，睡眠对运输安全的重要影响。
2. 了解睡眠不足的消极影响，掌握改善睡眠的方法。

【课堂活动】睡眠状况调查

分小组调查身边同学的睡眠情况，从入睡时间、睡眠时长、失眠频率、失眠时间、睡眠不好的原因、解决睡眠问题的建议等问题入手，可以以问卷调查、访谈等形式进行，并形成小组实践报告。

调查问卷范例：

您好，本调查是关于睡眠情况的一项调查，本调查所获取数据仅作为调查研究使用，并会替您保密，请放心作答。

性别：　　　　年龄：　　　　年级：

1. 您平时开始睡觉的时间：

A. 22 点前　　B. 22—23 点　　C. 23—24 点

D. 24—1 点　　E. 1 点后

2. 您睡眠的时长：

A. 小于 4 小时　　B. 4～6 小时　　C. 6～8 小时

D. 8～10 小时　　E. 10 小时以上

3. 您觉得平时睡眠足够吗？

A. 睡眠过多　　B. 睡眠正好

C. 睡眠不够　　D. 睡眠远远不够

4. 您入睡大约需要花多长时间？

A. 小于 10 分钟　　B. 10～30 分钟

C. 30～60 分钟　　D. 1 小时以上

5. 您入睡起床的时间是否有规律？

A. 是　　B. 否

6. 您认为自己的睡眠质量如何？

A. 非常　　B. 比较好　　C. 不太好　　D. 很糟糕

7. 您第二天的精神状态如何？

A. 非常好，精力充沛，毫无困意

B. 还可以，偶有困意，会打盹

C. 一般，时常有困意，感觉有点疲惫，想要打盹

D. 精神不济，昏昏沉沉，感觉非常疲惫，总是打瞌睡

8. 您失眠的频率（1个月）:

A. 非常少（0～5天）
B. 比较少（6～12天）
C. 有时（13～18天）
D. 经常（19～24天）
E. 总是（25天以上）

9. 您晚上已睡过觉，白天是否打瞌睡（1个月）?

A. 非常少（0～5天）
B. 比较少（6～12天）
C. 有时（13～18天）
D. 经常（19～24天）
E. 总是（25天以上）

10. 您是否有入睡困难（1个月）?

A. 非常少（0～5天）
B. 比较少（6～12天）
C. 有时（13～18天）
D. 经常（19～24天）
E. 总是（25天以上）

11. 您入睡后中间是否容易醒（1个月）?

A. 非常少（0～5天）
B. 比较少（6～12天）
C. 有时（13～18天）
D. 经常（19～24天）
E. 总是（25天以上）

12. 您在醒后是否难于再入睡（1个月）?

A. 非常少（0～5天）
B. 比较少（6～12天）
C. 有时（13～18天）
D. 经常（19～24天）
E. 总是（25天以上）

13. 您是否多梦或经常被噩梦惊醒（1个月）?

A. 非常少（0～5天）
B. 比较少（6～12天）
C. 有时（13～18天）
D. 经常（19～24天）
E. 总是（25天以上）

14. 您认为睡眠不好的原因可能是?

A. 身体原因
B. 学习生活工作压力
C. 情感问题
D. 环境嘈杂
E. 床睡得不舒服
F. 其他

15. 您午休会睡多长时间:

A. 不睡
B. 10～30分钟
C. 30～60分钟
D. 60分钟以上

16. 为了睡眠，您是否吃安眠药（1个月）?

A. 非常少（0～5天）
B. 比较少（6～12天）
C. 有时（13～18天）
D. 经常（19～24天）
E. 总是（25天以上）

17. 失眠后您心情如何?

A. 无不适
B. 无所谓
C. 有时心烦、急躁
D. 心慌、气短
E. 乏力、没精神、做事效率低

《失眠障碍》

任务一　睡眠知多少

【导读】

现代社会人们生活工作压力增加，作息不规律，睡眠状况不容乐观。睡眠不足，睡眠质量不高，失眠易醒，并由此引发诸多问题。

对轨道交通运输行业的从业人员来说，倒班制的工作方式，更易引发睡眠困扰，而良好的睡眠关系到轨道交通行业从业人员的身心健康、精神状态，并对轨道交通运输行业的生产安全、运营安全造成重要的影响。

一、睡眠及其重要性

（一）睡眠的定义

睡眠是周期性出现的一种自发的、可逆的静息状态，是与觉醒状态交替出现的生理状态。在睡眠的过程中，对刺激的反应性下降，意识暂时中断，能够被瞬间唤醒。

人一生中有 1/3 的时间是在睡眠中度过的，睡眠是人生命中不可或缺的过程和部分。睡眠的好坏，对人体身心健康有着重要的影响。

（二）当代人们的睡眠状况

2018 年，由北京朝阳医院睡眠呼吸中心发起了一项覆盖全国所有省份的涉及 10 万人的睡眠调查，并发布了《2018 年中国睡眠质量调查报告》。调查结果显示，16%的调查者夜间睡眠时间不足 6 小时，24 点以后上床睡觉，6 点前起床；83.81%的被调查者经常受到睡眠问题困扰，其中入睡困难占 25.83%，浅睡眠者占 26.49%。[①]

飞利浦（Philips）公司 2020 年对来自 13 个国家的 13 004 名成年人进行了在线调查。结果表明，全球成年人平均每晚睡眠时间为 6.8 小时，夜间人均醒来次数为 1.8 次，只有 49%的人对他们的睡眠表示满意。而有超过 86%的人认为睡眠有助于身心健康，84%的人相信如果睡得好他们的心情会更好。[②]所以尽管大家知道睡眠很重要，但是睡眠状况依旧堪忧。

中国睡眠研究会等联合发布的《2021 年运动与睡眠白皮书》显示，目前在中国有超过 3 亿人存在睡眠障碍。

可见，睡眠不足、入睡困难、易醒等睡眠问题长期困扰着很多人。

（三）睡眠不足的影响

1. 睡眠负债

睡眠负债（sleep debt）是限制睡眠引起的睡眠不足，这一概念由美国斯坦福大学睡眠医疗中心医学博士威廉姆·戴蒙提出。睡眠不足会像欠债一样累积，一旦堆积过多，就会债台高筑、无力偿还，对身心造成影响。

---

①《世界睡眠日〈中国睡眠质量调查报告〉发布》，新华网。
②《飞利浦 2020 睡眠调查报告》。

2. 睡眠负债的影响

（1）一系列生理症状。

睡眠不足最常出现的生理症状是头痛乏力、头晕困倦、眼部干涩等，有时还会出现心慌、胸闷、气短等症状，此外，心脏由于没能得到足够休息，负荷过重，容易引发心脏病，甚至导致心源性猝死。2019 年《美国心脏病学会杂志》发表过一项超过 46 万人的研究，结果发现，与每晚睡 6～9 小时的人相比，睡眠时间少于 6 小时的人群心梗发作风险会提高 20%，每晚睡 4 小时和 5 小时的人，心梗发生风险升高 34%和 19%。

睡眠负债还会导致体内激素平衡被破坏、免疫调节和免疫监视功能下降，病毒、细菌入侵时，难以及时被发现和处理，因此更容易生病，抵御病毒的能力也会下降。

睡眠负债会导致肥胖。当缺乏睡眠时，食欲素会增加，食欲素会增强人们对食物的渴望，释放饥饿的信号，同时会使控制饮食过量的瘦素的分泌减少甚至停止，导致摄入超过身体需要的食物。所以，睡眠不足会越来越胖。

另外，睡眠负债还会使寿命缩短。2002 年，美国圣地亚哥大学的丹尼尔·克里普克等人在一项 100 万人规模的跟踪调查中发现，睡眠时间接近 7 小时的人，死亡率最低，而睡眠时间比 7 小时短或者长的人，死亡率是睡眠时间为 7 小时者的 1.3 倍。

（2）出现瞬间睡眠。

睡眠负债会影响我们白天的行为表现，出现瞬间睡眠，即看似清醒，但身体机能并未正常运转，而当事人本人可能对此毫无察觉，更不会意识到瞬间睡眠的危险性。对于轨道交通行业的工作人员来说，瞬间睡眠存在巨大的安全隐患，而事实上这可能比酒驾更危险。瞬间睡眠会持续 1～10 秒，驾驶员在驾驶过程中如出现瞬间睡眠，可能导致交通事故的发生；检修供电工人在工作过程中如出现瞬间睡眠，可能导致零件组装出错、线路接错等情况，同样会导致危险的后果。

【拓展阅读】芝加哥地铁脱轨，造成至少 32 人受伤

2014 年 3 月 24 日凌晨 2 点 50 分左右，美国芝加哥一列八节车厢的“蓝线”地铁在芝加哥奥黑尔国际机场地铁站发生脱轨事故。该地铁列车在站台尽头冲出轨道，并直接撞向机场地铁站中的自动扶梯，已造成至少 32 人受伤，未造成重伤。经调查，该事故发生原因是当值司机打瞌睡，导致列车失控。

（3）认知能力下降。

睡眠负债会导致认知能力的下降，如注意力难以集中、记忆力衰退、反应迟钝、思维敏捷清晰性下降，创造性思维、问题解决的能力均会受到影响。在人体正常的生命活动中，一些与神经退行性疾病密切相关的蛋白，如β-淀粉样蛋白、α-突触核蛋白以及 Tau 蛋白会在大脑周围细胞的间隙中堆积，其中β-淀粉样蛋白是导致阿尔茨海默病的重要原因。睡眠负债使大脑产生的这些废物无法清除，可能成为阿尔茨海默病的潜在原因。

（4）精神状态。

睡眠负债会导致情绪不稳定、低落烦躁、消极抑郁、暴躁易怒、易激惹。2020 年 8 月 28 日发表在《睡眠》杂志上的一项研究，通过追踪分析 202 名大学生日记发现，睡眠不足的人会有更多的愤怒情绪。对 147 名社区居民的对照组实验发现，睡眠不足

的被试对厌恶型噪声表现出更强烈的愤怒。人体产生、识别和调节情绪的重要部位叫作杏仁核，当睡眠不足时，杏仁核细胞不能正常更新，因此导致杏仁核的工作受影响，人们调节控制情绪的能力减弱。

此外，睡眠负债会导致人们对风险环境的感知识别能力降低，表现出更多的冒险行为和冲动行为。因为当睡眠不足时，大脑背外侧前额叶的激活程度降低，从而使抑制冲动的能力下降，冲动冒险行为增加。

【拓展阅读】睡眠剥夺实验

1964 年美国 17 岁高中生兰迪·加德纳想要知道如果一个人长时间不睡觉会发生什么，于是他在科研人员的全程监测下（脑电波）创造了 264 个小时不睡觉的世界纪录。为了不让自己睡着，他请了两个同学来陪他聊天，使他能够保持清醒。实验刚开始时，兰迪·加德纳并没有任何不适，一切正常。第二天，他已经开始出现两眼不聚焦的情况。第三天后，加德纳变得易怒、情绪失常，失去协调能力，包括味觉在内的各种感官逐渐受到影响。到了第五天，加德纳开始出现幻觉，他的大脑进入了梦幻般的状态。第六天，他出现了明显的狂躁，开始变得烦躁，试图挑衅那些陪伴他的同学。一个星期后，他变得精神恍惚、语无伦次，连自己都不知道自己在说什么。最后一天让他计算 100 连续减 7，他中途停下了 65 次。实验后，加德纳被问及为何算数中会频繁停下时，他回答称自己当时完全忘记了要做什么。11 天后，兰迪·加德纳的各项生理指标都出现了异常，为了生命安全，停止了实验。

（四）睡眠的作用

1. 大脑和身体得到休息

睡眠过程中大脑和身体并不是完全的关机状态，身体依旧要维持基本的生命活动和新陈代谢。一天 24 小时中，人体的交感神经和副交感神经轮流占据主导地位，而夜晚睡眠时大部分时间是副交感神经占主导。这时我们的体温、心率都会下降，呼吸内分泌减缓，基础代谢减弱，能量消耗减少，身体压力减小，从而使体力得以恢复。如果交感神经长期占据主导，身体和大脑都会感到疲惫，体温、消化系统活动可能出现异常。

2. 整理并固化记忆

睡眠与记忆的整理固化有关，并且得到了来自多个角度的研究的证据支持。对关于单词学习的研究发现，被剥夺睡眠的被试遗忘率远大于正常睡眠的被试，正常睡眠的被试几乎没有遗忘。在关于手指顺序运动的学习研究中，结果发现睡眠组的被试成绩增长了 20%，甚至 90 分钟的打盹也可以提高成绩。另外有研究发现，睡眠能把回忆起一段被遗忘记忆的概率提高一倍。在研究中，对被试睡眠后和醒着时的表现进行对比发现，睡眠不仅保存了对刚学习过的内容的记忆，还帮助被试想起了之前记不起来的内容。

3. 调节激素平衡

睡眠时很多激素的分泌都处于活动状态，良好的睡眠影响体内各种激素的平衡，而激素又与很多疾病有关。睡眠不足导致脂肪细胞分泌的瘦素减少，胃分泌的饥饿素增加，从而产生肥胖。此外，睡眠影响生长激素的分泌，而生长激素可以帮助幼儿的生长、成年人的肌肉和骨骼变得更强壮，保持正常的新陈代谢。同时，睡眠还有助于提高皮肤中的保水量，延缓衰老。

4. 提高免疫力

世界睡眠学会秘书长韩芳说："睡眠不好，会引起各种各样跟免疫相关的问题，以一组数据为例，睡眠时间小于 5 个小时，有一半的人会感冒，大于 7 个小时，只有 15%的人感冒，这说明病毒感染和睡眠是直接相关的。"

充足的睡眠可以帮助我们激活免疫系统，提高免疫功能，而睡眠不足则会干扰免疫系统的工作，导致体内对抗感染的蛋白质减少，使感冒、流感、其他传染病、过敏等的患病率增加，防癌系统的功能减弱或抑制，癌细胞增殖，从而增加患癌症的概率。有研究发现，睡眠充足时免疫细胞的工作效率要高于熬夜时的工作效率。我们可能会有这样的经历：当我们长期熬夜的时候，我们可能会更容易生病；当我们生病了，身边的亲朋好友总是劝说我们多休息，好好睡一觉。好好睡一觉能帮助我们更好地恢复健康。

5. 排除大脑废物

为了维持人体正常的生命活动，大脑无时无刻不在运转着，在运转消耗能量的过程中，大脑也在不断地产生废弃物，而在我们的大脑中并没有淋巴系统进行排毒，这些大量堆积的废弃物如何处理呢？Lewis 教授和他的研究团队对 13 名 23～33 岁的被试进行研究，测量了他们在核磁共振（MRI）机器里睡觉时的血氧浓度和脑脊液。结果发现，在非快速眼动睡眠阶段，大脑的血氧浓度会出现周期性变化，大量血液流出大脑，脑脊液随后流入大脑内清洗大脑。而睡醒后，大脑中充满血液，脑脊液无法进入，周期性的血液变化消失，不能继续有效清除大脑中的废弃物。所以在睡眠过程中，大脑中的脑脊液帮助我们清除大脑产生的垃圾和废物，使脑力得到恢复。

二、睡眠周期

我们每个人每晚睡眠的时长不等，但是我们的睡眠会呈现相似的规律。睡眠周期理论告诉我们，每晚的睡眠一般由 3～5 个周期构成，每一个周期分为 4 个阶段，总时长为 90～120 分钟（见图 2-1）。

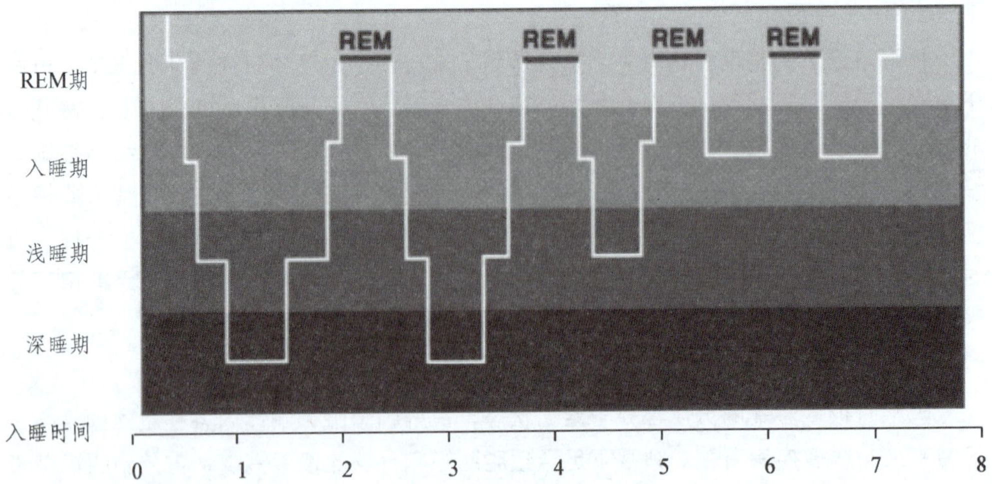

图 2-1　睡眠周期图

（一）入睡期

睡眠的第一个阶段是入睡期，这时我们的意识状态处于清醒和睡眠之间，半睡半醒，呼吸规律，脉搏均匀，大脑大部分神经处于抑制状态，部分神经仍比较活跃，脑电波形态图波幅小、频率高。这个阶段睡眠不够深入，极易受到外界环境影响而醒来，一般持续 5 ~ 10 分钟。

（二）浅睡期

睡眠的第二个阶段是浅睡眠阶段，这个阶段的时长会占到我们整个睡眠周期的一半左右。在浅睡阶段，我们的意识变得模糊，心率、血压、体温等身体机能下降，身体放松，脑电波频率降低，波幅加大。这个阶段外界的强干扰如大声呼叫等可以让我们醒过来。

（三）深睡期

深睡期我们的身体极度放松，尿床、梦游、说梦话等现象大多在这个阶段出现，脑电波波长更大、频率更低。此时身体对外界环境的反应能力减弱，不易唤醒。这个阶段我们会分泌生长激素，促进新细胞的生长，修复受损的组织，使免疫系统变得更强壮，记忆进行加工处理。因此，深睡期是最重要的睡眠，我们的体力、脑力的恢复与这个阶段密切相关，深睡期睡眠质量的好坏直接影响整个睡眠质量。

（四）快速动眼睡眠期

快速动眼睡眠（rapid eye movement，REM）阶段，脑电波频率加快，血压、心率、呼吸频率也加快，眼球快速转动，但身体肌肉张力很低，几乎是全然松弛的，类似于瘫痪的状态，所以梦魇现象就出现在这个阶段。梦魇也叫睡眠瘫痪症。

我们大多数的梦境都出现在快速动眼睡眠期。我们每晚会经历 3 ~ 5 个睡眠周期，因此，我们每晚会有 3 ~ 5 个快速动眼睡眠阶段，那就意味着我们每晚会做好几个梦，但是为什么我们常常会感觉自己好像很久没有做过梦了呢？因为当我们在 REM 阶段醒过来或者 REM 阶段刚好结束的时候醒过来，我们才能比较清晰地记住刚刚做过梦，有时能比较清晰地记得整个梦境的内容。而如果我们没有在 REM 阶段醒过来，这个梦可能就被遗忘了。因此，只要睡觉就会做梦，只是有些梦被我们忘了而已。

整个夜晚，REM 睡眠和非 REM 睡眠交替出现约 3 ~ 5 次，大约入睡 90 分钟以后第一次出现 REM 睡眠，第一次 REM 睡眠持续仅几分钟，随后非 REM 睡眠越来越短，而 REM 睡眠越来越长，最后一次 REM 睡眠长达一个多小时，因此，这就是我们在清晨时做梦较多的原因。

决定睡眠质量的关键是深睡眠，而深睡眠主要集中在前两个睡眠周期，其中睡眠的前 90 分钟，称为黄金 90 分钟。这个时候的非 REM 睡眠比较深沉，不容易醒，之后的非 REM 睡眠都不如第一次深。因此，保证黄金 90 分钟的睡眠质量对整个睡眠质量有至关重要的作用。

既然睡眠的后半段深度睡眠很少甚至逐渐消失，主要集中在 REM 睡眠，那么我们少睡一点，保证前半段的深度睡眠时间是不是就够了呢？一个关于梦的剥夺的实验给了我们答案。

【拓展阅读】梦的剥夺[①]

斯坦福大学的威廉·迪蒙特（William Dement）决定通过剥夺被试做梦的机会来看看梦是不是必需的。起初，他尝试使用具有镇静作用的药物来阻止被试做梦，但药物本身对被试睡眠模式的影响太大，以至于无法得到有效的结果。所以，他决定使用“有些过激的方法”，就是每当被试在夜里进入REM睡眠中，就把他们叫醒。

8名被试全部为男性，年龄23~32岁，被试在他们通常的入睡时间来到睡眠实验室。为记录脑电波图形和眼球运动情况，主试把小电极连接到被试的头皮和眼部周围。这些电极的导线穿墙而过连到隔壁房间里，这样被试就可以在安静而黑暗的房间中入睡。

开始的几个晚上，允许被试整夜正常地睡眠。这样做是为了确定每个被试在正常情况下做梦数量的基线和整个睡眠模式。获得这些资料之后，下一步就是要剥夺被试REM睡眠或有梦的睡眠。在以后的几个夜晚（不同被试被连续剥夺REM睡眠的数量为3~7夜不等），每当电极传导的信息表明被试开始做梦时，实验者就唤醒被试，要求他在床上坐起来直至有迹象表明他已经完全清醒，几分钟后才允许他们再次入睡。

在此研究中，主试要求被试在除研究以外的其他任何时间都不能睡觉。这是因为如果被试睡着了或打了个盹儿，他们就可能会做梦，这将会污染实验结果。

在完成做梦剥夺的研究阶段后，被试就进入了实验的“恢复阶段”。在恢复阶段（1~6夜不等），允许被试整夜安然入睡而不被打扰。继续像以前那样，对他们这一阶段的梦进行电子监控并记录做梦的数量。

之后，给所有被试放几天假（毫无疑问，他们肯定会很开心）。接下来他们中有6人回到实验室，继续进行另一系列干扰睡眠的研究。这次实验中唤醒的夜晚数及每晚唤醒的次数完全重复了做梦剥夺实验阶段的情况。唯一不同的是唤醒被试的时间，即改为在两次眼动（做梦）之间的一段时间内唤醒被试。在做梦开始时，允许被试一直睡下去而不被打扰，当梦自然地结束以后再来唤醒他们。最后，就像在做梦剥夺阶段随后所做的那样，给被试相同数量的“恢复夜晚”，这被称为“控制恢复”阶段。这一阶段的目的是消除这样一种可能，即无论被试做梦与否，剥夺做梦的效果不能简单归因于每晚被叫醒的次数。

在建立基线的夜晚，当被试不被打扰地睡觉时，他们每晚的平均睡眠时间为6小时50分钟。被试用于做梦的平均时间为80分钟，或占整个睡眠时间的19.5%。迪蒙特从开头几夜的结果中发现，不同被试之间用于做梦的时间惊人相似。事实上，其做梦时间的变化仅在正负7分钟之内！

第一夜，实验者为了阻止被试进入REM睡眠，唤醒被试的次数为7~22次。然而，随着实验的进程，为了阻止被试做梦而唤醒被试的次数越来越多。在最后一个夜晚，唤醒被试的次数达到13~30次。平均来看，在做梦剥夺结束的那一夜，被试试

---

① [美]罗杰 R 霍克．改变心理学的40项研究[M]．7版．白学军，等，译．北京：中国人民大学出版社，2015．

图做梦的次数增加到最初的2倍。

被试在经历了几个被阻止做梦的夜晚以后，其做梦的时间明显增加。这一夜所有人做梦时间平均为112分钟，占整个睡眠时间的26.6%。迪蒙特指出，有两名被试的REM睡眠时间没有表现出显著增加（被试3和被试7）。如果将他们排除后，再来计算全部做梦时间，其平均值为127分钟，占整个睡眠的29%。这比基线夜的平均值增加了50%。大多数被试在接连5个夜晚连续表现出做梦时间的增加(与基线相比)。(见表2-1）

表2-1　做梦的各项指标

被试	1	2	3a	3b	4	5
	基线夜做梦时间百分比/%	做梦剥夺夜晚的数量	唤醒次数		恢复期做梦时间百分比/%	控制阶段做梦时间百分比/%
			第一夜	最后一夜		
1	19.5		8	14	34	15.6
2	18.8	7	7	24	34.2	22.7
3	19.5	5	11	30	17.8	20.2
4	18.6	5	7	23	26.3	18.8
5	19.3	5	10	20	29.5	26.3
6	20.8	4	13	20	29	—
7	17.9	4	22	30	19.8（28.1）	16.8
8	20.8	3	9	13	—	—
平均数	19.5	4.38	11	22	26.6	20.1

迪蒙特让其中6个人在休息了几天以后又回到实验室,并严格地重复了实验过程,只不过是在两次REM睡眠期间被唤醒（次数相同）。在这种条件下，没有出现做梦时间的显著增加。在控制唤醒阶段以后，用于做梦的平均时间为88分钟，占整个睡眠的20.1%。与正常睡眠时的80分钟和19.5%相比，未发现显著差异。

人需要梦。倘若不允许人们做梦，经过连续几夜剥夺做梦的睡眠，似乎就会增加人们做梦的压力。在经历梦剥夺的阶段后，被试做梦的数量有所增加，且做梦的时间也显著延长。所有被试在REM睡眠干扰阶段都出现了轻微的焦虑、烦躁和注意力不易集中的症状。有5名被试报告说，在做梦剥夺阶段食欲明显增加，其中3名被试体重增加了3～5磅。

剥夺人REM睡眠的方式之一是通过使用酒精制品或其他药物，如安非他明、巴比妥酸盐等。这些药物在增加沉睡趋势的同时，它们会抑制REM睡眠并使人在夜晚的大部分时间里都保持在深度的NREM睡眠阶段。正是由于这个原因，很多人无法戒除为了睡眠而服用安眠药或酒精制品的习惯。一旦他们停止使用这些东西，过于强烈的REM反弹效应会妨碍他们的睡眠，导致他们害怕睡觉并重新开始服用这些药物来避免做梦。

迪蒙特教授的研究告诉我们，虽然我们还没有完全弄清楚人为什么要做梦，但是梦对我们是必不可少的，梦的剥夺会导致 REM 反弹，从而影响睡眠质量。长期剥夺 REM 睡眠，会导致本能行为增加、食欲性欲亢进、烦躁易激惹、攻击行为增加、与中枢神经系统发育有关的蛋白质的合成受阻。因此，充足的睡眠对保证足够的 REM 睡眠、对整个身心健康都至关重要。

任务二 改善睡眠的方法

【导读】

认知行为疗法（CBT-I）是目前国际上治疗失眠障碍的“金标准”，是世界上公认的非药物治疗失眠障碍的最好用的疗法。服用安定类药物改善睡眠会造成药物依赖和成瘾，其功效也会随着时间的推移而逐渐减弱。研究发现，认知行为疗法可以起到和安定类药物同样的帮助睡眠的作用，从长期来看，甚至比药物的疗效还好。失眠认知行为疗法（CBT-I）主要包括五方面的内容：睡眠卫生、刺激控制、睡眠限制、调整认知、放松训练。

一、睡眠卫生

睡眠卫生是指营造一个良好的睡眠环境，养成良好的睡眠习惯。了解有关睡眠卫生知识，对健康人群有一定的预防意义和指导意义，对失眠患者则具有治疗辅助和与防范复发的作用。

（一）形成稳定规律的作息

生物节律是指所有的生命活动均存在着按照一定规律运行的、周期性的生命活动现象。比如：春去秋来、花开花谢、潮涨潮落、太阳东升西落……人体内也存在着稳定的生物节律，也就是我们常说的生物钟。

【拓展阅读】

20 世纪初，研究人员开始研究人的生物节律或生物周期。1971 年，美国加州理工学院的本泽和他的学生科罗普卡以果蝇为模型，研究和寻找可以控制果蝇昼夜节律的基因。结果发现，果蝇体内有一个基因产生不同突变后，会致使果蝇本来按部就班的生活规律变得混乱不堪，导致果蝇昼夜节律的周期要么变短要么变长，甚至让其昼夜节律完全消失，成为一个夜游神。后来，这个基因被命名为周期（Period）基因，简称 Per 基因。

1984 年，在美国波士顿布兰迪斯大学的杰弗里·霍尔和迈克尔·罗斯巴什团队，以及来自洛克菲勒大学的迈克尔·扬团队，各自独立地从果蝇体内克隆（分离和提取）出了 Per 基因，并且把这个基因编码产生的蛋白称为 Per 蛋白。他们发现，在夜晚 Per 蛋白会在果蝇体内积累，到了白天又会被分解。由此，Per 蛋白会在不同时段有不同的浓度，以 24 小时为周期增加和减少，与昼夜节律惊人一致。

1994 年，迈克尔·扬发现了第二个节律基因，称为 Tim 基因。Tim 基因可以编码

Tim 蛋白，后者可以与 Per 基因产生的 Per 蛋白相互结合，共同起作用，形成生物节律。

随后，迈克尔·扬的又一项研究发现了一个新的生物节律基因，称为 DBT 基因，这个基因编码 DBT 蛋白。DBT 蛋白又可延迟 Per 蛋白的积累，因此，让 Per 蛋白增加和减少的周期固定在 24 小时左右。

杰弗里·霍尔，迈克尔·罗斯巴什和迈克尔·扬的一系列研究从分子水平证明了生物节律的存在，并获得了 2017 年诺贝尔生理学或医学奖。

人类的生物钟周期约为 24 小时 18 分钟。由于光线的影响，人体内的激素水平和体温不断调节重新设定生物钟，使我们的生物钟维持在 24 小时左右。因此，规律的作息有助于形成一个稳定的生物钟，即使是周末、放假，也应该在相对固定的时间入睡和起床，有助于保持生物钟的稳定性。稳定的生物钟可以让我们在相对固定的时间进入睡眠的状态，让入睡更容易，从而改善睡眠。

（二）调节光线和声音

人在睡眠时，强光会导致大脑产生强烈刺激而兴奋，让眼皮刺激视觉神经，抑制松果体分泌褪黑素，此外蓝光也会减少身体内褪黑素的分泌。而褪黑素有助于睡眠，褪黑素的减少会影响我们的睡眠。因此，睡前尽量少玩或不玩手机，也不宜在强光下阅读，将室内光线调节成比较柔和昏暗的光。研究发现，白天应多晒太阳，因为充足的光照可以消除部分夜间使用电子产品等带来的电子产品对褪黑素的影响。

过于喧闹嘈杂的环境也不利于睡眠，因而要让自己处于相对安静的环境中，可以听一些轻音乐、白噪声或者内容无聊的书、音频等单调的声音刺激，有助于让我们进入睡眠状态。

（三）调节体温

研究发现，睡眠和体温有密切关系，白天处于活跃状态时，体温会升高，晚上入睡前，人们的体温会开始下降，进入深睡眠之后体温最低，通常会比正常体温低 1～2 °C。因此，通过调节室温来降低体温，可以起到促进睡眠的作用。

睡前 90 分钟泡澡，可以让体温上升，又由于体温的恒常性，入睡时体温会下降，这有助于睡眠。研究发现，在 40 °C 的水中泡 15 分钟后，体内温度上升约 0.5 °C，且需要 90 分钟左右才能恢复到之前的体温。此外，睡前沐浴、泡脚都可以起到类似的效果。

此外，将室温调节至略微凉爽，并且湿度较低，也有助于睡眠。

（四）规律锻炼，避免睡前剧烈运动

慕思联手中国睡眠研究会发布的《2021 年运动与睡眠白皮书》针对运动人群睡眠现状进行了调查，通过在内地 31 个省、市、自治区及港澳台地区广泛展开调查，共收集了 13 854 个有效样本，调查内容覆盖运动人群睡眠情况各方面。调查显示，适量运动有助于提升睡眠的观点受到高质量睡眠运动人群的认可，其中，非常同意和比较同意的分别达到 36%、46%。当下我国有超 3 亿人存在睡眠障碍，而运动人群失眠困扰比例仅为 10%。可见适量的规律运动对改善睡眠有重要的作用。

在这个全民缺觉的时代，慕思总裁姚吉庆提出了“智商+情商+睡商=完美人生”的公式：Uber 董事阿里安娜·赫芬顿说想成功就多睡觉，苹果 CEO 库克每天早起运

动 1 小时来保证 7 小时的睡眠，股神巴菲特 90 岁了还能保持 1 小时的运动和 8 小时的睡眠……这些成功人士用自己的亲身经历告诉我们，规律的运动和睡眠对健康人生的重要性，拥有健康的身心才能获得通往成功的钥匙。

但是运动尽量避开睡前的 2~3 小时。睡前剧烈运动会导致交感神经系统兴奋，引起心跳加快、大汗淋漓、呼吸加快等，而要平复这些兴奋症状需要 2~3 个小时。因此，如果要在晚上运动，请在睡前 3 小时进行。

（五）远离烟酒茶和咖啡

烟、茶、咖啡都会引起大脑的亢奋，影响入睡，睡前饮酒会减少睡眠中的快速眼动睡眠时间，干扰睡眠质量，经常饮酒者的快速眼动睡眠和慢波睡眠会因酒精造成不可逆的减少。因此，睡前要远离烟酒茶和含咖啡因的饮料。

二、刺激控制

刺激控制是指适当限制清醒时躺在床上的时间和待在卧室或者床上的行为。这些限制是为了加强床、卧室、就寝时间与快速而稳定的睡眠之间的联系。当睡眠与床、卧室之间建立了联系，床就成了睡觉的暗示；当躺在床上就能很快入睡，但是没有建立联系，这种暗示就无法产生睡意。

当睡了一会儿发现不困了，或者越来越紧张、越来越清醒了，不要强迫自己一定要闭着眼睛立马困倦甚至睡着，可以主动睁开眼睛、醒过来，甚至起来走一走，耐心等待困意再次袭来。这个过程可以重复多次。

具体操作如下：

感到困倦了才爬上床躺下。

不要在床上看电视、看书、玩手机等，做与睡眠无关的事情。如果说学校宿舍条件所限，只能在床上待着，那么起码保证不要躺在床上玩，应坐着玩。

清醒时间超过 30 分钟还没有睡着，起来离开卧室。

当再次有困意时再回到卧室躺下。

刺激控制的目的是建立睡眠和卧室、床之间的联系，建立一个新的条件反射，消退原有的睡眠和睡不着的恐惧焦虑之间的条件反射，从而改善失眠的症状，帮助我们更好更快地入睡。

三、睡眠限制

随着人生发展进入不同的阶段，我们对睡眠时长的需求也是在不断变化的。刚出生的婴儿每天大部分时间都在睡觉，他们的推荐睡眠时长为 14~17 小时，随着年龄的增长，我们需要的睡眠时间越来越少。成年人的推荐睡眠时长是 7~9 个小时，但是在 6~11 个小时都处于可接受范围。

但是我们依旧会发现，有一些人每天只睡四五个小时甚至更短的时间，他们白天依旧精力充沛、效率也很高。斯坦福教授西野精治[日]认为只需要短时间睡眠是遗传所致。因此，每个人对睡眠的需求是不同的。我们除了需要了解我们所处年龄段的推荐睡眠时长外，更需要知道作为个体，我们的睡眠需求是多少。

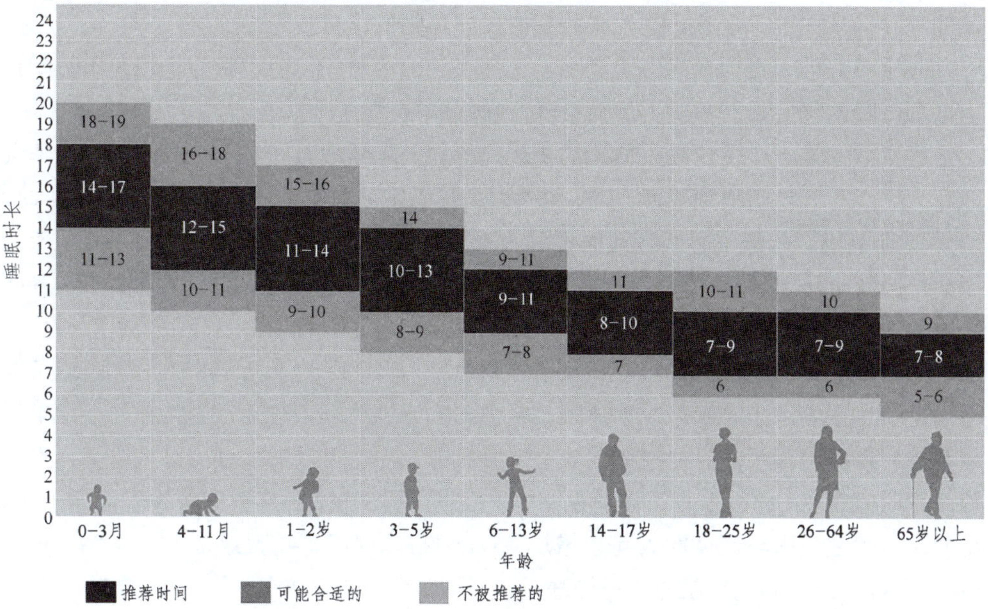

图 2-2　美国国家睡眠基金会对各年龄段的建议睡眠时长

【课堂活动】记录睡眠日志

睡眠日志是国际公认的辅助检查睡眠的方法，我们可以通过记录睡眠日志来了解自己的睡眠情况，分析自己的睡眠质量，从而调整对睡眠的错误认知，缓解因为睡眠问题而导致的焦虑、担心、恐惧等情绪。

睡眠日志的记录时间通常为一周，为了让我们能够更加精确地记录睡眠信息，最好能在起床后的半小时内记录。

记录内容包括：

（1）日期和时间。

（2）卧床的时间点。

（3）关灯躺在床上试图睡觉的时间点。

（4）睡着的时间点。

（5）起床的时间点。

（6）中间醒了几次。

（7）是工作日还是休息日？

（8）是否有服用药物或摄入特殊的食物（咖啡、奶茶、茶、酒等）？

（9）是否有做梦？梦的性质？

（10）是否有应激事件发生？

（11）对睡眠质量进行评估。

（12）对白天的精神状态进行评估。

通过分析睡眠日志，我们可以总结出自己的睡眠规律，了解容易入睡的时间点、入睡大概需要花费的时长、睡眠时长是否足够支撑第二天一整天良好的精神状态、导致失眠的原因可能是什么。参考正常睡眠的标准，弄清楚个体化的睡眠需求，顺应自己的睡眠需求去进行睡眠，是改善并获得良好睡眠的第一步。

睡眠不好的人更容易想办法增加自己躺在床上的时间，他们认为增加卧床时间可以增加入睡的机会，而事实上反而会降低睡眠的效率。

睡眠效率是一个评价睡眠质量的重要指标，是总睡眠时间与卧床时间的比。睡眠效率大于 90%，说明睡眠效率很高，85%以上是正常。比如，一个人躺在床上 9 小时，但是只有 7 小时的睡眠时间，他的睡眠效率只有 77.8%，而另一个人睡眠时间只有 5 小时，但是他卧床时间也只有 5.5 小时，他的睡眠效率是 90.9%。这个睡眠时长只有 5 小时的人睡眠效率显著高于另一人。所以，减少卧床时间可以提高睡眠效率。

根据记录的睡眠日志，可以计算出睡眠效率，当睡眠效率低于 85%时，我们可以适当地通过限制卧床时间来改善睡眠，减少 30 分钟的卧床时间，坚持一周，记录睡眠日志，计算睡眠效率。如果睡眠效率依旧低于 85%，可以继续减少卧床时间，直至与睡眠时间相符，睡眠效率可以超过 90%。但是需要注意，卧床时间最少不能低于 4.5 小时。当睡眠效率超过 90%，可以增加 15 分钟卧床时间，睡眠效率低于 85%，再减少 15 分钟卧床时间，直至将自己的睡眠效率调整到 85%～90%。

还需要特别注意的是，睡眠限制时避免白天的小睡和午睡，保证早上在固定的时间起床，作息规律。

四、调整认知

失眠的人几乎都有一个认知错误，那就是认为睡眠能由意识控制。由于认为能控制睡眠，就会对睡眠提出很高的要求。比如自己中午一定要睡好，下午才有好精神；考前要睡好，第二天才能发挥好；自己一定要睡好，才有好皮肤，才有好心情，才会有好体力；每天必须睡足 8 个小时，才能保持身体健康。这些人把一个良好的睡眠当作生活工作的一个前提，但事实上睡眠却不能由意识控制，前面的要求都是建立在不可控的基础上的，只是空中楼阁。楼建得越高，倒塌的时候就越惨。

长期失眠并因此而产生痛苦的人，会对睡眠过度关注，越是临近睡眠越是焦虑，越是焦虑越是睡不着，并且在睡不着时仍旧努力让自己睡着。这样不仅不能帮助我们入睡，反而会增加机体的兴奋与焦虑的程度，让大脑被唤醒，形成恶性循环，越想入睡越激动越不易入睡，严重破坏了入睡能力。失眠为什么这么难克服，就是因为太多个令人焦虑的不眠夜使人开始不自觉地将“试图睡觉”的努力与“失眠”的结果联系了起来：在上床的那一刻，就觉得自己没那么容易睡着。

因此，我们需要多学习和了解一些关于睡眠的知识，调整对睡眠的认知，尽管睡眠很重要，但是偶尔睡不着、睡不好并不会对我们的生活产生很大的影响。科学合理和恰到好处的认知疗法非常关键。

需要调整的认知包括：

（1）对睡眠保持现实的期望，不要急于恢复；

（2）不要因为白天精神状态不好而责怪失眠；

（3）保持自然入睡，避免过度关注并试图努力入睡；

（4）不要过于重视睡眠；

（5）不要因为一晚上没有睡好而产生挫败感；

（6）不要担忧自己失去了控制自己睡眠的能力；

（7）允许自己有失眠的时候；

（8）不要持有夜间睡眠时间不足而采取白天多睡的补偿心理；

（9）认知的改变不是一朝一夕的，需要长时间的践行。

所以，认知行为疗法是一个 6～8 周的做法，在执行睡眠限制的过程中，要根据自身的实际情况逐渐纠正认知。

五、放松训练

（一）肌肉放松

肌肉放松疗法或放松训练是通过一定的程式训练学会精神上及躯体上（骨骼肌）放松的一种行为治疗方法。其核心的理论认为放松所导致的心理改变对应激所引起的心理改变是一种对抗力量。放松可阻断焦虑，副交感支配可阻断交感支配。

肌肉放松训练的步骤如下：

（1）练习者以舒适的姿势靠在沙发或躺椅上。

（2）闭目。

（3）将注意力集中到头部，咬紧牙关，使两边面颊感到很紧，然后再将牙关松开，咬牙的肌肉就会产生松弛感。逐次一一将头部各肌肉都放松下来。

（4）把注意力转移到颈部，先尽量使脖子的肌肉很紧张，感到酸、痛、紧，然后让脖子的肌肉全部放松，觉得轻松为度。

（5）将注意力集中到两手上，用力紧握，直至手发麻、酸痛时止，然后两手开始逐渐松开，放置到自己觉得舒服的位置，并保持松软状态。

（6）把注意力指向胸部，开始深吸气，憋一二分钟，缓缓将气吐出来；再吸气，反复几次，让胸部感觉松畅。

（7）以此类推，将注意力集中于肩部、腹部、腿部，逐一放松。

（8）最终，全身松弛处于轻松状态，保持一二分钟。

按照此法学会让全身肌肉都放松，并记住放松程序。每日照此操作两遍，持之以恒，心情及身体就能获得轻松，睡前做一遍则有利于入眠。

（二）呼吸放松

呼吸放松法是指一种通过呼吸调节来缓解紧张情绪的方法。当紧张、焦虑等情绪出现时，通过主动调节呼吸，使其身体得到放松，从而达到改善其紧张、焦虑情绪的目的。

呼吸放松可以选择坐姿、卧姿或者站姿。

坐姿：坐在凳子或椅子上，身体挺拔，腹部微微收缩，背不要靠椅背，双脚着地，并与肩同宽，排除杂念，双目微闭。

卧姿：平躺在垫子或沙发上，双脚伸直并排，双手自然地伸直，放在身体两侧，排除杂念，双目微闭。

站姿：站在地上，双脚与肩同宽，双手自然下垂，排除其他想法，双目微闭。

呼吸放松训练的步骤如下：

（1）吸气。缓慢并深深地按“1—2—3—4”吸气，约 4 秒使空气充满胸部，呼吸应均匀、舒适而有节奏。

（2）抑制呼吸。空气吸入后保持一会，约 10 秒钟，要感到轻松、舒适、不憋气。

（3）呼气。要自然而然、慢慢地把肺底的空气呼出来。此时，肩膀、胸直至膈肌等都感到轻松舒适。呼吸时还要想象将紧张徐徐地驱除了出来。注意放松的节拍和速度。

（三）意象训练

意象训练法是指通过想象轻松愉快的情境（如人海、蓝天、白云、瀑布、沙滩、青山、绿水等）达到身心放松、舒畅情绪的目的。意象训练的效果取决于是否真正掌握了其动作要领。

在整个放松过程中，要始终保持深、缓而均匀的呼吸，想象要逼真、生动形象。头脑中的意象越清晰、生动，放松的效果就越明显，同时要能真正体验到，伴随着想象有股暖流在你身体里流动。若想掌握好要领，必须经过多次的练习，反复地认真体会。

意向训练不仅能消除身心疲劳，减轻或解除心理紧张和烦恼，而且对开发智力也具有一定的作用。进行意象放松训练时，最好在安静的环境中，仰卧在床上，将四肢伸展放平，使其有舒适的感觉。同时，闭上眼睛并配合深、缓而均匀的呼吸。

意象放松训练时，可以想象某一特定的情境，也可以像旅游一样从一个地方到另一个地方，逐一进行想象。至于采取何种方式，要看哪种情况更适合自己。

（四）正念放松

正念是当代心理治疗中最重要的概念和技术之一。这一概念最初源于佛教禅修，是从坐禅、冥想、参悟等发展而来的。正念是有目的的、有意识的，关注、觉察当下的一切，而对当下的一切又都不做任何判断、任何分析、任何反应，只是单纯地觉察它、注意它，从而帮助我们专注于现实的生活。

常用的正念方法有正念呼吸、身体扫描等。通过正念练习将注意力放在身体上，这是一种让头脑高效休息的方式。因为只要大脑还在分析、思考，即使看起来什么都不做，我们也无法真正得到休息。

正念，就像给喋喋不休的大脑，按下了一个“暂停键”。

帮助你停下来的第一种能力，叫作“觉察”：意识到此时此刻自己的状态。觉察到自己走神了，就把注意力转移到呼吸上，让头脑里的声音停下来。

帮助你停下来的第二种能力，叫作“接纳”：即使此时此刻不够完美，也要善待自己，不苛责自己。把注意力拉回来的时候，接纳走神是一个正常现象，能够减少走神本身带来的内耗。

当这两种能力不断增强，你就会在压力爆棚、头脑混乱的时候，抓住呼吸这一技巧，让自己逐渐变得安静、温柔以及松弛。这种停下来的能力，是需要刻意训练的。

【课堂活动】放松训练

播放一段冥想或者放松音乐，请大家跟随音乐一起进行放松训练。

分享：跟着音乐做放松训练的过程中，有何感觉？

【知识点小结】

1. 睡眠负债会导致头晕乏力、头痛等整理症状，引起一系列慢性疾病，产生瞬间睡眠、情绪不稳定、认知能力下降等一系列问题。

2. 睡眠可以使脑力体力得到恢复、免疫力得到恢复和提升、整理并固化记忆、调节激素平衡，排除大脑废物，预防阿尔茨海默病。

3. 睡眠包含入睡期、浅睡期、深睡期和快速动眼睡眠期 4 个阶段，每个周期为 90～120 分钟，每晚 3～5 个周期。

4. 虽然我们还没完全弄清楚人为什么要做梦，但是我们的身体需要梦。

5. 认知行为疗法是目前国际公认的治疗失眠的最好方法，它包含睡眠卫生、刺激控制、睡眠限制、调整认知、放松训练 5 个方面的内容。

【课后思考与自评】

表 2-2　自我评价

项目	自评	备注
知识掌握	1　2　3　4　5	
活动参与	1　2　3　4　5	
实践应用	1　2　3　4　5	

专题三 心理健康

学习目标

1. 能概括健康的基本含义、明确身心关系、树立大健康观念。
2. 能够运用心理健康标准正确衡量自己。
3. 能结合自己的学习、生活、交往等实际，选择合适的身心保健策略并灵活应用。

任务一 身心和谐 树立大健康观

【导读】

良好的健康状态可以提高个体的生活质量，增强学习能力，更好地适应家庭和社会生活，因此，健康和由之而来的愉快情绪，是幸福的最好资金。

“如果没有健康，智慧不能实现，文化无以实施，力量不能战斗，财富变成废物，知识无法利用。”

——古希腊哲学家赫拉克利特

【课堂活动】

一、亮子的健康观

亮子身高 1.61 米，体重 91 公斤，这给他的生活带来了诸多困难。他走路吃力、行动迟缓、容易疲劳、难交女友……同学们为他担心，他却不以为然，认为“只要无疾无病，肥胖没有关系”。

二、小资料：身体不健康的常见表现

无疾无病不等于身体健康。体力下降、容易疲劳、活动效率低下等都是身体不健康的表现。综合相关研究，若身体不健康，则会在一定时间内出现以下反应：

（1）上楼梯心慌、气喘、腿软、胸口堵得慌；

（2）眼睛酸胀/干涩疼痛；

（3）颈背/全身肌肉酸痛；

（4）入睡困难（30 分钟不能入睡）、多梦、易醒、早醒；

（5）睡眠时间过多或过少；

（6）容易疲劳，学习或工作效率下降；

（7）易感冒，长时间不愈；

（8）胃部不适，腹满、腹胀或腹泻；

（9）关节痛。

思考：亮子的健康观正确吗？为什么？

【课堂活动】给自己的健康习惯打分[①]

请将最符合自己情况的描述打圈，累加对应数字计算分数。

饮食习惯：几乎每天　　有时　　几乎从不

1. 我每日饮食多样化：水果蔬菜、全麦面包和麦片、奶制品、坚果和种子。

2　　1　　0

2. 我严格控制脂肪、反式脂肪和胆固醇的摄入量（包括肉类的脂肪、蛋、奶油和动物肝脏）。

2　　1　　0

3. 我严格控制盐的摄入量，不吃含盐的零食。

2　　1　　0

4. 我避免摄入过多的糖。（如糖果和软饮料）

2　　1　　0

饮食习惯得分：______

锻炼习惯：几乎每天　　有时　　几乎从不

1. 我保持着理想体重，避免过胖或过瘦。

2　　1　　0

2. 我会进行每周至少 3 次 15～30 分钟的剧烈运动（如游泳、跑步、竞走）。

2　　1　　0

3. 我每周至少做 3 次肌肉训练（包括瑜伽和普拉提）。

2　　1　　0

4. 我利用空余时间参加家庭或团队活动，增加运动量。

2　　1　　0

锻炼习惯得分：______

服药与饮酒：几乎每天　　有时　　几乎从不

1. 我尽量避免饮酒，每周不超过 2 次。

2　　1　　0

2. 我尽量避免借助于药物缓解生活或学习压力。

2　　1　　0

3. 我在饮酒后会避免服用一些药物（如感冒药、抗过敏药等）。

2　　1　　0

4. 在服药前，我会认真阅读说明书。

2　　1　　0

服药与饮酒得分：______

分数换算：

9～0：好极了　　6～8：不错　　3～5：尚可　　0～2：较差

---

① [美]卡伦·达菲/伊斯特伍德·阿特沃特. 心理学改变生活[M]. 北京：机械工业出版社，2015：83.

一、健康的概念

（一）健康是一个动态的概念

人类的健康观是随着社会的发展和生活水平的提高而不断变化的。20 世纪初，《简明不列颠百科全书》将健康定义为：没有疾病和营养不良以及虚弱状态。《辞海》将健康定义为：人体各器官系统发育良好，功能正常，体质健壮，精力充沛，并具有良好劳动效能的状态。通常用人体测量、体格检查和各种生理指标来衡量。

1984 年，世界卫生组织（WHO）在其《宪章》中提出了著名的健康新概念：健康不仅是没有疾病，而且是身体上、心理上和社会上的完好状态。这是世界公认的对健康的标准定义，此定义提出了健康新概念，即健康包括身体健康、心理健康和社会适应能力良好 3 个方面。

1989 年世界卫生组织在对健康定义的阐述中，又在此基础上增加了道德健康。道德健康指不能损害他人利益来满足自己的需要，能按照社会认可的道德行为规范准则来约束和支配自己的思维、行为，具有辨别真伪、善恶、荣辱的是非观念和能力。

（二）树立大健康观，促进全面健康

近年来，公共卫生领域开始关注“不生病”与“健康”之间的区别。从本意上来看，健康就是没有疾病。不过，人们越来越认识到健康的定义要比没有疾病更宽泛。评价一个人健康与否，不能只看他是不是强壮，化验单上的指标是不是正常，还要看他的心理和社会功能是不是处于优良、和谐的状态。在某些情况下，保持健康并不意味着治好了所有的病，有时虽然疾病依然存在，但只要学会了平衡和调整，能够和谐地与人相处，使家庭变得亲密，使生活充满快乐，这也意味着健康。

全面健康意味着一种正面的、理想化的健康状态，使人们不断追求、努力保持。健康意味着我们能充分调动自己的身体和思想，除了偶尔的小毛病之外，能快乐地度过晚年。[①]

现今，医生和精神健康专家比以前更加重视心理和生理之间的互动，在理解健康和疾病的时候，把生理、心理和社会因素的交互作用都考虑在内。在任何形式的健康教育中，既要重视生理健康教育，又要重视心理健康教育，两者不可偏废。健康的本质就在于身与心的和谐。

《健康宣传》

二、身心关系

现代行为医学和心理学研究都发现：身体健康与心理健康之间有着密切的交互作用。生理状况的变化，会引起心理（认知、情绪和行为）的相应改变，对心理状况产生影响。同样，心理因素（如思维方式、情绪状态、行为模式、个性特征等）也会影响身体的健康状态。身心是紧密联系、相互作用的。同时，人的社会适应情况又与身心健康状况相互影响。

---

① [美]卡伦·达菲，伊斯特伍德·阿特沃特. 心理学改变生活[M]. 北京：机械工业出版社，2015：82.

（一）身体健康状况对心理健康状况的影响

1. 身体亚健康会导致心理亚健康

身体亚健康状态下，个体虽然没有明显的身体疾病，但也会出现身体健康和心理健康下降的情况。身体方面主要表现为疲劳、乏力、失眠、头晕、心悸等；心理方面主要表现为情绪低落、精神紧张焦虑空虚、记忆力下降、反应迟钝、人际关系紧张、家庭关系不和谐等。

2. 疾病会打破心理的平衡

任何疾病都会打破个人身体和心理原有的平衡状态。病人在感受躯体不适的同时，也会引发一些心理反应，如害怕、焦虑、无助、怀疑、挫折感、忧郁等。这些反应会干扰人体的正常生理功能，引起高级神经活动机能失调，不但对疾病的康复不利，还会影响心理功能。临床实践证实，疾病心理反应如不能有效调解，会成为一种重要的心理致病因素，诱发新的躯体疾病。

3. 生理周期影响人的情绪状态

机体有其自身的生理节律。在生命过程中，从分子、细胞到机体各个层次上都有明显的时间周期现象，主要包括以 24 小时为周期的昼夜节律和以月为周期的生殖周期。这些周期性的变化会引起神经和内分泌的相应变化，并引起一定的情绪反应。

对女性来说，月经周期对心理的影响尤为明显。月经周期在引起女性生理不适的同时，也会使女性的情绪呈现周期性的波动。研究发现，女性的情绪在中期最为乐观，自信心最强，而在行经期和经期前期则往往伴随着无助、焦虑、敌意和渴望关爱等情绪，变得沮丧、烦躁等。男性也有生理周期，大约 28 天为一个周期。此期间易出现情绪低落、浑身乏力、食欲不振、喜怒无常、悲观不自信等一些非常态表现。

【拓展阅读】生物三节律

20 世纪初，英国医生费里斯和德国心理学家斯沃博特同时发现了一个奇怪的现象：有一些病人因头痛、精神疲倦等，每隔 23 天或 28 天就来治疗一次。于是他们就将 23 天称为“体力定律”，将 28 天称为“情绪定律”。20 年后，特里舍尔发现学生的智力是以 33 天为周期进行变化的，于是他就将 33 天称为“智力定律”。后来，人们就将“体力定律”“智力定律”和“情绪定律”总称为生物三节律。

一个人从出生之日起到离开世界为止，生物三节律自始至终没有丝毫变化，而且不受任何后天影响。三种节律都有自己的高潮期、低潮期和临界日。以情绪为例，在高潮期内，人的精力充沛、心情愉快，一切活动都被愉悦的心境所笼罩；在临界日内，自我感觉特别不好，健康水平下降，心情烦躁，容易莫名其妙地发火，在活动中容易发生事故；在低潮期内，情绪低落，反应迟钝，一切活动都被抑郁的心境所笼罩。

（二）心理状态对身体健康的影响

心理因素也会对身体健康产生影响，主要体现在情绪状态、致病行为模式以及社会支持等方面。

1. 情绪状态影响身体健康

心理因素对身体健康的影响主要通过情绪起作用。现代医学认为，良好的心理状态和情绪有助于分泌有益于健康的激素酯类和乙酰胆碱等，可将机体调节至最佳状态，提高机体免疫力。而不良的心理状态和情绪，如长期的愤怒、抑郁、焦虑、痛苦、恐惧，可导致免疫系统功能失调，体质下降，引起多种疾病。[①]许多躯体疾病都是由心理因素直接或间接引起的，这类疾病称为身心疾病，如冠心病、原发性高血压、消化性溃疡、支气管哮喘、偏头疼等。

2. 致病行为模式产生相应躯体疾病

行为模式是个性特点和生活方式的外在典型表现。致病性的行为模式，是指与特异性疾病的发生有密切关系的行为模式，目前医学上主要研究的是 A 型行为模式和 C 型行为模式。

A 型行为模式的表现：个性强、抱负过高、竞争意识强烈、固执、好争辩、说话带有挑衅性、急躁、紧张、好冲动、大声说话、做事快、走路快、说话快、总是匆匆忙忙、富敌意、具有攻击性等。A 型行为者冠心病的发生率、复发率和死亡率较高。

C 型行为模式是一种与癌症发生有关的行为模式，具体表现：当个体面对不愉快的、压力大的事情时，比较压抑自己的情绪，过分地忍让、谦虚，过分依从社会、回避矛盾，容易生闷气。C 型行为者患癌症的发生率是其他行为类型者的 3 倍左右。

3. 社会支持影响身体健康

社会支持是指人与人之间积极的、有意义的联结。社会支持对健康具有普遍的增益作用，它帮助我们维持良好的情绪体验和身心状况，有益于身心健康。除此以外，它还能在我们面临困难或威胁时发挥保健作用，缓减压力事件对身心状况的消极影响。

三、心理健康与标准

对于什么是心理健康，通过哪些标准来判断心理是否健康，目前还没有公认的标准，不同学者对心理健康有不同角度的理解。

（一）心理健康的概念

德国心理治疗师、心理学家诺斯拉特・佩塞施基安教授（Nossrat Peseschkian）认为，心理健康指的并不是生活中没有问题的人，而是指那些能够解决生活问题的人。这种解决问题的能力包含 3 个方面，即积极（全面）、平衡（适度）和磋商（灵活）。这就意味着人们能在自己的生活中，拥有体验生活各方面的能力，不沉迷于生活中的某一个或者某两个方面；拥有能够平衡问题各层面、寻求适中解决的能力；拥有积极学习，不让自己局限于一种特定的模式下的能力。

我国心理学家李子勋认为，心理健康是一个人拥有对内心的接纳度、对现实的适应度、对人际关系的宽容度，以及让自己快乐的能力。[②]

刘华山指出，心理健康说到底是一种人生态度。[③]他认为，心理健康的人在生活中多持有一种积极的、开放的、现实的、辩证的、通达的人生态度，因此能追求高尚的生活目标，能放弃做“完人”“超人”的念头；有明确的观念，能身体力行，而又具有一

---

① 张志明，金冬梅. 亚健康状态研究现状[J]. 中国健康教育，2008，24（3）：201-203.
② 李子勋. 自在成长：所有经历，都是完成自己[M]. 北京：中国法制出版社，2019.
③ 刘华山. 心理健康概念与标准的再认识[J]. 心理科学，2001（4）.

定弹性的道德准则，这是心理健康人群与神经症患者和人格障碍者的显著差异。

我们可以从广义和狭义两种角度来理解心理健康：从广义上讲，心理健康是指一种高效而满意的持续的心理状态。从狭义上讲，心理健康指人的基本心理活动的过程和内容完整、协调一致，即认识（知）、情感（情）、意志（意）、行为（行）和谐统一，各种心理机能健全，人格结构完整，能用正当手段满足自己的基本需要，能体验到幸福感；行为符合社会规范，人际关系和谐，社会适应良好。

需要注意的是，世界上不存在绝对的心理健康，因为心理健康与心理疾病之间不是截然分开的，它们是一个连续谱。也就是说，我们的生命中也不可能在100%的时间内都保持良好的生活适应状态。在大多数的时间里，我们能具有一种基本良好的生活适应状态和良好的情绪，那么我们的心理基本上就是健康的。因为在生活中我们总会遇到各种挫折或者事件，会出现短期的反应性情绪波动，会悲痛欲绝、抑郁泪流、愤怒狂暴等。这些都很自然，只要这些负性情绪不是延续太久，都可以算作正常范围。

人的心理健康水平大致分为以下3个等级：

（1）一般常态者：表现为经常的心情愉快，适应能力强，善于与人相处，具有调节情绪的能力。

（2）轻度失调者：表现为与他人相处略感困难，生活自理有些吃力，若主动调节或通过心理辅导，可恢复常态。

（3）严重病态者：表现为严重的适应失调，不能维持正常的生活、工作，如不及时治疗就可能恶化，成为精神病患者。

不健康的心理状态依据心理功能受阻的程度，可分为心理问题、心理障碍、心理疾病3个层次。

（1）心理问题：个体发展过程中，由于外部影响或内部失调而引起的暂时性的心理失衡现象；心理功能未受到明显影响，经过别人帮助或自我调节能得到解决。

（2）心理障碍：个体在从事某些活动时有明显的不适感，反应方式出现异常，适应水平显著下降，活动效率受到严重影响；心理功能发生局部障碍，必须借助别人的帮助才能恢复健康状态。

（3）心理疾病：个体的自我调节能力和适应能力都处于十分低下的水平，从事各种活动的能力已部分或大部分丧失，基本上已无法维持正常的学习、工作和生活；心理功能出现严重障碍，需要住院治疗。

（二）心理健康标准

心理健康标准是心理健康概念的具体化。心理健康与否具有相对性，它不像生理健康那样具有精确的易于度量的指标。由于文化背景、年龄、情境等因素的差异，国内外学者提出的心理健康标准不尽相同，但这些标准作为一种理想尺度，不仅为我们提供了可参考的测量指标，更为我们指明了努力的方向。

1. 马斯洛提出的人的心理是否健康的10条标准

美国著名心理学家马斯洛认为，具有自我实现的人格特征的人就是心理健康的人，他提出了人的心理是否健康的10条标准。

（1）具有充分的适应力和安全感；

（2）能充分地了解自己，并对自己的能力行为做出适当的评价；

（3）生活的目标切合实际；

（4）不脱离现实环境，与周围环境、事物保持良好的接触；

（5）能保持自我人格的完整与和谐；

（6）善于从经验中学习；

（7）能保持适当良好的人际关系；

（8）能适度地发泄和控制自己的情绪；

（9）在不违背集体利益的前提下，能够有限度地发挥个性；

（10）在不违背社会规范的前提下，能够恰当地满足个人的基本需求。

2. 王登峰、张伯源提出的心理健康的 8 个指标

我国学者王登峰、张伯源等根据各方面的研究结果，提出了心理健康的 8 个指标：

（1）了解自我，悦纳自我。

一个心理健康的人能体验到自己的存在价值，对自己的能力、性格、情绪和优缺点能做出恰当、客观的评价。能接受自己的不足，即使对自己无法补救的缺陷，也能安然处之，对自己不会提出苛刻的过分期望与要求；对自己的生活目标和理想也能定得切合实际，因而对自己总是满意的。同时，努力发展自身的潜能，而不是对自己不满意，也不会由于所定的目标和理想不切实际而自责、自卑；不会要求自己十全十美，不会与自己过不去。

（2）接受他人，善与人相处。

心理健康的人不仅能接受自我，也能接受他人，能认可别人的价值。乐于与人交往，人际关系协调和谐，既能在与朋友相聚时感受到快乐，也能在独处时没有孤独感。在与人相处时，积极的态度（如同情、友善、信任、尊敬等）总是多于消极的态度（如猜疑、嫉妒、敌视等），因而在社会生活中有较强的适应能力和较充足的安全感。

（3）正视现实，接受现实。

能够主动地去适应现实，对自己的能力有充分的信心，对生活、学习、工作中的各种困难和挑战能积极面对并妥善处理，对周围事物、环境能做出客观的认识和评价，能在比较短的时间内熟悉环境，改变自己或部分环境让自己在环境中生活得比较快乐；既有高于现实的理想，又不会沉湎于不切实际的幻想与奢望。

（4）热爱生活，乐于工作和学习。

觉得生活有乐趣，能给自己的生活找乐趣，对于生活中发生的大部分事情觉得有趣；喜欢自己的工作，能在工作中尽可能地发挥自己的个性和聪明才智，并从工作的成果中获得满足和激励，获得自我价值；把自己的智慧、技能用在工作中使自己的行为更有效率，工作更有成效。

（5）能适当地表现情绪。

心理健康的人的愉快、乐观、开朗、满意等积极情绪状态总是占据优势，虽然也会有悲、忧、愁、怒等消极的情绪体验，但一般不会长久；能适当地表达和控制自己的情绪，保持积极的心态。

（6）人格完整和谐。

人格结构包括气质、能力、性格、理想、信念、动机、兴趣、人生观等各方面平衡发展，在人的整体的精神面貌中能够完整、协调、和谐地表现出来；思考问题的方式是灵活和合理的，对外界刺激不会有过于偏颇的情绪和行为反应。

（7）心理行为符合年龄与性别特征。

在人的生命发展的不同年龄阶段，都有相对应的不同的心理行为表现，从而形成不同年龄独特的心理行为模式。心理健康的人具有与同年龄段大多数人相符合的心理行为特征。

（8）智力发展正常。

智力是人的观察力、记忆力、想象力、思考力、操作等各方面能力的综合，智力正常是人正常生活最基本的心理条件。智力正常才能保证认识世界的能力是正常的，是心理健康的重要标准。

3. 心理健康蓝皮书的标准

我国首部"心理健康蓝皮书"《中国国民心理健康发展报告（2017—2018）》指出，我们可依据情绪、思想认知、行为和社会功能等4个方面来判断自己是否有潜在的心理问题。

（1）情绪：情绪是否处于正常状态，是否有过于严重以及持续时间过长的负性情绪，如恐惧、担心等。

（2）思想认知：是否出现负面想法，或者脑力迟钝，无法有效思考，记忆力下降等。

（3）行为：行为是否正常，睡眠、饮食、工作、娱乐等方面是否出现问题。

（4）社会功能：如果无法像正常人一样生活、工作、学习、娱乐，说明心理状态已经非常不健康。

【课堂活动】我理解的心理健康

表3-1　心理健康的标准及特点

我认为心理健康具有以下标准	我认为心理健康的标准有以下特点

正确理解心理健康的标准：

（1）标准的相对性。

心理健康与不健康并无明显界限，是一个连续化的过程。心理健康是较长一段时间内持续的心理状态，不能简单地根据一时一事下结论。一个人偶尔出现一些不健康的心理和行为，并非意味着这个人就是心理不健康或心理变态，要视具体情况而定。

心理健康状态是动态的、变化的，既可能从不健康转变为健康，也可能从健康转变为不健康。随着人的成长，经验的积累，环境的改变，心理健康状况也会有所变化。

因此，心理健康与否只能反映一个人某一段时间内的固定状态，并不是他一生的状态。

心理健康的标准会随时代的变迁和社会文化的差异而变动。

（2）心理健康标准的多元性。

统计常模判断方法：心理特质的测量值是否接近总体平均数。

社会常模判断方法：人的行为是否符合社会规范。

生活适应判断方法：生活适应是否良好。

心理成熟判断方法：个人的心理发展与生理成熟程度是否相当。

主观感受判断方法：是否有满意感、幸福感或痛苦感、不适感。

【拓展阅读】

《中国国民心理健康发展报告（2017—2018）》是我国首部“心理健康蓝皮书”，从学术视角研究和分析 2017—2018 年我国国民及各个群体的心理健康状况。

1. 城镇人口心理状况更好。

蓝皮书透露，中国科学院心理研究所国民心理健康状况研究小组对我国 10～100 岁城镇居民的心理健康状况进行了全面测查。结果显示，我国城镇人口中大多数人心理健康状况良好，仅有 11%～15%的人心理健康状况较差，有 2%～3%的人心理健康状况差。

2011—2012 年，国民重要心理特征调查项目调查发现，农业户口的国民中心理健康状况“差”的约为 2.6%，心理健康状况“较差”的约为 18.3%，非农业户口中的这两项分别为 2%和 13.8%。近几年的调查也显示，农村户口或农村人口的心理健康状况总体比城市或非农村人略差一些。

2.“自我调节”知识需求大。

蓝皮书指出，我国国民心理健康需求极大，但国民感知到的心理咨询服务不便利。为了解我国国民的心理健康服务需求，中国科学院心理研究所国民心理健康评估发展中心近年来曾 3 次进行国民的心理健康服务需求相关调查，有 48%的受访者认为“现在社会上人们的心理问题严重”，仅有 12%的受访者认为“不严重”，有 40%的受访者选择了“说不清”。

有 88%的受访者认为心理健康工作重要，同时有 74%的受访者认为“心理咨询服务不便利”，这提示民众的心理健康需求与目前能够提供给民众的心理健康服务之间的差距很大。

调查显示，受访者具体的心理健康需求中，“自我调节”知识需求达 53.0%，为国民需求率最高。后面依次是“教育孩子”（46.3%）、“人际交往”（44.3%）、“心理疾病防治”（34.1%）、“职业指导”（33.9%）和“婚姻”（28.9%）。

3. 心理健康状态因群体而异。

蓝皮书指出，心理健康素养是健康素养的重要组成部分，心理健康素养影响人们对心理疾病的认知和应对，我国的心理健康素养水平依群体而异。2017—2018 年的调查显示，女性的心理健康素养水平略高于男性，25～45 岁年龄组的群体素养高于其他年龄组，东部地区略高于中西部地区，心理健康工作者的素养水平显著高于其他职业群体。

4. 一些心理疾病亟须被认知。

在常见的心理疾病知晓率的考察上，公众知晓率高于 90%的是抑郁症、焦虑症、精神分裂症、强迫症、自闭症（孤独症），而公众知晓率不足 50%的包括读写困难和惊恐障碍。

5. 需要重点关注的职业人群。

教师、医务人员、银行业职员以及 IT 业职员需要重点关注，这几类人群的心理健康水平逐年下降或低于全国平均水平。

任务二 心理健康的维护

【导读】

人的一切思想、行为和活动都是以一定的心理活动为前提的，都是在人的心理调解下进行的。大学生的心理健康具有重要的意义，心理健康是大学生成长成才的基础，心理健康有助于大学生学习效率的提升与智力的协调发展，心理健康可以促进大学生人格的成熟与独立。

【案例】

某高校教师在课堂上点名时，学生小王没有到。课到一半时，小王走进了教室。教师问他为什么第一节课旷课而第二节课又迟到，该生解释说："因为复习备考，没有听到上课铃声，所以没有到课堂上课。"教师当时对该学生说："如果连课都不上怎么能考好？"同时，教师在学生名册中为该生记录"到课"，该生也进入课堂上课。课间休息时，该生将教师水杯拿出教室，教师以为该生通过为教师泡水表示歉意。在该生拿着水杯返回教室走到教师跟前时，教师向该生说了声"谢谢"，并伸手准备接水杯。此时，该生突然将杯中热水泼向教师脸部，导致教师面部和背部严重烫伤。教室里的其他学生见状后迅速对教师进行救助，并向学校相关职能部门报告并报警。学校立即将教师送往医院诊治。

【案例】

2013 年，上海某大学 2010 级硕士研究生黄某中毒身亡，法院一审和二审都宣布其舍友林某是投毒凶手。究其作案动机，则是两人因为生活琐事导致关系不和，林某对其心存不满，经事先预谋，将剧毒化合物注入饮水机槽。黄某饮用饮水机中的水后出现中毒症状，后经医院救治无效去世。

在同学与朋友的回忆中，林某在本科期间曾是学生会学术部部长，科研能力突出，发表了数篇论文。同时，课余活动丰富，积极参加同乡会的活动，爱好篮球，喜欢玩游戏，甚至擅长讲冷笑话。案发后，与林某有过长期接触的人中，很多人无法想象与相信林某会毒杀室友。在他们的眼中，他们看到的是一个略带羞涩、会规划人生、在朋友圈中擅长沟通合作的高个子男生。但是通过林某网络个人空间与成长日记，他阳光、积极的背后，显现了一个不为人知的另一面。敏感、自尊与自卑相互交织的性格，在林某的身上刻下了一体两面的鲜明烙印。

一、大学生心理健康的重要意义

大学生在心理发展过程中充满理想我与现实我的矛盾、独立与依赖的矛盾、渴望交往与隐秘封闭的矛盾、自尊自信与怯懦自卑的矛盾、强烈的性欲望与正确处理异性关系的矛盾等。这些矛盾主要表现为：一是自我意识的发展——“我到哪里去”的迷茫；二是认知的发展——“挑战与怀疑”的不羁；三是情绪情感的两极性——“狂暴与细腻”的共存；四是意志的两极性——“勤奋与懒惰”的纠缠；五是个人价值观逐渐形成——“是非与黑白”的选择。

大学阶段是青年学生人生观、世界观、价值观形成与塑造的关键时期。通过不断思考、探索与选择，在认知、思维和情感等方面逐渐走向成熟。但价值观念的多元化、社会竞争的加剧、道德伦理观念的失衡、独生子女的特殊成长环境等因素，致使大学生各种心理问题日益凸显。因而，大学生的心理健康具有重要意义：一是心理健康是大学生成长成才的基础；二是心理健康有助于大学生学习效率的提升与智力的协调发展；三是心理健康可以促进大学生人格的成熟与独立。

二、大学生常见的心理问题

【案例】

青青与小由在一个宿舍生活，入学不久两个人就成了形影不离的好朋友。小由活泼开朗，青青性格内向，寡言少语。逐渐的，青青觉得自己像一只丑小鸭，而小由却像一位美丽的公主，处处都比自己强，风头都被她占尽。青青心里很不是滋味，时常以冷眼对小由，也会在不同场合说一些小由的坏话。

大学生心理问题综合起来大体可以分成以下两大类：

一类是一般性的成长心理问题，如环境改变与心理适应的问题；学习心理调适不当而出现的心理问题；跟同伴、师生、父母等相处时的人际关系问题；情绪控制、自我认知、人格发展、意志品质等自我认识问题；恋爱、性心理等方面出现心理与行为的偏差等。这是大学生心理存在的主要问题，通过自身的调节，朋友、家长和老师的帮助，一般都可以顺利度过。

（1）环境变化引起的适应不良问题。

大学生由于学习、生活环境的改变，往往容易出现矛盾、困惑心理。其中一部分学生表现出对现实的失落感。由于中学时学生对大学充满了憧憬，学生也将考大学作为唯一的和最终的目标来激励自己。而当跨入大学校园后，突然发现事实并非原来想象的那样，进而怀念过去的中学生活。而且一部分学生发觉自己在高手如云的新集体里不适应。进入大学后，由原来依赖父母到相对自立的生活，进而在心理上产生孤独感。

（2）异性交往引起的情感心理障碍问题。

大学生性发育已经成熟，恋爱问题是不可避免的。由于大学生接受的青春期教育不够且缺乏正确的引导，很多学生根本不懂什么是真正的爱情，还有些学生不能正确地处理好与异性之间的交往和双方的感情问题，出现爱困惑、性困惑，少数学生还出现异常行为，有的因恋爱观与现实的具体问题发生冲突而陷入痛苦、迷茫、消沉之中，以致为情所困而不能自拔。

（3）人际关系的困扰。

进入大学后，如何与周围的同学友好相处，建立和谐的人际关系，成为大学生面临的一个重要课题。由于每个人待人接物的态度不同、个性特征不同，再加上青春期心理固有的闭塞、羞怯、敏感和冲动，大学生在人际交往过程中不可避免地会遇到各种困难，从而产生困惑、焦虑等心理问题。这些心理问题主要表现为：人际关系冲突、交往恐怖、沟通不良等。

（4）学习、就业负担引起的紧张焦虑问题。

大学生学习上的困难与挫折以及就业问题对大学生的影响非常显著。课业专业化、难度大、要求高，学习压力和就业竞争也相应增大，容易引起紧张焦虑。

另一类则是出现了程度不等的心理障碍，甚至是较为严重的心理疾病。根据《精神疾病诊断和统计手册》（DSM-IV-TR）可知，有 200 余种心理障碍。如：明显而持久的心境高涨或低落并伴随相应的思维和行为改变等症状的抑郁症；神经症、焦虑症、强迫症、恐怖症；进食障碍；网络成瘾、物质成瘾；精神分裂症、双相情感障碍等。任何一种障碍的诊断都取决于多条标准，请避免用所学的新知识对家人或朋友妄下诊断。心理障碍的诊断需要由受过专业训练的精神卫生专业工作者做出判断，同时需要考虑文化差异。

心理障碍并非不可治愈。由于历史文化原因和对疾病本质认识的不足，心理障碍患者及其家人不愿意公开病情，不愿就医，致使早期的诊治机会丧失，严重影响疾病的治疗和预后。因而，应该客观认识疾病，采用科学的治疗方法，积极求治，这才是改善预后的最好办法。

《抑郁症》
《双相情感障碍》

【课堂活动】角色扮演：我的心理健康吗？

回顾过去的生活，尤其是已经度过的大学生活，将自己观察、体会到的自己或者同伴的某一具体的健康或者不健康状况的表现通过角色分配、角色扮演的方式表演出来，可以与人进行合作。

参考主题：

关于学习：对专业不感兴趣、学习挂科、学习状态差等。

关于人际交往：不愿交往、不敢与人交往、不知如何与人交往等。

关于未来的发展：就业的方向、目标等。

关于恋爱：处理恋爱与学习的关系、失恋、暗恋等。

活动结束后讨论分享：你从中看到什么？感受到什么？如何理解心理健康？

三、促进健康的措施

（一）建立健康的生活方式

1. 培养健康的意识

《2019 国民健康洞察报告》称，在生活态度方面，当把身体健康与财富、工作进行比较时，93%的公众认为身体健康是最重要的事，幸福家庭和心理健康分列第二、三位。公众对于健康的重视程度，远远超过“拥有财富”和“满意的工作”。《2020 国民健康洞察报告》显示，人们心目中“健康”标签的前三位分别是心理状态好、睡得好、肠胃好，不生病仅排在第四位，紧随其后的是一些与尊重需求相关的标签，如皮肤好、身材好、头发好。青年学生要树立大健康意识，关注健康，投资健康。主动积极的健康，远远重于医疗上的临床救治。

2. 形成有规律的生活习惯

人的生理状态左右人的心理状态，良好的生活方式使人们保持充沛的精力和身体的平衡状态，为抗衡不良状态做准备。有规律的生活包括以下 3 个方面：

（1）有规律的起居。在非药物性的作用下，大脑活动在白天最为活跃，身体的免疫功能也最强；在夜晚，大脑则处于相对抑制状态，人体的免疫和代谢功能降低。长期不规律的生活让人体生物周期紊乱，由此产生睡眠障碍、疲倦、厌烦情绪，严重的还可能产生攻击行为。

（2）合理的饮食。饮食是人类活动的能量来源，五谷杂粮都为人体所需。人体缺少哪些元素都会在身体上有所反映，在心理上有所表现，如缺钙令人乏力、烦躁、精力不集中。

（3）坚持运动。健康的心理与健康的身体密不可分，运动时人体毛孔的打开是静止时的 10 倍，能加快新陈代谢。

对大学生而言，健康的生活方式包括：① 合理作息，起居有常，早睡早起，充足睡眠；② 平衡膳食，坚持吃早餐，体重保持正常水平；③ 科学用脑，实行时间管理，提高学习效率；劳逸结合，有张有弛，避免用脑过度；④ 积极休闲，选择文明高雅的休闲娱乐方式，愉悦身心；⑤ 适量运动，积极参加体育锻炼，不吸烟、不喝酒。

大学生不文明的生活方式主要有：网络沉溺，暴饮暴食，节食瘦身，晚睡晚起，饮食不规律，不从事体育运动，抽烟酗酒，做危险动作等。

（二）形成对自己有效的保健方法

我们在感到痛苦时，常从 3 个方面获得安慰：大自然、社会和朋友。比如，经常去感受大自然，既可以陶冶情操，又可以从众多的紧张和压力中解脱出来。再如欣赏音乐时，能够体验到美的享受，带来心理上的快感等。每个人可根据自己的个性、爱好或习惯形成自己的保健方法。一个持久的有效健康促进方法，可以让人受益终身。

（三）协调现实自我——理想自我

每个人都会有一个理想自我，如果理想自我和现实自我之间的差距过大，就会使我们看到自己的不足，导致许多心理问题的萌芽。协调现实自我与理想自我之间的矛盾，可以采取以下策略：

（1）努力改善现实自我，使之逐渐接近理想自我；

（2）修正理想自我中某些不切实际的过高标准；

（3）不压抑自己的现实需求和感受，并以社会允许的方式表达出来，不损害他人；

（4）如果达不到理想自我的要求，也不要用过于偏激和消极的语言来评价自己；

（5）确信自己的选择和行为，并愿意且能够为自己所做出的决定负责。

（四）管理不良情绪

许多不良情绪严重影响人们的健康，如暴怒、抑郁、自卑、过度紧张等。在愤怒状态下，人的思维变得狭窄，越想越怒，越怒就越冲动。制怒需要自己首先意识到自己所处的愤怒状态，然后寻求制怒的有效方法。较简单的是进行深呼吸，充分的氧气可以平静因愤怒而引起的生理反应，或者远离发生愤怒的地点，最好到室外进行体育活动或体力劳动，因为疲劳的身体是很难再发怒的。事后反思，就会觉得没有发怒的必要。

适度的紧张有利于完成任务，但是长期的紧张对人体的影响非常大，不利于健康。较有效的控制办法是：适当降低动机的强度，以一种较为平常的心态对待工作和学习。另外，也不要太在意别人如何评价自己，也即弱化自我意识。

（五）投身社会实践与扩大人际交往，建立广泛的社会支持系统

积极主动地参加各类社会实践活动有助于全面提高自身素质。通过群体交往活动，理解人与人之间的关系，体验友谊与沟通的快乐，开阔视野，并寻找广泛的社会支持。当面临挫折与压力时，一定要寻求帮助与支持。广泛宽厚的社会支持能帮助我们走出沼泽地。

【课堂活动】寻求身边的社会支持系统

表 3-2　社会支持系统

当我遇到…事时	我可以求助的对象	为什么选择他/她	他/她对我的积极作用

表 3-3　身边的资源

我身边还有哪些资源？	能给我提供支持吗？	适合我吗？
专业课教师		
心理咨询老师		
辅导员		
学长		
图书馆		
……		

（六）主动寻求心理帮助

人的心理发展过程充满危机与冲突，有些人依靠自身的能力最终化解危机与冲突，但大多数青少年因知识经验不足、阅历所限，需要得到心理健康方面的援助，以解决发展过程中遇到的种种心理冲突。

一项关于“是否愿意寻求专业的心理帮助”的调查结果显示，42.5%的人不愿意寻求心理治疗是因为害怕被关进精神病院或害怕吃药；31.9%的人认为心理帮助可能导致别人对自己有不好的看法，认为去做心理咨询或去看心理医生的人都是“疯子”“精神病”。由于这种偏见，许多人不敢轻易去做心理咨询或去看心理医生，害怕别人以为自己精神不正常。实际上，自己主动去做心理咨询的人大多是正常的人。不论是谁，只要觉得自己在心理上、情绪上有了痛苦和烦恼，都可以去做心理咨询。在个人发展、学业以及事业上遇到困扰时，也可以向心理咨询师寻求帮助。

【拓展阅读】

下面这些情况可以去做心理咨询：当某些事引起了强烈的心理冲突，难以解决时；当人际关系出现了较大的问题时；当睡眠不好时，如失眠、做噩梦或梦游，当情绪极差、难以自拔时，如过度抑郁、长期抑郁或对某些事过度敏感、焦虑；当恋爱时或在家庭中遇到了难以解决的问题时；当没有器质性病变，但仍感到疼痛不适时；当有明显不平常的感觉和行为时，如总听到一个声音指挥或控制自己、害怕花草等并不可怕的事物、总不停地想一些无意义的小事或不停地洗手等。

另外，如果你希望进一步完善自己的性格，也可以在心理咨询师处获得帮助。总之，只要遇到与心理有关的问题，都可以寻求心理咨询师的帮助。特别是当问题很严重且自己无法解决时，有了心理咨询师的帮助，问题就会解决得更好。

需要说明的是，每个心理咨询师都有自己的风格和擅长的领域，可能需要多次尝试才能找到适合自己的咨询师。

咨询的形式包括电话咨询、信件咨询、网络咨询和面对面咨询等，同学们可根据实际情况选择适合自己的方式。面对面的心理咨询包括个体和团体两种形式。咨询师与来访者采取面对面的方式交谈，详细了解、分析来访者的心理困扰，帮助他们摆脱有碍于心身健康的不利因素，提高他们解决问题、适应环境的能力。对已有心理障碍者，则可在《中华人民共和国精神卫生法》的框架之下分析其病因和症状，制订完整的治疗计划。面对面咨询中，咨询师掌握的情况比较全面，能够更深入地为来访者提供有效的帮助，是一种首选的心理咨询方法。

四、学校开展心理健康教育，提高学生心理素质

（一）学校教育中应着重“五学”教育

“五学”即“学会生存，学会生活，学会关心，学会学习，学会发展”。教育中，存在重道德灌输、轻道德践约，重成才教育、轻成人教育，重知识传授、轻养成教育的倾向。心理健康不是单纯的心理问题而是社会与教育的问题。学校培养的是“社会人”与“文化人”。社会人必然是具有健康心理的人。教会学生适应环境，能够妥善处理自身事务，学会遵守社会规范，成为一个适应社会需要的社会人是前提。学会关心，就是要让学生关心国家大事，关心国际局势，关心我们生存的社会，关心朋友，体谅父母，珍惜友谊，善待爱情，以热情、积极、主动的态度介入社会生活中。学会学习就是教育学生不仅要学习书本知识，更需学习观察问题、解决问题的方法与途径，

学习将书本知识转化为社会实践的能力。人的发展是永恒的课题，可以说，自我塑造、自我发展、自我完善是人生中非常重要的内容。

（二）逐步形成学校、社会、自身共同关心学生心理健康的良好氛围

目前，学校普遍认识到了心理素质在人才培养中的重要作用，加大了心理健康教育的力度，将心理健康教育纳入课堂教学中，学校心理健康教育是根据学生生理、心理发展特点，运用有关心理教育方法和手段，培养学生良好的心理素质，促进学生身心全面和谐发展、素质全面提高的教育活动，是素质教育的重要组成部分。心理健康教育又称心理教育、心理素质教育等。

大学生也逐步认识到心理健康的重要性，开始注重自身心理素质的培养与提高，以主动的姿态调整自身的状态来适应社会的需要。在家庭教育中，家长也逐步重视子女的心理健康教育。在校园中营造宽松的氛围，建立良好的班风、学风、校风，消除不良文化的影响，逐步形成积极向上的校园文化、人人重视自身心理健康的良好氛围是十分必要的。

（三）建立以发展咨询为核心的大咨询观念

很长一段时间内，人们对心理咨询的认识只停留在心理疾病的治疗上，对心理咨询也存在一些误解：

（1）有病的人才会去心理咨询；

（2）心理咨询就是聊天或做思想工作；

（3）心理咨询就是提建议；

（4）心理问题可以一次解决；

（5）阅读心理相关自助书籍可以解决自己的心理问题；

（6）心理问题不要紧；

（7）心理咨询会导致隐私暴露。

事实上，有严重心理障碍的学生毕竟占少数，更多的学生面临的是成长与成才、情感与事业、日常生活事件如何协调处理等问题。这些问题并不构成心理疾病的主要方面，但又直接影响学生的心理健康。发展心理咨询应当成为教师教书育人职责中的重要组成部分，引导学生正确处理生活中的一些事件，将发展心理咨询贯穿于学生成才的始终，是一项非常繁重的任务。

【拓展阅读】污名化[①]

污名化不只是用错误的词形容他人，还包含不尊重。污名化给有心理障碍或与自己不同的人贴上消极的标签。污名化是人际交往的障碍，因为它会造成对污名化对象的厌恶孤立和贬低（Weiss，Ramakrishna，2006）。出于对污名化的恐惧，以及对它的歧视，有心理障碍的人及其家人往往疏于求助（Gary，2005）。例如，每年大约有 26% 的美国人存在心理障碍，但几乎一半人没有接受治疗。下面这些条目可以说明心理疾病污名化的影响之大（Abdullah，Brown，2011）。

（1）人们宁愿告诉老板自己犯过事、蹲过监狱也不愿说自己住过精神病院；

---

① [美]卡伦·达菲，伊斯特伍德·阿特沃特. 心理学改变生活[M]. 北京：机械工业出版社，2015：257.

（2）污名化可导致人们对有心理障碍的人和他们家人的恐惧、怀疑甚至暴力；

（3）污名化可能让有心理障碍的人被家人和朋友抛弃。

下面列出了一些正确看待心理障碍者的方法。

该做的事情：

① 言语尊重；

② 重视他们的优点而非缺点；

③ 在某些人对心理障碍者表现出污名化态度时提醒他们不该这样。

不该做的事情：

① 把有残疾的成功人士描述成超人；

② 用常见的有侮辱性的词汇，如智障，神经病；

③ 说他们是疯子、蠢货。

【拓展阅读】常见心理求助快速解答

问题1：怎样才能迅速治愈伤心？

解答：当我们伤心时，第一反应就是摆脱糟糕的心情，就像生病了，马上就想吃药。但这世上并没有治本的“伤心药”，因为伤心根本不是病——这就是对此问题最好的回答。

受挫、失恋、亲朋亡故……但凡人生遭遇重大不幸，我们都会伤心。失去了自然会哭，这是正常的情绪反应，就像听了笑话会笑一样，谁也阻止不了。顺利哭出来的人，正常的伤心了的人，随着时间会慢慢康复。而往往那些禁止自己伤心，想迅速停止伤心的人，才容易生病。也就是说，伤心的时候感到疼了，是心理健康的表现；反之，该伤不伤，不给自己时间伤心，才是“百病之源”。我们都知道普通的感冒并不需要吃药，撑过去反而会增加免疫力，提高身体素质——正常的伤心就像感冒，会自然好转，强加干预反而会降低自己的心理耐受力。所以，如果正伤心，没什么大不了，那就好好的，尽情地伤心吧。时间是最好的康复剂，千万不要强迫自己马上装成“没事人”。要知道，人的心是必须被伤的，只有伤心，才能让人长大。《美丽心情》有句歌词“只有被辜负而长夜流过泪的心，才能明白这也是种运气”，就是这个道理。

问题2：为什么我总是缺乏安全感？

解答：这个世界上，估计没有人会一直觉得自己很有安全感。这是因为我们对未知的事总有一些担心，害怕自己控制不了它。我们总会在吃一个陌生的水果前，害怕它是有毒的……其实如果真的咬一口，或许还觉得它蛮甜的。所以，如果觉得自己没什么安全感，也不必大惊小怪，这很正常，路人甲、路人乙也和你一样。但请注意，你越不敢咬这个水果，却还拿着它时，就会越缺乏安全感。最好的方法有两个：一个是干脆咬上一口，另一个就是头也不回地丢了它。身在矛盾之中，才是不安的根源，别让自己那么为难，才是保证安全感的最佳方法。

问题3：怎样才能忘记不快乐？

解答：回答这个问题，我们可以用“逆向思维”。先来想想“我们为什么要记住不快乐呢？”心理学上的“未完成事件”，指曾经让人不快乐的事，会被记录下来，留在那儿等待未来的自己来完成它。比如丢了心爱的狗，当众出丑，朋友分别，爱人分手……这些不快乐都被记住了。几年之后，你养了两只活泼的狗，成了演说家，有了新朋友，找到最适合的人结婚——你默默地完成了之前被记录为“不快乐”的那些事，把它们重新标记为快乐。不快乐并不是只能被忘记，它之所以不愿离你而去，时不时停留在你心里，就是为了提醒你“快乐在哪里”。不快乐是被我们记录下来的一些“自我考验”，等着成熟一些的自己回来解决。当 25 岁的你，可以解决 16 岁时留下的某些不快乐时，我们就可以骄傲地告诉自己“我真的长大了！”所以，不快乐不必忘记，放着就好，早晚能解决。

问题 4：怎么才能知道对方爱不爱我？

解答：爱是一种情感，所以没有衡量标准，不可能凭着做与没做某件事，就判断爱或者不爱。爱并不是恒定不变的东西，或许这个人昨天还不爱你，但今天就爱了，这也非常可能。因此恋爱中的人，就算知道对方爱不爱你，又能怎么样呢？只要知道自己愿不愿和这个人建立持久的相爱关系就够了。两个人能否在一起，起决定作用的并不是爱，而是需要：相互欣赏的需要、自尊心的需要、物质的需要、被照顾的需要、负责的需要……在对方认识的人中，你能满足他最多的需要，他自然会选择你。但请注意，有些需要的满足，并不是靠你的付出，而是性格的匹配。比如有些人就是喜欢照顾别人，而你正好习惯被照顾，你们就正好是一对。不要再纠结在爱与不爱的假想问题里，爱是可以被创造的，只要你能懂得对方的需要，并且不用太难为自己，就能做到恰到好处。真心不是猜的，而是要用自己的心去感受——当你在付出真心、没有怀疑的时候，才能感受到对方的真心。

问题 5：学心理学就能治好自己的心病吗？

解答：学习心理学并不能解决自己的问题，就像医生不能给自己治病一样。学习心理学只能帮助你了解自己，了解人们心理活动的一些规律。我们的心理问题都是在生活中出现的，所以只有在生活中，在人际交往时才能解决，毕竟我们很多心理问题，都是由于与他人的连接出问题而引起的，需要通过自我与他人的关系互动才能找到“对症之门”，如咨询关系、亲密关系、社交关系。靠自己一个人孤独的学习、反省是不能有具体的生活验证的。所有的心理学专业工作者，当面对自己的心理问题时，也需要找上一级咨询师进行治疗。因此，心理问题需要通过专业的心理咨询来解决。学习心理学的目的是预防一些问题的发生。

【知识点小结】

1. 健康包括身体健康、心理健康、社会适应能力良好和道德健康 4 个方面。

2. 身体健康与心理健康之间有着密切的交互作用。

3. 人的心理健康水平大致分为一般常态、轻度失调和严重病态 3 个等级。

4. 不健康的心理状态依据心理功能受阻的程度分为心理问题、心理障碍、心理疾病 3 个层次。

5. 心理健康标准是心理健康概念的具体化，国内外不尽相同。

6. 心理健康标准作为一种理想尺度，不仅为我们提供了可参考的测量指标，更为我们指明了努力的方向。

7. 大学生的心理健康具有重要的意义。

【课后思考与自评】

1. 自我评价：根据健康的概念，对自己的健康状况进行全方位的评价。
2. 自我践行：根据自己的实际情况制订可行的成长计划并坚持执行。

表 3-4　自我评价

项目	自评	备注
知识掌握	1　2　3　4　5	
活动参与	1　2　3　4　5	
实践应用	1　2　3　4　5	

【拓展阅读】

抑郁程度自测表

提示：本测验仅供自评测试，不能作为诊断依据，如有必要请及时咨询医生。

请在符合情绪的项目上打分：没有记 0 分；轻度记 1 分；中度记 2 分；严重记 3 分。

1. 你是否一直感到伤心或悲哀？
2. 你是否感到前景渺茫？
3. 你是否觉得自己没有价值或自以为是一个失败者？
4. 你是否觉得力不从心或自叹比不上别人？
5. 你是否对任何事都自责？
6. 你是否在做决定时犹豫不决？
7. 这段时间你是否一直处于愤怒和不满状态？
8. 你对事业、家庭、爱好或朋友是否丧失了兴趣？
9. 你是否感到一蹶不振，做事情毫无动力？
10. 你是否以为自己已衰老或失去魅力？
11. 你是否感到食欲不振或情不自禁地暴饮暴食？
12. 你是否患有失眠症或整天感到体力不支，昏昏欲睡？
13. 你是否丧失了对性的兴趣？
14. 你是否经常担心自己的健康？
15. 你是否认为生存没有价值，或生不如死？

评分标准：0～4 分，没有忧郁症；
5～10 分，偶尔有忧郁情绪；
11～20 分，轻度忧郁；
21～30 分，中度忧郁；
31～45 分，有严重忧郁症并需要立即治疗。

心理测验：症状自评量表（SCL-90）

症状自评量表（SCL-90）由美国心理学家 L. R. Derogatis 于 1975 年编制，是进行心理健康状况鉴别及团体心理卫生普查时实用、简便且有价值的量变。该量表共有 90 个项目，从感觉、情感、思维、意识、行为直至生活习惯、人际关系、饮食睡眠等方面分别反映 10 个方面的心理症状情况。

指导语：表 3-5 列出了有些人可能有的病痛或问题。请仔细阅读每一条，然后根据最近一个星期内下列问题影响您或使您感到苦恼的程度，在相对应的空格内打“√”。“无”记 0 分，“轻度”记 1 分，“中度”记 2 分，“偏重”记 3 分，“严重”记 4 分。必须逐条填写，不可遗漏，每项只能选择一个。

自我评定的 5 个等级如下：

1. 无：自觉并无该项问题（症状）;
2. 轻度：自觉有该问题，但发生得并不频繁、严重；
3. 中度：自觉有该项症状，其严重程度为轻到中度；
4. 偏重：自觉常有该项症状，其程度为中到严重；
5. 严重：自觉该症状的频度和强度都十分严重。

表 3-5　症状自评量表（SCL-90）

题号及问题	无	轻度	中度	偏重	严重
1. 头痛					
2. 神经过敏，心中不踏实					
3. 头脑中有不必要的想法或字句盘旋					
4. 头晕或昏倒					
5. 对异性的兴趣减退					
6. 对旁人责备求全					
7. 感到别人能控制你的思想					
8. 责怪别人制造麻烦					
9. 忘性大					
10. 担心自己的衣饰整齐及仪态的端庄					
11. 容易烦恼和激动					
12. 胸痛					
13. 害怕空旷的场所或街道					
14. 感到自己精力下降、活动减慢					
15. 想结束自己的生命					
16. 听到旁人听不到的声音					
17. 发抖					

续表

题号及问题	无	轻度	中度	偏重	严重
18. 感到大多数人都不可信任					
19. 胃口不好					
20. 容易哭泣					
21. 同异性相处时感到害羞不自在					
22. 感到受骗、中了圈套或有人想抓你					
23. 无缘无故地感觉到害怕					
24. 自己不能控制地大发脾气					
25. 怕单独出门					
26. 经常责怪自己					
27. 腰痛					
28. 感到难以完成任务					
29. 感到孤独					
30. 感到苦闷					
31. 过分担忧					
32. 对事物不感兴趣					
33. 感到害怕					
34. 你的感情容易受到伤害					
35. 旁人能知道你私下的想法					
36. 感到别人不理解你、不同情你					
37. 感到人们对你不友好、不喜欢你					
38. 做事情必须做得很慢以保证做正确					
39. 心跳得厉害					
40. 恶心或胃不舒服					
41. 感到比不上别人					
42. 肌肉酸痛					
43. 感到有人在监视你、谈论你					
44. 难以入睡					
45. 做事必须反复检查					
46. 难以做出决定					
47. 怕乘电车、公共汽车、地铁或火车					
48. 呼吸困难					

续表

题号及问题	无	轻度	中度	偏重	严重
49. 一阵阵发冷或发热					
50. 因为感到害怕而避开某些东西、场合或活动					
51. 脑子变空了					
52. 身体发麻或刺痛					
53. 喉咙有梗塞感					
54. 感到前途没有希望					
55. 不能集中注意力					
56. 感到身体的某一部分软弱无力					
57. 感到紧张或容易紧张					
58. 感到手或脚发重					
59. 想到死亡的事					
60. 吃得太多					
61. 当别人看着你或谈论你时感到不自在					
62. 有一些属于你自己的看法					
63. 有想打人或伤害他人的冲动					
64. 醒得太早					
65. 必须反复洗手、点数目或触摸某些东西					
66. 睡得不稳不深					
67. 有想摔坏或破坏东西的冲动					
68. 有一些别人没有的想法或念头					
69. 感到对别人神经过敏					
70. 在商场或电影院等人多的地方感到不自在					
71. 感到任何事情都很困难					
72. 一阵阵恐惧或惊恐					
73. 感到在公共场合吃东西很不舒服					
74. 经常与人争论					
75. 单独一个人时神经很紧张					
76. 别人对你的成绩没有做出恰当的评论					
77. 即使和别人在一起也感到孤独					
78. 感到坐立不安、心神不定					
79. 感到自己没有什么价值					

续表

题号及问题	无	轻度	中度	偏重	严重
80. 感到熟悉的东西变陌生或不像真的					
81. 大叫或摔东西					
82. 害怕会在公共场合昏倒					
83. 感到别人想占你便宜					
84. 为一些有关“性”的想法而苦恼					
85. 你认为应该因为自己的过错而受惩罚					
86. 感到要赶快把事情做完					
87. 感到自己的身体有严重问题					
88. 从未感到和其他人亲近					
89. 感到自己有罪					
90. 感到自己的脑子有毛病					

说明：表 3-6 中的 *F*1，*F*2……分别表示因子 1（即躯体化）、因子 2（强迫）……，为的是避免被试的敏感。此外，*T* 分为标准分，计算方法为某个因子的合计分除以某因子的题目数即某因子分。如：若敌对一项合计分为 6，题目数为 6，则因子分为 1。SCL-90 的统计指标主要有以下各项，最常用的是总分与因子分。

1. 单项分：90 个项目的个别评分值。

2. 总分：90 个单项分相加之和。

3. 总均分：总分除以 90（总分 ÷ 90）。

4. 阳性项目数：单项分≥2 的项目数，表示病人在多少项目中呈现“有症状”。

5. 阴性项目数：单项分 = 1 的项目数，即 90 − 阳性项目数，表示病人“无症状”的项目有多少。

6. 阳性症状均分：阳性项目总分/阳性项目数；另一计算方法为（总分 − 阴性项目数总分）/阳性项目数，表示病人在所谓阳性项目，即“有症状”项目中的平均得分，反映该病人自我感觉不佳的项目，其严重程度究竟介于哪个范围。

7. 因子：共包括 9 个因子。其因子名称及所包含项目如下：

（1）躯体化：包括 1、4、12、27、40、42、48、49、52、53、56 和 58，共 12 项。该因子主要反映主观的身体不适感。

（2）强迫症状：3、9、10、28、38、45、46、51、55 和 65，共 10 项，反映临床上的强迫症状群。

（3）人际关系敏感：包括 6、21、34、36、37、41、61、69 和 73，共 9 项，主要指某些个人不自在感和自卑感，尤其是在与其他人相比较时更突出。

（4）抑郁：包括 5、14、15、20、22、26、29、30、31、32、54、71 和 79，共 13 项，反映与临床上抑郁症状群相联系的广泛的概念。

（5）焦虑：包括 2、17、23、33、39、57、72、78、80 和 86，共 10 个项目，指在临床上明显与焦虑症状群相联系的精神症状及体验。

（6）敌对：包括 11、24、63、67、74 和 81，共 6 项，主要从思维、情感及行为

3个方面来反映病人的敌对表现。

（7）恐怖：包括13、25、47、50、70、75和82，共7项，它与传统的恐怖状态或广场恐怖所反映的内容基本一致。

（8）偏执：包括8、18、43、68、76和83，共6项，主要指猜疑和关系妄想等。

（9）精神病性：包括7、16、35、62、77、84、85、87、88和90，共10项，其中，幻听、思维播散、被洞悉感等反映精神分裂样症状项目。

19、44、59、60、64、66及89共7个项目，未能归入上述因子，它们主要反映睡眠及饮食情况。我们在有些资料分析中，将之归为因子10。

表3-6　SCL-90计分和结果处理

F_1		F_2		F_3		F_4		F_5		F_6	
项目	评分	项目	评分	项目	评分	项目	评分	项目	评分	项目	评分
1 4 12 27 40 42 48 49 52 53 56 58		3 9 10 28 38 45 46 51 55 65		6 21 34 36 37 41 61 69 73		5 14 15 20 22 26 29 30 31 32 54 71 79		2 17 23 33 39 57 72 78 80 86		11 24 63 67 74 81	
合计		合计		合计		合计		合计		合计	

13 25 47 50 70 75 82		8 18 43 68 76 83		7 16 35 62 77 84 85 87 88 90		19 44 59 60 64 66 89	
合计		合计		合计		合计	

F_1	/12	
F_2	/10	
F_3	/9	
F_4	/13	
F_5	/10	
F_6	/6	
F_7	/7	
F_8	/6	
F_9	/10	
F_{10}	/7	

专题四　自我认知

学习目标

1. 了解自我认知的概念及大学生自我认知发展的特点。
2. 学会并掌握认识自我的方法。
3. 了解大学生自我认知的偏差及其调适。

任务一　自我认知概述

【导读】

有人说，人是最复杂的生物，世界上最难的事情就是了解自我。从古希腊哲学家柏拉图提出的“人是用足走路的无毛的动物”到马克思用自然属性、社会属性来定义人，从古希腊阿波罗神殿的石柱上刻着的神谕“认识你自己”到叔本华的自问“我是谁？”，可见人类已有了了解自己、认识自己的欲望。人又是极富情感、脆弱、智慧的动物，从知道用树叶做成衣服那一刻起就学会了极力美化自己的优点，以便更好地掩饰缺点。这比起那些低等动物确实是一大进步，但又恰恰暴露了人类的局限性：历史上有多少人能勇于正确认识自己呢？

每个人都有所长，也都有所短。人生下来就各有不同，正确地认识自我，可以帮助我们更好地适应生活。比如，以不同的方式去了解自己的长处，正视自己的短处，并充分利用自己的长处。

【案例导入】

凌某是个典型的学霸，也是典型的不愿意比别人差的倔强女孩，她大部分时间都在埋头读书。到了期末，她本以为可以取得好成绩，没有想到却没挤进前十。便向好友周某哭诉：“在高中的时候我成绩一直很好，大家都觉得我很不错，也有很多朋友，怎么到大学之后一切都变了？我觉得自己一点儿也不优秀，身边的同学个个都很强，能歌善舞，大家忙学习、忙社团工作，我觉得自己各方面都不如别人，也没有方向，别人做什么我就跟风做什么，但是到头来忙忙碌碌却依然迷茫。”而周某认为内向是自己的一个缺点，梦想自己能够成为沟通达人，任何场合下都能够口若悬河，侃侃而谈。然而，周某在看了很多《演讲与口才》之类的书之后觉得并没有什么作用，他不断地用各种考级来麻痹自己、证明自己，但他并不觉得成功，依然感到孤独。

【课堂活动】我是谁

假如让你写下20个“我是谁”，头脑中浮现出来的答案是什么？可以描述客观情况，也可以主观评价，可以是自己的过去也可以是自己的未来，可以是身体状况也可以是社会关系，可以是积极的肯定也可以是消极的否定，不要有顾虑，都记录下来。下面是一些模板。

（1）在家长的眼里我是一个有点任性、有点傲慢、有点自恋、喜欢床的孩子。

（2）在老师的眼里我是一个有上进心、不聪明却很勤奋的学生。

（3）在辅导员的眼里我是一个务实、责任心强、做事有计划、集体意识强的助手。

（4）在好友眼里我是一个坦诚、幽默、随和、偶尔“臭屁”的傻大姐。

（5）在一般人眼里我是一个不苟言笑、不喜欢没话找话的人。

（6）我是一个完美主义者，对己、对他人都过于严格。

（7）我是一个怀旧的人。

（8）我是一个兴趣不多、最喜欢唱歌的人。

（9）我是一个擅长和老人、孩子打成一片的人。

（10）我是一个不爱笑也不爱哭，但是可以为了一句话、一首歌而感动半天的人。

（11）我是一个面对困境不屈服、脚踏实地的人。

（12）我是一个去超市要写购物清单、买东西要权衡再三的非冲动型者。

（13）我是一个刀子嘴豆腐心的人。

（14）我是一个精力充沛，对生活、对工作都积极向上、充满热情的人。

（15）我是一个讨厌喧嚣和吵闹的人。

（16）我是一个没事就做白日梦的人。

（17）我是一个被动的人。

（18）我是一个喜欢在有制度、有规则的环境下工作的人。

（19）我是一个多年抗痘未成功、减肥口号叫了多年未实现的人。

（20）我是一个可以静坐一天都不动的人，是只要有一口水、一首歌、一本书就可以打发一个下午的人。

用20个“我是谁”来描述一个完整的自己显然是不够的，但是从上面的练习中我们还是可以看到，通过“我”的一些描述，对自我进行了一个梳理，帮助了解自己。同时我们也可以看到，“我”好像包括了很多方面的内容。那么，在心理学中自我认知的定义是什么呢？

一、自我认知的内涵

自我认知是对自己身心活动的觉察，即自己对自己的认识，具体包括认识自己的生理状况（如身高、体重、体态等）、心理特征（如兴趣、能力、气质、性格等）以及自己与他人的关系（如自己与周围人相处的关系、自己在集体中的位置与作用等）。

二、自我认知的分类

自我认知是一个具有多维度、多层次的复杂心理系统。

（一）从内容方面分为生理自我、心理自我和社会自我

（1）生理自我：个体对自己生理状况的认识，如身高、体重、长相形态等。

例如，我是一个长相一般的女生，但我从不自卑，因为每个人都有自己的优点和缺点。我懂得要悦纳自己，完善自我，丰富学识，提高修养。

（2）心理自我：个体对自己心理特征的认识，如爱好、能力、气质性格等。

例如，我是一个脾气暴躁的人，动不动就想发怒，但我总能提醒自己要心平气和，减少盲目冲动的行为。

（3）社会自我：个体对自己与他人关系的认识，如自己在群体的位置（班级、同伴、家庭）与作用等。

例如，我是某专业大一（2）班的一名学习委员，我认真地完成作为学习委员该完成的任务。

（二）从客体方面分为理想自我、现实自我、他人自我

（1）理想自我：希望自己成为怎样的人，具有怎样的特征和品质，是对将来或者想象的自我的认识。其中涉及的根本问题是："我想成为怎样的一个人？""我应该是怎样的一个人？"

（2）现实自我：我认为现在自己实际上所具有的特征和品质。

（3）他人自我：自己在与别人接触、交往的过程中，别人认为我是一个怎样的人，对我有怎样的评价。

请根据这种划分方法，回顾一下前面的20个自我描述，看它们应如何被分别划入生理自我、心理自我、社会自我，具体表明自己在这些方面的哪些特点？又应如何被分别划入理想自我、现实自我、他人自我，具体表明自己在这些方面的哪些特点？

田纳西自我概念量表

三、自我效能

（一）自我效能的概念

自我效能指一个人在特定情景中从事某种行为并取得预期结果的能力，它在很大程度上指个体自己对自我有关能力的感觉。自我效能还指人们对自己实现特定领域行为目标所需能力的信心或信念，简单来说就是个体对自己能够取得成功的信念，即"我能行"。

"自我效能"由美国斯坦福大学心理学家阿尔伯特·班杜拉在20世纪年代首次提出，20世纪末已经成为教育界的一个关键理念，被广泛应用于医疗保健、管理、运动以及诸如发展中国家的艾滋病等看起来极为棘手的社会问题等领域，它同时也是20世纪末21世纪初横扫心理健康领域的"积极心理学"运动的主要特征。"积极心理学"的重点是发展性格中的优势，而不是减弱不良特质。

自我效能与自尊不同，它是对特定能力的一种判断，而非自我价值的一般性感受。

班杜拉教授曾说："人们很容易有强烈的自尊心，只要降低目标就好了。"他还指出，有些人具备很高的自我效能——努力驱动，但是自尊心却不行，这是因为他们的表现总是达不到他们高高在上的标准。

【拓展阅读】

朱莉·安德鲁斯在她最新出版的自传《家》一书中提到了她在 12 岁那年到米高梅试镜的经历。安德鲁斯这样写道："当时我看起来如此平凡，他们必须给我化点妆才行。"但最后的结论是"她不够上镜"。J. K.罗琳那本关于一个少年魔法师的小说《哈利·波特与魔法石》在被伦敦一家小型出版社接纳之前，曾经遭到 12 家出版社的拒绝。宝丽金曾经拒绝与披头士乐队签约，原因是"我们不喜欢他们的声音"。华特·迪士尼曾经被一家报纸的编辑以缺乏想象力为由解雇。"飞人"迈克尔·乔丹上高中时曾被校篮球队拒之门外。

自我效能正是这些成功人士具备的一种坚定不移的信念，相信自己具备取得成功的要素。

（二）自我效能的影响因素

（1）过去的经验。过去做某事成功的经验会提高自己的效能感，反之则会降低。

（2）与他人比较。其他人做某事成功的经验会增加自己同样能够完成某事的信念。

（3）重要他人的影响。重要他人作为人们生活中的重要信息来源对自我效能有重要影响。

（4）情绪状态。积极乐观的情绪状态会激发信心，消极悲观的情绪状态则会令人低估自我价值。

从关于自我效能感的定义和影响因素中，我们可以知道，一个人对于自己不同方面的能力，如社会能力、学习能力、动手能力以及艺术、语言表达、人际交往等方面的自我效能会有不同的评价和期望。各方面的自我效能可能会有一定程度的关联，如在语言表达、人际交往方面能力强的，在社会能力方面也比较有优势。

【拓展阅读】

华纳兄弟中的一个曾经对有声电影做出这样的评论："谁想听演员说话呀？"史蒂夫·乔布斯试图推销一款早期的苹果电脑时遭到惠普公司的回绝，但乐观情绪并未让他放弃。托马斯·爱迪生经历了 1 000 多次实验才成功发明了电灯，他曾对一位记者表示："我没有失败 1 000 次。电灯是在经过 1 000 步后被发明出来的。很多时候真正限制我们的不是外在的客观条件，而是我们对自我、对世界歪曲的认识。"

思考：通过以上事例，你对自己的自我效能有没有新的认识？过去哪些生活经历影响了你的自我效能？你愿意做出怎样的调整？

【知识点小结】

1. 自我认知是自己对自己的认识，具体包括认识自己的生理状况、心理特征以及自己与他人的关系。

2. 自己对自己的认识和别人对自己的认识很多时候并不一致，重要的是提高自我效能感。

【课堂活动】

表 4-1 中是一些描述个人特性的形容词，请根据自己的感觉，写出父母及好朋友对你的认识，然后写出“自己眼中的我”和“理想中的我”，并填入表 4-2 中。比较一下周围的人对你的认识一致吗？别人对你的认识与你对自己的认识一致吗？是否每个人对你的评价都是客观的？你怎样综合大家的看法和自己的认识形成较为客观、完整的认识呢？

表 4-1　描述个人特性的形容词

朴实的	单纯的	成熟的	有才华的
内向的	发脾气的	助人的	温和的
固执的	律己的	随便的	有信用的
冒险的	乐观的	勇敢的	独立的
刻苦的	慷慨的	热情的	腼腆的
顺从的	不服输的	有同情心的	外向的
自私的	快乐的	有进取心的	幽默的
认真的	爱表现的	懒惰的	有毅力的
果断的	谨慎的	可靠的	合群的

表 4-2　不同人眼中的你

好朋友眼中的我	
自己眼中的我	
理想中的我	
父亲眼中的我	
母亲眼中的我	

任务二　自我认知的发展

【导读】

自我认知是青年心理发展的重要任务之一，对于青年人格的完善、心理的成熟起着重要作用。个体的自我认知从发生、发展到相对稳定，要经过 20 多年的时间。大学生的年龄一般在 18 ~ 23 岁，这个阶段是个体自我意识矛盾最突出的时期，也是转化、发展的关键时期。

一、自我认知的发展

（一）自我认知的产生（1—3 岁）

人刚出生时不能区分自己和自己以外的东西，是没有自我认知的，6 个月左右的婴儿开始有生理自我认知；2 岁左右的幼儿学会用“我”称呼自己；3 岁左右的幼儿开始出现羞耻感、占有欲，要求自主。

这一时期的自我认知是以自己的身体为中心，以自己的想法、情感认知和投射外部世界的，它是自我认知最原始的形态。

（二）自我认知的发展（3 岁—青春期）

3 岁—青春期这段时期，自我认知开始迅速发展。儿童通过与他人、环境的互动开始意识到自己与周围人的关系以及自己在群体中的位置，并会通过学习社会规则来调节自己的行为表现。

这一时期的个体开始积极关注自己的内心世界，但他们认识自我的重要途径是他人的评价，它是个体社会意识的发展阶段。

（三）自我认知的成熟（青春期—成年期）

从青春期到成年早期大约 10 年时间，是自我认知发展的关键期。此时个体开始更加关注自己的内心世界，开始注意到许多过去不曾留意的“我”的细节，喜欢用自己的观点来认识和评价事物，开始要求独立，形成个人鲜明的风格，开始形成特有的价值体系，追求生活目标，形成与价值观相致的理想自我。

【拓展阅读】画家的画

有位画家将自己颇为得意的画拿到画廊去展出，他在旁边放了一支笔并附上要求：请在画的欠佳处标上记号。晚上取回画时，他发现整张画都被涂满了记号。画家又画了一张同样的画，这次的要求不同：请在最欣赏的地方标上记号。当他再去取画时，画面上又被涂满了记号，原先被指责的地方都换成了赞美的记号。

同一张画，也就是同一个事物，仁者见仁，智者见智，这种现象在现实生活中是常见的，也是合乎事理的。在学习与生活中，我们一方面应虚怀若谷，多换位思考，多听取别人的意见和建议，吸取其中有益的、合理的部分，找出自己的问题所在，以求得改进；另一方面应该有自己的主见，对他人的批评和赞誉之声抱有怀疑精神，独立思考，不盲从他人。

二、自我同一性

（一）自我同一性的概念

同一性是指个体将自身动力、能力、信仰和历史进行组织，纳入一个连贯一致的自我形象中，它包括对各种选择和最后决定的深思熟虑，特别是关于工作、价值观、意识形态和承诺等方面的内容。如果青少年无法将这方面和各种选择整合起来，或者说他们感到根本没有能力选择，那么角色混乱就发生了。

青少年时期（12—20岁）的一个核心问题是自我同一性的发展，它将为成年期奠定坚实的基础。同一性并不是在青少年时期才出现的，早在幼年时期，儿童就已经形成了自我感知。但是，青少年时期却是个体第一次有意识地回答“我是谁”的问题。

青少年的自我同一性至少包括3个方面的体验。首先，他感到自己是一个独特的个体，虽然可能与别人共同完成任务，但是他是可以和别人分离的。其次，自我本身是统一的。自我有一种发展的连续感和相同感，现在的我是由童年的我发展而来的，将来我还会发展，但是我还是我。最后，自我设想的“我”和自己体察到的社会人眼中的“我”是一致的。相信自己的目标以及为达到这个目标所采取的手段是能被社会承认的。

（二）自我同一性的4种状况

1. 同一性达成

同一性达成的个体考虑了各种实际选项，做出了选择，并实践选择。在结束高中学习生活之前，似乎没有学生能够达到这种情形。跨入大学校门的学生也需要花一定的时间做出决定。对一些成人来说，在他们生命中的某一阶段，也许会达成稳固的自我同一性。之后，还可能放弃前一种同一性，而形成新的同一性。对某一个个体而言，自我同一性一旦达成，也不意味着一成不变。

2. 同一性拒斥

同一性拒斥的个体过早地将自我意象固定化，没有考虑各种选择的可能，而停止了同一性的探求。同一性拒斥的青少年往往缺乏主见，遵从他人的目标、价值观和生活方式。这里的他人包括父母、社会群体等。同一性完成过早的人会显得刻板与肤浅，不会沉思，应变能力差，但很少会忧虑。这类人倾向与父母保持密切的关系，并采纳父母的价值观。他们喜欢有组织、有秩序的生活，尊重权威。

3. 同一性分散

同一性分散的个体很少“发现自己”，不知道自己是谁，不知道想做什么，没有明确的发展方向。经历着同一性分散的青少年无法成功地做出选择，或者他们会逃避思考问题。缺乏兴趣，孤独，对未来不抱希望，或者可能很叛逆。他们宁可塞着耳塞听音乐或睡觉，也不愿意接触父母和老师。

4. 同一性延期偿付

同一性延期偿付的个体延迟做出个人生活或职业的选择和承诺，表现为跳槽换工作。心理学家埃里克森认为，在一个复杂社会，青少年延期选择很正常。

对大多数人来说，自我同一性的达成是一个逐渐缓慢的探索过程，而不是外在的急剧变化。亲自去做一些试验，摒弃不适合的东西，发现适合自己的生活方式，寻找根源，这些是建立牢固自我同一性的重要部分。延期偿付和自我同一性达成都被认为是健康的，而同一性分散的个体经常放弃，把自己的生活归结为命运，和一大群人在一起随波逐流。同一性拒斥的个体刻板，不宽容，独断，自我防御。无法跨越同一性拒斥和同一性分散的个体不能很好地适应社会。

三、大学生自我认知的特点

（一）强烈关心自己的发展

大学生在校学习的时间是知识技能的准备时间，是进入社会的缓冲阶段，有机会和可能经常反思，反省一些有关个人发展、个人与社会的关系问题，如：我聪明吗？我的风度如何？别人会怎么看我？我性格如何？我将成为什么样的人？我怎样实现自我价值？能自觉地把自我的命运与国家、社会、集体的命运结合起来，考虑如何为社会服务。

（二）自我评价趋于客观

由于知识增多，生活经验增多，感性、理性思想逐渐成熟，大多数学生对自己的认识、评价基本与外界一致，变得客观、全面。据调查，我国大学生的自我概念比较集中于交际、友善、信义、容貌、学业、志向、家庭、成熟、自纳 9 个方面，总体来说是积极的。男生在自纳、成熟、学业志向等方面的自我评价高于女生，也更为积极；女生在友善、家庭 2 个方面的认识高于男生，但差异不大。一般院校的学生比较关心学业和交际 2 个方面，他们更乐于交往，对自己的学业也不那么勉强，而对自己的身材、外貌似乎更苛求一些。

（三）自我体验丰富复杂

大学阶段可以说是人们一生中自我体验最多愁善感的阶段。一般的情绪情感基调是积极的、健康的。大多数大学生喜欢自己，满意自己，自尊，自信，好胜。但他们也是敏感的，凡是涉及“我”和与“我”相联系的事物，都会引起他们的情绪情感反应，并且愿意把自己的情感体验闭锁于内心。大学生的体验具有一定的起伏、波动：有了成绩就肯定自己，甚至骄傲自满以致忘乎所以；一遇挫折就否定自己，悲观失望，甚至自暴自弃，有明显的两极情绪。

（四）自我控制能力

大学生的自我控制能力较以往有很大提高，自觉性、坚持性、独立性和稳定性显著发展，有强烈的自我设计和自我规划的倾向。绝大多数同学奋发向上，力争成才，自觉调节行为，同时强烈要求独立、自治，希望摆脱管束。

（五）自我认知水平存在差异

大学生的自我认知水平总体比较高，但也存在着显著差异，如年级、就业与否的差异。如从在湖北铁道运输职业学院展开的自我意识水平随机调查结果看，大学生自我认识水平的高低主要表现在学业、交际及家庭等方面，二年级最低，三年级走高，呈 U 字形变化趋势。大学二年级自我认知降低，反映出当初因为考上大学自我评价提升现象的回落，是大学期间最不稳定的时期。这一年，大学生的内心冲突最尖锐，思想斗争最激烈，回顾与展望最多。但是它也是一次新的上升、转折时期。订单班的学生对自我的认识水平较高，毕业级仍未有明确就业单位的学生对自我的认识水平较低。

四、大学生自我认知发展的偏差

（一）自卑

自卑是一种自我否认、对自己没有信心、对自己不认同的心理表现，低估自己的能力，觉得自己各方面不如他人，交往中缺乏自信、办事无胆量、畏首畏尾，随声附和，没有自己的主见，一遇到有错误的事情就以为是自己不好，导致他们失去继续与人交往的勇气和信心。

自卑的前提是自尊，当人的自尊需要得不到满足，又不能恰如其分、实事求是地分析自己时，就容易产生自卑心理。一个人形成自卑心理后，往往会怀疑自己的能力达不到能表现自己的能力，从怯于与人交往到孤独地自我封闭，本来经过努力可以达到的目标也会认为“我不行”而放弃追求。他们看不到人生的光芒和希望，领略不到生活的乐趣，也不敢去憧憬美好的明天。

自卑，可以说是一种性格上的缺陷，同时会伴有一些特殊的情绪体现，诸如害羞、不安、内疚、忧郁、失望等。自卑详细的表现有以下几点：

1. 敏感

过分敏感，自尊心强。弱势群体非常希望得到别人的重视，唯恐被人忽略，过分看重别人对自己的评价，任何负面的评价都会导致内心激烈的冲突。比如，别人真诚地夸他，他会认是挖苦。这一群体非常敏感，跟他们交往时，必须谨小慎微。别人不经意的一句话都会在他们内心引起波澜，导致他们胡乱猜疑。

2. 失衡

由于种种原因造成的弱势地位使弱势群体在社会的方方面面都体验不到自身价值，甚至还会遭到强势群体的厌弃。自我价值感是个人安身立命的根本，丧失自我价值体验会使他们心态失衡，陷入恶性心理体验之中。走不出这个心理的阴影，就很难摆脱现实的困境。别人负他们，即使他们内心不服气，也会认为是正常的，非常认同自己的弱势身份。这种强烈的自卑心理极易导致自杀行为。

3. 情绪化

弱势群体表面上好像逆来顺受，然而过分压抑恰恰积压了可能随时爆发的能量。由于他们缺少应对能力，失业、离异、患病等生活事件很容易导致心理压力。当受到不公正的待遇时，他们会认为别人瞧不起自己，难以忍受，往往容易产生过激言行。他们经常会为了一点小事大动干戈，拳脚相向。有时当他们无力应对危机时甚至还会自残，用这种极端的方式表达自己的情绪。

（二）自负

自负就是盲目自大，过高地估计个人的能力，失去自知之明。人需要自负心理，尤其对大学生来说，在适当的范围内，自负可以激发他们的斗志，树立必胜的信心，坚定战胜困难的信念，使他们能够勇往直前。但是，自负必须建立在客观现实的基础上，脱离实际的自负不但不能帮助事业成功，反而会影响自己的生活、学习、工作和人际交往，严重的还会影响心理健康。

自负的多发人群为：

（1）缺乏自我认识的人。常有些人缺乏自知之明，缩小自己的短处，把自己的长处看得十分突出，对自己的能力评价过高，对别人的能力评价过低。这样，自然就产生了自负心理。

（2）极力维护自尊的人。一些人的自尊心特别强，为了保护自尊心，在交往受到挫折时常常会产生自我保护心理。

（3）被父母过分娇宠的人。父母的宠爱、夸赞、表扬会使他们觉得自己相当了不起。

（4）缺少生活挫折的人。人的认识来源于经验，生活中遭受过许多挫折和打击的人很少有自负心理，而生活中一帆风顺的人则很容易养成自负的性格。

克服自负的方法有：

1. 接受批评

自负者的致命弱点是不愿意改变自己的态度或接受别人的观点，接受批评即是针对这一特点提出的方法。它并不是让自负者完全服从于他人，只是要求他们能够接受别人的正确观点，通过接受别人的批评，改变过去固执己见、唯我独尊的形象。

2. 与人平等相处

自负者以自己为尊，无论在观念上还是行动都无理地要求别人服从自己。平等相处就是要求自负者以一个普通社会成员的身份与别人平等交往。

3. 提高自我认识

要全面地认识自我，既要看到自己的优点和长处，又要看到自己的缺点和不足，不可一叶障目，不见泰山。每个人都有自己的独到之处，都有他人所不及的地方，同时又有不如人的地方，与人比较不能总拿自己的长处去比别人的不足，把别人看得一无是处。

4. 练就长远目光

要以发展的眼光看待自己，既要看到自己的过去又要看到自己的现在和将来。辉煌的过去可能说明你过去是个成功的人，但它并不代表着现在，更不预示着将来。

（三）以自我为中心和从众心理

适度的自我关注有利于客观地认识自己和接受自己，但有些学生对自己过于关注，一切以自我为中心，不考虑他人的感受和立场，在人际交往中筑起一堵墙，无法与人和平相处。

与此相反的是从众心理。从众是一种普遍的心理现象，它是指在群体的舆论压力下放弃自己的个人意见而与大多数人保持一致的自我保护行为。从众心理人皆有之，但过强的从众心理实际上是一种依赖，会导致自主性受阻碍，创造力受抑制。

【知识点小结】

正如阿德勒所说：“我们生活在与他人的联系之中，假如我们因自卑而将自己独立，我们必将自取灭亡。我们必须超越自卑。”自我认知是一个可以不断塑造的过程，不断调整自我认知的偏差，达成自我同一性正是大学生个人成长的核心内容。

【课堂活动】

观看电影《嗝嗝老师》，分别从他人的影响、成功经验、历史经验和情绪影响 4 个方面说说如何培养自信。

任务三　人　格

【导读】

在日常生活中，我们常常发现，有的人豪爽大气，有的人小气吝啬；有的人思维敏捷，有的人木讷迟缓；有的人温和内敛，有的人粗犷豪迈；等等。人性多样和复杂，不同的人其行为、心理都有一些不同的特征表现。这些特征的总和就是人格，人格是人的心理面貌的集中反映，是人与人之间显著的差别的根源，也是个体独特性的最佳表达。

心理学家埃里克森认为，人在生长过程中有一种注意外界的需要，并会与外界相互作用，而个人健全的人格正是在与环境的相互作用中形成的。所以，从人格的形成来看，既是一定的遗传和社会文化的产物，也是个体适应环境、主动创造发展的结果。

人格一旦形成，往往具有一定的稳定性，是伴随人一生的心理特征。虽然人格健康与心理健康在专业上是两个不同的概念，但是两者却密切相关。健全的人格是大学生健康心理的重要组成部分，塑造健全的人格是大学生心理健康教育的重要目标之一，对个体来说，成熟的人格意味着个人心理的成熟，是个人心理健康和个人魅力的重要展现。

目前，在大学校园里，有些大学生存在一些人格问题，不仅影响他们的学习、生活及人际关系，也是各种心理问题滋生的温床。虽然人格一旦形成，要改变并非易事，但大学生正处于塑造自我的人生阶段，所以通过正确的途径和坚定的意志，可以调适、完善自己的人格。

一、人格的概念和特点

（一）人格的概念

人格是相对于认知、情绪、意志等而言的一种心理现象，是在遗传的基础上，通过与后天环境的相互作用而形成的相对稳定的和独特的心理行为模式，主要在人际关系中得以表现，反映了一个人总的心理面貌。它是相对稳定且具有独特倾向性的心理特征的总和，是一个人区别于他人的稳定而统一的心理品质。

需要注意的是，在日常生活中，人们常常将“人格”与“性格”混为一谈。在英语中人格是“personality”，而性格是“character”。在心理学中，性格一般被看成人格的组成部分，是人格的具体外部表现。

（二）人格的基本特点

1. 独特性

人格是在遗传、环境、教育等因素的交互作用下形成的。由于每个人的生理基础和社会、环境影响过程不同，所以人与人之间没有完全相同的心理特征，这也正是人格魅力所在。正所谓“人心不同，各有其面”。比如：有人外向，有人内向；有人喜交际，有人爱独处等。如同指纹一样，世界上不存在两个人格完全相同的人，每个人都与别人有所不同，且都有自己独特的风格。正是由于人格的这种独特性，才保证了社会群体的丰富多样性。但是，人格的独特性并不意味着人与人之间的个性毫无相同之处。在同一文化背景下成长的个体在人格上会有一些相似的方面。例如，对于从小生长在集体主义文化里的甲和乙两人来说，他们之间的人格相似性要远远大于成长于个人主义文化下的丙。

2. 稳定性

人格是一种比较稳定的心理特征，即个体的心理和行为特点，在不同的情景下常常会表现出一致性。这是个体在长期的社会生活实践中形成的。个人在成长过程中，会不断地接受这样或那样的刺激，并做出这样或那样的反应，时间长了就会逐渐形成比较稳定的行事或反应风格。比如一个外向的人在不同的场合，面对不同的人或事时，均表现出其活泼外向的人格特点。俗话说“江山易改，秉性难移”，这里的“禀性”就是指人格。一般情况下，人格一旦形成，要想改变会很难。但强调人格的稳定性并不意味着它在人的一生中是一成不变的。人格的稳定性不是绝对的，而是相对的，个人所处环境的变化或主观上的努力，会慢慢地改变人格，这就是人格可塑的一面。

3. 统合性

人格是由许多心理特征有机地结合在一起组成的一个复杂系统，这个系统的各成分交互联系、交互制约，从而形成一个统一的整体，受自我认知的调控。人格统合性是心理健康的一项重要指标。当一个人的人格结构在各方面彼此和谐统一时，他的人格就是健康的，其心理健康水平就相对较高，否则就会出现适应困难，甚至会导致分裂型人格障碍。

4. 功能性

人格是个人心理行为的基础，不仅影响个人对外界的认知方式以及对环境的适应能力，而且还控制着情绪的反应模式等。比如，面对压力与困难时，意志坚强的人会迎难而上、坚持不懈，努力战胜挫折；而缺乏意志的人则会懦弱逃避，甚至由此一蹶不振。所以人格的这种功能性对个体的生活或事业影响是极大的，当我们说“性格决定命运”时，就是强调人格中的功能性。人格的功能一旦失调，就会导致个体心理健康水平低下。

【拓展阅读】人格类型与心身健康

研究表明，许多生理疾病都有相应的人格特征模式，这种人格特征在疾病的发生、发展过程中起到了生成、促进、催化的作用。例如，哮喘患者多有过分依赖、暗示性很高的人格特征；偏头痛患者多有刻板、好胜、嫉妒心强、刻意追求的人格特征；而具有矛盾、强迫性、吝啬、顺从、抑郁特征的人容易得结肠炎、胃溃疡等疾病。

1959 年，美国两位心脏病专家弗里德曼与罗森曼发现了一个非常有趣的现象：负责维修病人候诊室里沙发与椅子的人告诉他们，这些沙发和椅子只是坐面的前沿部分严重受损，似乎这些病人都只坐沙发椅子的前边缘。这一现象促使弗里德曼怀疑这些心脏病患者可能在某些方面有相似之处，继而对此展开了深入研究。最后，他提出了 A 型人格及 B 型人格理论。该理论成为人们诊断心脏病，甚至癌症等疾病的重要性格理论之一。

A 型性格：脾气比较火爆、有闯劲、遇事容易急躁、不善克制、喜欢竞争、好斗、竞争性与好胜心强；思维敏捷，爱显示自己才华；对人常存戒心，有变动不定的敌意；过分抱负和雄心壮志，过重的工作要求，对工作成就不满足；常有时间紧迫感与匆忙感；习惯做艰苦紧张的工作；难以松弛，不耐烦；进行多种思维和动作，言语节奏快；运动、走路和吃饭的节奏很快，总是试图做两件以上的事情；他们着迷于数字，似乎对每件事情都以自己获益多少来衡量。

B 型性格：与 A 型性格相对应的性格。他们从来不曾有时间上的紧迫感以及其他类似的不适感；认为没有必要表现或讨论自己的成就和业绩，除非环境要求如此，因此总是比较低调；他们会充分享受娱乐和休闲时光，而不是不惜一切代价表现自己的最佳业绩水平；他们不会因为充分放松而感到愧疚。

研究表明，A 型人由于一系列紧张积累，极易导致心血管病，甚至可能随时发生心肌梗死。有统计表明，85%的心血管疾病，与 A 型行为有关。同样，有关研究也表明，A 型性格与冠心病的发生密切相关。A 型性格者冠心病发病率是 B 型性格的 2 倍。

在组织中，A 型人和 B 型人，谁更容易成功呢？尽管 A 型人的工作十分勤奋，但 B 型人常常占据组织中的高层位置。最优秀的推销员经常是 A 型人，但高层管理人员往往是 B 型人。为什么？答案在于，A 型人倾向放弃对质量的追求而仅仅追求数量，然而在组织中晋升常常授予那些睿智而并非匆忙、机敏而并非敌意、有创造性而并非仅有好胜心的人。

C 型性格：后来，国际上有一些研究癌症与性格关系的科学家，把易患癌症的性格归为 C 型性格（与 A 型性格和 B 型性格相对应），被称为“癌症性格”。这类人内心冲突大，情绪压抑，抑制烦恼，委曲求全，逆来顺受，但内心却又极不服气。这类人常常给人不急不躁的印象，日常生活和工作中能与人保持表面和谐，但是其内心却悲观失望，矛盾而痛苦。如果这种矛盾情绪经常出现，就可能破坏人体免疫功能，导致癌症的发生。

二、人格的重要心理特征——气质与性格

人格是一个复杂的结构系统，其中，气质和性格是两个重要的组成成分，它们对人格有不同的影响，气质是对内在心理倾向性的一种描述，而性格则是对外在习惯的一种概括。性格是一种意向，气质则决定意向的倾向性。

气质是人格中的先天倾向，是与生俱来的，无法改变。如在新生儿期，有的婴儿安静，有的婴儿好哭，这些不同的气质影响其父母或哺育者与婴儿的互动关系，从而影响人格的形成。

性格是后天养成的，社会环境的影响起决定性作用。虽然性格是一种比较稳定的特质，但通过主观的努力还是可以逐渐改变的。

气质与性格联系紧密，相互影响。气质作用于性格，使人的性格的表现形式具有显著的个人色彩。例如，同是勤劳的性格特征，不同气质的人表现不同，有的人表现为精神饱满，精力充沛；有的人会表现为踏实肯干，认真仔细。气质也会影响性格形成与发展的速度。当某种气质与性格有较大的一致性时，就有助于性格的形成与发展，相反则不利于性格的形成与发展。反过来，性格对气质也有重要的调节作用，在一定程度上使总的人格更服从于生活实践的要求。

（一）气质

1. 气质的概念

气质一词在生活中常常被提及，比如："某人特别有气质""某人气质不俗"等。在这些语句中，气质往往被理解成相貌、仪表、举止和风度等。心理学上所说和小说、电影有完全不同的含义，它是人的高级神经活动类型特点在行动方式上的表现，也就是它影响人的心理活动的强度、速度和灵活性等方面。人的气质差异是先天形成的，受神经系统活动过程中的特性所制约。研究显示，年龄越小，气质的表现越明显，气质的各种特征越突出。

有的人慢条斯理、不紧不慢；有的人爱说笑，喜欢热闹，有的人沉默寡言，喜欢独处。人与人在这些方面的差异，都是气质的不同表现。

2. 气质的类型

关于人这些与生俱来的差异性，早在古代就被学者注意并研究。古希腊医生希波克拉底被认为是气质体液说的创始人。他认为人体内有 4 种体液：血液、黏液、黄胆汁和黑胆汁。这 4 种体液在人体内的不同比例就形成了人的不同气质：胆汁质、多血质、黏液质和抑郁质。尽管在现代看来，这种以体液来解释人的气质缺乏科学的依据，但这种分类方法却被沿用至今。到了近代，生理及心理学家巴甫洛夫从神经心理学的角度解释了希波克拉底的气质体液说，他发现高级神经活动的兴奋过程和过程在强度、均衡性和灵活性等方面具有不同的特点。这些特点的不同组合就形成了不同的高级神经活动类型，这些类型的特点表现在人的行动方式上，就是气质。

虽然心理学研究表明，气质不能决定一个人的社会价值，也不具有任何道德评价的意义，即一个人的热情活泼或者冷淡沉静，并不会对他今后是否能成为一个品德高尚，有益于他人和社会的人具有决定性影响。但是，不同的气质类型对心理健康水平却有一定的影响。如抑郁质的人多愁善感、敏感内向，遇到挫折后往往不能很好地处理压力与情绪，容易使自己长时间陷于抑郁状态，影响心理健康水平。下面是 4 种不同气质类型的特点表现：

（1）胆汁质。

此类气质人群的神经特点是感受性低，耐受性高，外倾性明显，情绪兴奋性高，反应快但不灵活。此类气质的个体表现为精力旺盛，性情急躁，易于冲动，兴奋性很高，很高的热情埋头各项事务。在日常活动中，常常带有强烈的情绪色彩：兴奋时，热情极高，反应迅速，思维敏捷，决心克服一切困难，但准确性差，遇事欠考虑，较鲁莽，精力耗尽时，对什么事都不感兴趣，情绪一落千丈。这种气质类型的人的心理特点是兴奋性高，但不均衡，带有快速而突发的色彩。

这体气质类型的大学生在校园里中常常积极参加各项课外活动，喜欢新体验，尤其是那些场面热烈的活动；活动效率高，学习的理解能力和接受能力很快，但往往不求甚解，对本职工作专注力不高；喜欢与同学争辩，总想抢先发表自己的意见，对自己的见解坚信无比，有时难免会感情用事，刚愎自用；有英雄主义情结，喜欢看情节起伏、激动人心的小说和电影；等等。

（2）多血质。

此类气质人群的神经特点是感受性高，耐受性高，情绪兴奋性高，反应速度快而灵活，表现为情感丰富、活泼开朗，适应性强，喜欢交际等。一般来说，这种人亲切热情，富于同情心，语言的表达力与感染力强；情绪反应快并且明显外露，但体验不深刻，喜怒无常；注意力容易转移，兴趣和情绪易变，缺乏耐力和毅力。这种气质类型的人的心理特点是有很高的灵活性，容易适应变化的生活环境，但办事重兴趣，不愿做耐心细致的工作。

这种气质类型的大学生在校园里积极参加学校的一切活动，但常有始无终；学习时理解问题总比别人快，但注意力不容易集中，总希望尽快完成作业，疲倦时，只要稍微休息一下，便会立刻焕发精神重新投入学习；情绪变化迅速，遇到些许不如意的事就情绪低落，但稍得安慰或又遇到使他高兴的事，马上就会兴高采烈；善于交际，待人亲切，容易交上朋友，但友谊常不稳固，缺少知心好友；等等。

（3）黏液质。

此类气质人群的神经特点是感受性低，耐受性高，外部表现少，情绪具有稳定性，反应速度慢且不灵活，常表现出稳重，考虑问题全面，安静，沉默，善于克制自己，生活有规律等特点。这类人的情绪不易外露，注意力稳定且不容易转移，外部动作少而缓慢，常常因循守旧，表现出固定性有余、而灵活性不足的心理特点。此外，在面临压力时，习惯采取回避的消极应对方式。

这种气质类型的大学生在课堂上守纪律，生活中有规律，很少违反作息制度；与人交往时，态度持重，不卑不亢，不爱抛头露面或空谈；做事时严肃认真，力求稳妥，不做无把握之事；对新知识接受能力差，但弄懂之后就很难忘记，兴趣爱好稳定专一，有毅力；沉静多思，情感很少外露。但由于这类人过于谨慎，不善于随机应变，习惯墨守成规，做事缺乏灵活性，所以较适宜做需要长时间集中注意力的有条不紊的工作。

（4）抑郁质。

此类气质人群的神经特点属于弱型，感受性高，耐受性低，反应速度慢，刻板固执，常表现为体验情绪的方式较少，稳定的情感产生也很慢，但对情感的体验深刻有力且持久具有较高的情绪易感性。这种气质的人沉静，易相处，办事稳妥可靠，不爱表现自己，常常表现出怯懦、自卑、优柔寡断的心理特点，比较敏感，易受挫折，孤僻，反应缓慢，常比别人更容易感到疲倦。

这种气质类型的大学生在日常生活中喜欢安静独处，性情孤僻，但在一个团结友爱的集体中，可能是一个极易相处的人，他们善于准确地领会别人的意图，能体察到别人情绪的微弱变化；遇事三思而后行，细心谨慎，因而有时会显得优柔寡断，但对力所能及的工作能认真负责地完成；在生理上对紧张气氛难以忍受，厌恶强烈的刺激，容易神经过敏，适应能力较差，常因一些小事产生情绪波动；虽然内心体验相当强烈，但却极少外露自己的情感，心里有话宁愿憋在心里，也不愿向别人诉说，喜欢生气，在陌生人面前，显得腼腆、扭捏，喜欢独处；爱看感情细、描写心理活动的小说和电影；等等。

3. 正确认识气质

在现实生活中，单纯属于某一种气质类型的人数量极少，绝大多数人是以一种气质类型为主，兼有其他一种或两种气质类型。国内一项针对大学生气质的研究表明，单一气质的人只占 34.07%，混合气质的人占 65.93%。

每种气质都有其优点和缺点，如：胆汁质的人性情开朗，动作迅速，但性格急躁，爱感情用事；多血质的人灵敏活泼，亲切能力强，但注意力不稳定，兴趣经常转移；黏液质的人冷静稳重，踏实自制，但固执冷淡，缓慢死板；抑郁质的人敏锐细致，工作承受能力强，做事谨慎小心，但敏感羞怯。所以每种气质类型都有可能形成积极的优良的心理品质，也可能形成消极的不良心理品质。

气质类型的确定：如果气质类型的得分明显高于其他 3 种，均高出 4 分以上，则可定为该种气质类型。此外，如果该气质类型得分超过 20 分，则为典型气质类型。如果该得分在 10～20 分，为一般型气质类型。若 2 种气质型得分相近，差异少于 3 分，又明显高于其他 2 种达 4 分以上，可判定为 2 种类型气质的混合型。同样，如果气质得分均高于第四种，而且很接近，则为 3 种气质的混合型。

【拓展阅读】针对不同气质乘客的心理服务

1. 胆汁质乘客。

胆汁质乘客对人热情、感情外露、说话直率而快、言谈中表现自信，这种类型的乘客显得很急躁，精力旺盛，容易激动，通常喜欢与人争论问题，而且力求争赢。他们对服务的评价易走极端。他们在乘车过程中，遇上要等待时就很容易显得非常不耐烦，常常粗心，易丢失随身携带的物品。面向他们提供服务时应注意：

（1）言谈注意谦让，不要激怒他们。

（2）不要计较他们有时不顾后果的冲动言语，一旦出现矛盾，应当尽量回避。

（3）随时提醒他们别乱扔、乱放和丢失东西。

（4）在服务时要尽可能迅速。

2. 多血质乘客。

多血质乘客活泼好动，他们反应快，理解力强，显得活泼聪明。他们动作灵活、多变，很容易从其面部表情判断出其喜怒哀乐。乘车途中他们对人热情大方，喜欢与人交往和聊天，喜欢打听各种新闻。他们情感外露，并且变化多端，经常处于愉快的心境之中。面向他们提供服务时应注意：

（1）同他们交往，尽量满足他们爱交往、爱讲话的特点，但在与他们交谈的过程中，不要过多重复，以免产生不耐烦。

（2）乘车途中应主动向他们介绍车站设施及娱乐场所，以及各地风光和特产，以满足他们喜欢打听、爱活动的心理。

（3）他们提出要求时，要尽量满足。

（4）可以同他们开玩笑，活跃车站气氛，因为他们乐于成为活动的中心人物。

3. 黏液质乘客。

黏液质乘客平时比较安静，喜欢清静的环境。他们很少主动与人交往，交谈起来很少滔滔不绝或大声说笑，情绪很少外露，让人猜不透他们想什么或需要什么，对客服人员、其他乘客以及车站广告等的影响较少做出明确的反应，常给人稳重的感觉。他们自制能力很强，做事总是不慌不忙，力求稳妥，生活有固定的规律，很少打扰别人。他们反应慢，希望别人讲话慢些或重复几次，自己讲话也慢条斯理，显得深思熟虑。他们的注意力比较稳定，对新环境不易适应，但一旦适应了又对乘坐过的汽车或打过交道的服务人员产生留恋之感。面向他们提供服务时应注意：

（1）交代事情时，应当注意讲话的速度，适当重复一下重点。

（2）一般情况不要过多地与他们交谈。如有交谈，尽量简单明了，不要滔滔不绝，以免引起反感。

（3）进出闸机、上下车时，他们往往行动缓慢，不要过多催促他们，以免他们反应不过来。

4. 抑郁质乘客。

抑郁质乘客的情感很少向外流露，心里有事一般不愿对别人讲，宁愿自己想。乘车途中常表现为性情孤僻、不合群、沉默寡言，不喜欢在公共场合与人交往和聊天，显得郁郁寡欢。这类乘客对事情体验深刻，自尊心强，很敏感，好猜疑，想象丰富。他们在遇到困难或挫折时，常寄希望于客服人员或其他乘客的帮助，会表现得非常痛苦，如丢失东西、身体有病或与人发生纠纷后会长时间不能平静。他们讲话慢，有时又显得话很多，怕别人听不清楚产生误会，他们行动迟缓、反应慢。面向他们提供服务时应注意：

（1）要十分尊重，对他们讲话要清楚明了，和蔼可亲。尽量少在他们面前谈话，绝对不要和他们开玩笑，以免产生误会和猜疑。

（2）当他们遗失物品、生病时，应当特别关心和给予帮助，想办法安慰他们，使之感到温暖。

事实上，单纯属于这4种典型气质之一的乘客并不多。在实际的客运服务工作中我们接触到的绝大多数乘客都是4种气质相互混合、渗透，兼而有之。有些乘客是2种气质的混合型，如多血-胆汁型、抑郁-黏液型；有些乘客还是3种气质的混合型，有些则是4种气质的混合型。如何快速识别乘客气质类型也是一个长期的观察、学习和总结的过程。

（二）性格

1. 性格的概念

性格（character）源于希腊语，意思是“特点、标记”，是指由人对客观现实的稳定态度和行为方式中经常表现出来的稳定倾向。它是与社会联系最密切的人格特征，也是人格中最重要和显著的心理特征。性格表现了人们对自己、他人和周围世界的态度，并表现在言行举止中。性格是一个复杂的综合体，它直接反映一个人的道德风貌，受人的价值观、世界观和人生观影响，所以与气质不一样。性格有好坏之分，如有的人自私自利，以自我为中心；有的人厚道宽容，乐于助人等。

2. 性格的分类

性格的种类有多少呢？由于性格的复杂性，关于性格的分类问题目前心理学界还没有公认的标准，不同的心理学家有不同的分类。例如：以心理机能优势进行分类，可以将人的性格分为理智型、情绪型、意志型；以个体独立性程度进行分类，可以将人的性格分成场依存型和场独立型；以人的社会生活方式进行分类，可以将人的性格分为 6 种类型，即经济型、理论型、审美型、宗教型、权力型、社会型。

美国著名的职业生涯指导专家霍兰德将职业选择看作个人性格的延伸。他认为，职业选择也是性格的表现。个人的性格与职业之间的适配和对应是职业满意度、职业稳定性与职业成就的基础。

迈尔斯类型指标（Myers Briggs Type Indicator，MBTI），则通过 4 个维度，16 种性格指标，将人格进行划分，经过了长达 50 多年的研究和发展，已经成为当今全球最为著名和权威的性格测试。它是一种自我报告式的性格评估测试，用以衡量和描述人们在获取信息、做出决策、对待生活等方面的心理活动规律和性格类型，现已广泛应用到企业招聘、内部人才盘点及职业规划、职业测试等众多领域。

（1）外倾-内倾。

以自身为界，我们可以将世界分为自身以外的世界（外部世界）和自我的世界（内部世界）两个部分。外倾的人倾向将注意力和精力投注在外部世界，依靠他人或活动来满足个人情绪的需要；性情开朗活泼，善于交际，但很少进行内省；善于在活动和群体交往中表达自己的情绪与情感，但常常缺乏对别人感受的考虑；做事果断，但行为轻率，缺乏考量。而内倾的人则较为关注自我的内部状况，很少向别人显露自己的喜怒哀乐，他们在情感方面经常能自我满足，珍视自己内心的体验；在他人面前容易害羞和紧张；做事深思熟虑，但缺乏实际行动。

（2）感觉-直觉。

面对同样的情景，不同类型的个体接收信息的方式不同。感觉型的人关注的是事实本身，注重细节和实实在在、有形有据的事实和信息，而直觉型的人注重的是基于事实的含义、关系和结论；感觉型的人习惯于按照规则办事，固守现实，而直觉型的人，往往跟着感觉走，突破现实。

（3）思维-情感。

这两类人做决策的方式不同。情感型的人常从自我的价值观出发，变通地贯彻规章制度，做出一些自己认定是对的决策，比较关注决策可能给他人带来的情绪体验，人情味较浓。思维型的人则比较注重依据客观事实的分析，贯彻规章制度，不太习惯根据人情因素变通。

（4）判断-知觉。

从生活方式来看，判断型的人目的性较强，一板一眼，他们喜欢有计划、有条理的世界，更愿意以比较有序的方式生活。知觉型的人好奇性、适宜性强，他们会不断关注新信息，喜欢变化，也会考虑许多可能的变化因素，更愿意以比较灵活、随意、开放的方式生活。在做决策时，判断型的人较为果断，而知觉型的人总希望获得更多信息后再做出决断。

3. 正确认识性格

性格受个体生理学因素和后天社会环境的共同影响，但一般来说，后天的环境和教育在性格形成中起决定作用。“孟母三迁”“近朱者赤，近墨者黑”等典故说的就是环境对性格形成的重要性。此外，个体的性格特征是一个复杂的系统，是不同特征的有机组合，具有一定的多面性，比如在不同场合中，人们常常会表现出性格的不同侧面。所以当我们评价一个人的性格时，只有从多角度考察个体言行，才能对该人做出全面而准确的评价。

气质和性格都是构成人格的重要组成部分，但与气质不同，性格是后天形成的，受社会环境因素的影响较大，与行为的内容密切相关。虽然性格也是一个稳定的心理特征，但通过主观上的积极努力，人的性格能在一定程度上得到改善。

【知识点小结】

气质无好坏，但性格有优劣。无论哪一种气质类型的大学生，在今后的人生中可能会创造出不凡的成就，也可能成为一事无成、平庸的人，关键在于是否能发挥出积极的一面，扬其所长，避其所短。人无完人，每个人的性格都有一些好的特征和一些不良的特征，它们对个体的生活分别起着积极和消极的作用。所以，一个人应了解自己的气质类型，客观地看待自己的性格，加强自我调节，不断优化、完善自我。他人也可根据其不同气质特点因材施教，更好地帮助其完善自我；根据其的不同性格安排工作，做到人尽其才。

【课堂活动】

1. 试分析人格的基本特征。
2. 联系自身特点，谈谈影响自己人格形成的主要因素。
3. 什么是性格？性格与气质的关系如何？
4. 大学生如何在实践中健全自己的人格？

任务四　大学生完善自我的途径

【导读】

“一个人如果能够战胜自己内心的黑暗，就永远站立在灿烂的阳光中。”战胜自我、完善自我需要的不仅仅是勇气和力量，还要接纳自我。每年的 5 月 25 日为全国大学生心理健康日，意为“关注心灵，关爱自我”。只有“我爱我”（“5·25”的谐音），才能打开心扉，让阳光照进来，促进自我成长。

一、正确认识自我

每个人的一生其实都在寻找自我、认识自我、实现自我，但正如古希腊神庙铭文“认识你自己”所昭示的那样，这是一次异常艰难、没有止境的探索之旅，很多人终其一生都难以做到。认识自我之所以困难，因为“我”是由很多部分组成的，根据心理学家鲁夫特与英格汉提出的“周哈理窗”（Johari Window）理论，“窗”是指一个人的心就像一扇窗。“周哈理窗”展示了关于自我认知、行为举止和他人对自己的认知之间在有意识或无意识的前提下形成的差异，由此分割为 4 个范畴：一是面对公众的自我塑造范畴；二是被公众获知但自我无意识范畴；三是自我有意识在公众面前保留的范畴；四是公众及自我两者无意识范畴，又称潜意识。普通的窗户分成 4 个部分，人的心理也是如此。因此把人的内在分成 4 个部分：开放我、盲目我、隐藏我、未知我。（见图 4-1）

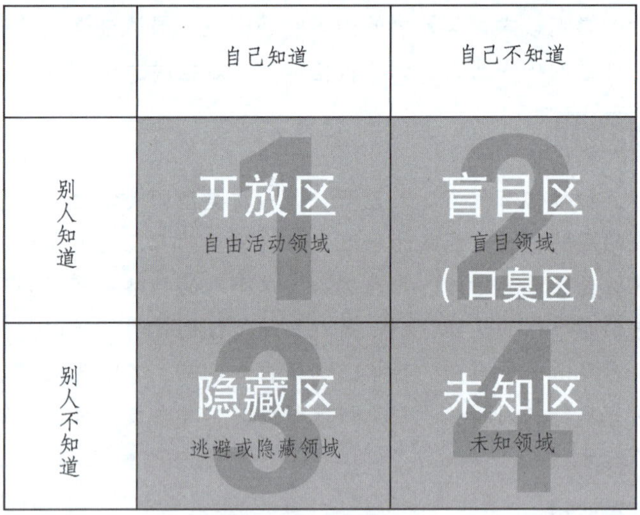

图 4-1　人的内在

（一）开放我

左上角那一扇窗称为“开放我”，又称“公众我”，属于自由活动领域。这是自己清楚别人也知道的部分，所谓“当事者清旁观者也清”。比如，我们的性别、外貌，如某些可以公开的信息，包括婚否、职业、工作生活所在地、能力、爱好、特长、成就等。“开放我”的大小取决于自我心灵开放的程度、个性张扬的力度、人际交往的广度、他人的关注度、开放信息的利害关系等。“开放我”是自我最基本的信息，也是了解自我、评价自我的基本依据。

（二）盲目我

右上角那一扇窗称为“盲目我”，又称“背脊我”，属于盲目领域。这是自己不知道而别人却知道的部分，所谓“当事者迷旁观者清”。可以是一些很突出的心理特征，如有人轻易承诺却转眼间忘得干干净净；也可以是不经意的一些小动作或行为习惯，如一个得意的或者不耐烦的神态和情绪流露，本人不易觉察，除非别人告诉你。盲目点可以是一个人的优点或缺点。因为事先不知、不觉，所以当别人告诉自己时，或惊讶或怀疑或辩解，特别是听到与自己初衷或想法不相符合的情况时。“盲目我”的大小与自我观察、自我反省的能力有关，通常内省特质比较强的人，盲点比较少，“盲目我”比较小。而熟悉并指出“盲目我”的他者，往往也是关爱你的人，欣赏你的人，信任你的人（虽然也可能是最挑剔你的人）。所以，我们要学会用心聆听，重视他人的回馈，不固执，不过早下结论；学会感恩，因为是他们帮助自己拨开迷雾见青天。

（三）隐藏我

左下角那一扇窗称为“隐藏我”，又称“隐私我”，属于逃避或隐藏领域。这是自己知道而别人不知道的部分，与“盲目我”正好相反。就是我们常说的隐私、个人秘密，留在心底，不愿意或不能让别人知道的事实或心理。身份、缺点、往事、疾患、痛苦、窃喜、愧疚、尴尬、欲望、意念等，都可能成为“隐藏我”的内容。相比较而言，心理承受能力强的人，隐忍的人，自闭的人，自卑的人，胆怯的人，虚荣或虚伪的人，隐藏我会更多一些。适度的内敛和自我隐藏，给自我保留一个私密的心灵空间，避去外界的干扰，是正常的心理需要。没有任何隐私的人，就像住在一个透明的房间里，缺乏自在感与安全感。但是隐藏我太多，开放我就太少，如同筑起一座封闭的心灵城堡，无法与外界进行真实有效的交流与融合，既压抑了自我，也令周围的人感到压抑，容易导致误解和曲解，造成他评和自评的巨大反差，成为人际交往的迷雾与障碍，甚至错失机会。勇于探索自我者，不能只停留在“开放我”的层面，还应敢于直面“隐藏我”的秘密和实质。

（四）未知我

右下角那一扇窗称为“未知我”，又称“潜在我”，属于未知领域。这是自己和别人都不知道的部分，有待挖掘和发现。通常是指一些潜在能力或特性，如一个人经过训练或学习后，可能获得的知识与技能，或者在特定的机会里展示出来的才干，也包含弗洛伊德提出的潜意识层面，仿佛隐藏在海水下的冰山，力量巨大却又容易被忽视。对未知我的探索和开发，才能更全面而深入地认识自我、激励自我、发展自我、超越自我。学着尝试一些全新的领域，挖掘潜力，会收获惊喜。勇于自我探索者，要善于开发“未知我”。

【课堂活动】

我们常说“知己知彼，百战不殆”。“知彼”暂且不说，我们真的能做到“知己”吗？我们常常会发现有些事情是我们自己不知道，而我们的朋友却清楚了解的。显而易见，作为具有天生局限性的“我”是不可能认识到自己的全部的，正如“不识庐山真面目，只缘身在此山中”。认识自我就是要在自觉地自我反省、以人为镜、实践检验，以及通过一些心理测验不断地缩小盲目我、潜在我的区域范围。

将一张白纸对折成4份，在左上窗格写下你对自己的描述；在右上窗格邀请小组成员写下他们眼中的你；在左下窗格写下一个属于你自己的小秘密；在右下窗格写下你对未来的畅想。依次在小组内进行分享，体验“周哈理窗”，将有如下收获：

（1）通过自我坦诚，能够更深入地了解“隐藏我”。

（2）通过对别人开放自我，可以帮助我们发展出更理想、更统一的自我人格。

（3）通过得到别人的回馈，我们能更多地了解自己。

（4）彼此分享、彼此信任，我们的友谊迅速增长。

（5）“开放我”更加广阔，我们将活得更加自由。

你懂得如何分享吗？① 真心接纳别人的优点和成就。② 相信自己有不同于别人的长处。③ 学习倾听。④ 善于发现问题。

二、认识自我的 3 条通道

1. 比较法——从“我”与人的关系认识自我

人际关系包括家庭的感情关系、外界的友谊关系、社会中的利害关系。他人是反映自我的镜子，比较时应注意参照什么、有没有意义。因此，确立合理的参照系尤为重要。例如：①比较的是条件还是行为（家境、成绩）？②是相对的、可变的标准，还是绝对的、不可变的标准（身材、出身）？③比较的对象是什么人（类似的、偶像、极不如自己的）。

2. 经验法——从“我”与事的关系认识自我

不经一事，不长一智。成败得失，其经验价值因人而异：对善用智慧的人来说，成败都可以促进其发展。对脆弱的人来说，失败的经验使其更失败，因为挫败后形成的怕败心理会使他更加束手束脚，失去良机。对狂妄的人来说，成功反倒可能成为失败之源，他们或者有幸成功后便骄傲自大，以后做事更不自量力；由于家世、关系成为成功者，一旦失去保护源，便不能撑起独立的自我。因此，从成败经验中获得的自我认知也要细加甄别。

3. 反省法——从“我”与己的关系认识自我

这点看似容易，实则困难，需“吾日三省吾身”。① 能观察到的“我”，包括容貌、性别、年龄、职业、性格、气质、能力等。② 自己心中的“我”，对自己的期许。③ 别人眼中折射出的“我”，可以从态度、情感、亲密程度、人缘等方面反映出来。

【拓展阅读】身材矮小的幽默作家

美国幽默作家霍尔莫斯有一次出席一场会议，出席者中数他的身材最矮小，一位朋友脱口而出：“霍尔莫斯先生，你站在我们中间，是否有鹤立鸡群的感觉？”霍尔莫斯说：“我觉得自己像一堆便士里的铸币，面值十分，但比一分的便士体积小。”

三、积极悦纳自我

悦纳自我是指一个人相信自己存在的价值，认同自己的能力，并在行为上表现出一种与环境和他人积极互动的心理定势。一个悦纳自我的人能为他人所接纳。

大学生要做到悦纳自我，可以从以下几方面入手：

1. 正视自己的负性情绪

负性情绪通常是指那些不快甚至引发人痛苦、愤怒的情绪体验。它在我们的生活中也是必要的，它提醒我们对现状要有所警觉，并促使我们主动调整自己。因此，如果产生了负性情绪不要去抑制、否认或逃避，这些都是比较低级的防御机制，要坦然承认并接纳它，然后去寻找引起负面情绪的原因。

2. 无条件地接受自己

无条件地接受关于现实的自己的一切，无论美丑好坏，无论成败。正如人本主义心理学家罗杰斯所说："当我接受了现实的自己时，我就发生了变化。"的确，肯定、认同自己的人比否定、拒绝自己的人更容易建立自尊和自信，并获得好的人际关系。因此，我们要学会平静而理智地对待自己的优势和劣势，以积极的视角来看待自己的问题，承认问题本身就意味着已经发生了改变，理解和接纳则是改变的前提。

3. 正确对待挫折与失败

挫折与失败是人生境遇的一部分，是成长的必然。我们都有过不同的成败体验，在一个激烈竞争的环境中，这种体验容易影响我们。我们要学会接纳自己的失败，承认自己需要不断完善，以自信的态度对待自己的成败，并从中吸取教训、总结经验。一方面，要对挫折与失败有正确的认识，就事论事，不将问题扩大化和严重化；另一方面，要对此有正确的归因，不同的归因方式会影响我们的自我认知。将失败完全归因于运气、机遇等外在客观因素，会使自身趋于自我保护和防御，缺乏正视挫折的勇气，不利于反省和自我提高；将失败完全归因于自身能力等内在因素，会使自尊心受挫，容易丧失自信，导致畏缩或退缩行为。

实际上，悦纳自我是发展健全自我的关键部分。悦纳自我就是要无条件地接受自己，无关成败，接受自己的局限（接纳自己的不完善既是自信的表现，也是完善自我的起点），欣赏自己的优点。更多地肯定自己的价值，对自己感到满意和骄傲。珍惜自己的独特性，及时进行自我激励和奖赏。

【拓展阅读】一个人的简历

22岁，生意失败；23岁，竞选州议员失败；24岁，生意又一次失败；25岁，当选州议员；27岁，精神崩；29岁，竞选州议长失败；31，竞选选举人失败；37岁，当选国会议员；39岁，国会议员连任失败；46岁，竞选参议员失败；47岁，竞选美国副总统失败；49岁，竞选参议员再次失败；51岁，当选美国总统。

这就是美国总统林肯的简历。

四、努力完善自我

努力完善自我是指个体在认识自我、悦纳自我的基础上，自觉规划行为目标，主动调节自身行为，积极完善个性以适应社会要求的过程。对大学生而言，完善自我可以从以下几方面努力：

1. 确立合适的理想自我

合适的理想自我以充分了解自己和社会需要为前提，对自己提出恰当的目标和要求。确立目标应该符合自己的实际能力，以此规划自己的发展方向。不苛求自己，不被他人的要求所左右。不好高骛远，否则会带来不必要的冲突和压抑，也就更起不到激励和引导的作用。

2. 努力提高现实自我

大学生要不断修正现实自我的行为和相应的心理活动，使之朝着合适的理想自我的目标发展，使之逐渐接近理想的自我。大学生要积极投身于实践活动，在实践中不断磨炼自己，增强自我控制力，对自己决定的事付诸行动并全力以赴，认真地干好当下能够把握的、能够做好的事情。在和平年代，在正常的生活状态下，所谓的轰轰烈烈的大事、所谓的传奇的经历毕竟不多，大多数人还是从事一些具体、琐碎、细小的事。这些事做好了，未必一定会有成就，但是做坏了，或是不愿意做，就可能误大事。小事培养态度，体现素质，因而大学生要学会从小事做起，不断努力提升自我。

3. 加强自我修养，逐步获得积极的自我统一

自我统一意味着主体我和客体我的统一，理想我和现实我的统一，自我认识、自我体验和自我调适的统一。大学生需要加强自身修养，不断进行自我塑造，培养良好的性格和顽强的意志，逐步明确自我，有效控制自我，能够认清自己的过去，重视现在，又能够积极面向未来，构建完整和谐的自我，实现积极的自我统一。总之，自我认知的发展是一个漫长的过程，大学生要不断勇于尝试、勇于实践，正确认识自我，积极悦纳自我，努力完善自我，做一个自如的、独特的、积极的自我。

【拓展阅读】疫情中的自我认知思考

2019 年年底，新型冠状病毒肺炎疫情突然暴发，2020 年 1 月 23 日，武汉封城，全国多个省份相继启动重大突发公共卫生事件一级响应。长期的封控隔离，对人的自我认知及表现产生了较大影响。其中有人性光辉的典范，也有群起攻击的对象，其本质反映了人们思考与意识的结果。而人类意识的自我觉醒，也是我们在疫情中需要思考的。这些意识如何形成？又将如何演变？

1.“国家有难匹夫有责”——爱国主义意识增强。

国家是个母体，各个城市是母体的器官，而公民则是组成母体的细胞。当新冠肺炎疫情暴发时，“团结一心，排除万难”变成了统一的标语，不需要组织，民众自发捐赠资金及各类物资来支援疫区。海外的游子竭尽全力将一批一批的抗疫急需物资纷纷寄往国内。中国在防控疫情中的做法被世界卫生组织屡次表扬，这是社会主义制度优越性的又一次体现。高效、及时、精准已经是中国速度、中国担当的代名词。

曾经看到一则报道：“一名华人在美国的街头失声痛哭，引来无数人围观，有人问他：为什么痛哭？发生了什么事？他更咽地说：我的祖国生大病了，我非常担心，所以就忍不住哭了。”许多身在海外的同胞感触很深。

2.“个人行为也是意识的体现”——自我管理意识开启。

自疫情发生以来，在朋友圈里常看到各种新闻，“小区一女子不戴口罩出行”“男子当街吐口水”等行为被指责，这些现象的本质就是管理的问题。就组织行为学的理

论来说，个人行为也是自我认知的体现。

自我认知并不是要对其他人做出多大的贡献，而是减少对别人的损害。当你做对了事才有利于社会及组织。管理好个体，才能少给国家添乱。从现在起就做好自我管理，遵循统一安排，为社会和国家节省成本。

3.“临危不乱、井井有条”——树立自我进阶的意识。

树立正确的认知观，分清信息来源及真假，做到不造谣、不信谣、不传谣，扩散正能量，抵制网络谣言，不围观，不加评论，不加主观臆测，临危不乱，井井有条。做好学习安排，利用开放的网络平台，在安静的空间中提高自身，更新知识体系。“健康、快乐、与人为善”的理念是中国几千年的传承，“大疫”带来了“民族大义”！

【知识点小结】

1.“周哈理窗”是一个帮助我们认知自己的有效工具，通过与他人分享隐藏的自我，听取他人的反馈减少盲目的自我，个人对自己的了解就会更多、更客观。

2. 个人能被他人接纳的前提条件是悦纳自我。

3. 认识自我，悦纳自我，才能完善自我以适应社会要求。

【课堂活动】

小鹰的故事

一只小鹰从小在鸡群中长大，一直都认为自己是只鸡。当主人让它飞时，打、骂、美食诱惑……怎么都不行，因为它认为自己是只鸡飞不起来。主人非常失望，决定把小鹰带到悬崖边扔掉。这时奇迹出现了：就在坠落的过程中，突然，小鹰扑棱扑棱两下，翅膀就展开了，它的天性恢复了，知道自己是只鹰而不是只鸡。

生命的价值

有一个生长在孤儿院的男孩悲观地问院长：“像我这样没人要的孩子，活着有什么意义呢？”院长笑而不答，只是交给男孩一块石头，说：“明天早晨你拿着这块石头去卖，但不是真卖。记住，无论别人出多少钱，绝对不能卖。”

第二天，男孩蹲在市场的角落里卖石头，意外地有好多人要买那块石头，而且价格越来越高。回来后男孩兴奋地向院长报告。院长笑笑，要他明天将这块石头拿到黄金市场上去卖。第二天，在黄金市场上，竟然有人出比昨天高十倍的价钱买那块石头。

最后，院长让男孩把石头拿到宝石市场上去卖，结果石头的身价又涨了十倍。由于男孩怎么都不卖，这块石头竟被传扬成稀世珍宝。男孩兴冲冲地捧着石头回到孤儿院，将这一切告诉院长。院长缓缓地说：“生命的价值就像这块石头一样，在不同的环境中就会有不同的意义。一块不起眼的石头，由于你的珍惜、惜售而提升了它的价值，被说成是稀世珍宝。你不就像这块石头吗？只要自己看重自己，自我珍惜，生命就有价值、有意义。”

思考：阅读以上两个案例，围绕限制性信念，写下感悟。

【课后思考与自评】

表 4-3 自我评价

项目	自评	备注
知识掌握	1 2 3 4 5	
活动参与	1 2 3 4 5	
实践应用	1 2 3 4 5	

专题五　人际关系

学习目标

1. 了解良好人际关系对生活的重要意义及建立良好人际关系的技巧。
2. 掌握建立良好人际关系的技巧，并能运用到日常学习和生活中。
3. 学会协调与改善人际关系，掌握交往艺术，培养真挚的友谊。

任务一　人际关系与心理健康

【导读】

远离父母到学校过集体生活的年轻大学生面临的一个重要生活课题就是如何与周围的同学友好相处，建立和谐的人际关系。由于他们从小生活的环境不同，接受的社会和家庭教养不同，因而他们待人接物的态度、人格特征也不同，加之青春期心理固有的矜持、闭锁、羞怯和冲动，他们在人际交往中深有体会：成功的交往使他们振奋，失败的交往使他们痛苦。渴望友情和不善交往的矛盾心理，对友谊追求完美的理想化心态，自尊和清高带来的孤芳自赏，以及社会转型期所带来的道德价值观，使当今大学生在交往上感到焦虑和困惑。然而大学生有着强烈的交往需求，他们渴望友谊，厌恶离群索居的鲁滨逊式的孤岛生活。美国宾夕法尼亚大学的心理学家马丁·塞利格曼的“大学生自我幸福的感觉程度”研究证明：影响大学生幸福的最重要的因素是他们内心最深层的归属感，以及与他人的交流的需要。可见，大学生的心灵深处有着强烈的情感归属和交流需求，这一需求是否得到满足关系到他们能否健康成长。

一、人际关系与心理健康的关系

人际关系是指人与人之间的相互联系、相互影响、相互交往而构成的共处状态，具有社会性、变动性和复杂性的特点。

人际关系对大学生的心理健康具有十分重要的意义。良好的人际关系氛围有助于个体提高自信和自尊，使个体心情舒畅，体会到温暖和满足感。身处这样的环境，个体热爱学习，热爱生活，乐于接纳他人，将大大提高个体行为的有效性。如果人际关系失调，长期处于紧张、冷漠、冲突的状态中，个体将处处感到压抑、孤寂和苦闷，其结果必然产生对生活、学习、工作的消极态度，甚至导致心理变态。因此，建立和谐、融洽的人际关系，具有极其重要的心理保健功能。

（一）满足基本的需要，交流情感

人是社会的动物，每个人都愿意生活在群体中。人们都害怕孤独，强烈的孤独感会使人难以忍受，以致影响身心健康。在现实的社会生活中，每一个人都有与他人保持往来、获取伴侣和友谊的需要，都有与他人保持相处和与群体保持某种关系的需要。心理学家马斯洛提出需要层次理论，他把人的需要分为 5 个层次：生理的需要、安全的需要、社交的需要（归属与爱的需要）、尊重的需要及自我实现的需要。其中，社交的需要希望伙伴之间、同事之间关系融洽。每个人都不希望自己离群索居，而是渴望别人了解自己，都希望归属于一定的集团或群体，并得到相互关心和照顾。

人际关系可以满足人们社交的需要和尊重的需要。

（二）满足亲和的动机

亲和动机是促使人们进行交往和集群的原始动力。社会心理学认为，亲和本能形成于婴儿时期。新生婴儿受饥和渴等生理本能的驱使，产生对母亲的依恋。每当母亲给婴儿喂奶时，婴儿便建立了母亲形象与温暖、舒适、安全等美好感受的连接。婴儿受到无数次的爱抚，就无数次地与愉快的情境联系起来。通过这种条件反射的知觉过程，他逐步学会了依恋母亲，再把这种依恋逐步泛化到其他人身上，希望有人陪伴的动机就成了某种“习惯”而被固定下来，使人的一生都渴望建立良好的人际关系。

（三）克服孤独的恐惧，排遣不良情绪，促进心理平衡

面对生活中不可避免的矛盾，人们会产生这样那样的情绪，或焦虑，或抑郁，或失望，或恐惧，或苦恼，或悲观。不良情绪如果得到及时宣泄，可以避免心理疾病的产生。如果不良情绪得不到适当宣泄，久而久之，会造成身心紧张，影响健康甚至导致疾病。良好的人际关系不仅是人们健康的基本条件，同时也是治疗心理障碍的一个重要资源。每个人都有孤独感，一种称之为人类“存在的孤独”是人对自身孤立性的认识。当人际关系缺乏或人际关系不和谐时，人就会感到孤单和不安全感。无论是因为上学、工作而客居他乡、远离亲友，还是因为死亡或人际冲突造成亲人与朋友的离去，我们都能体会到强烈的孤独感。人们长期忍受孤独感的折磨会造成身体和心理的不健康，而治疗孤独感、克服孤独恐惧的唯一方法就是与他人积极交往、建立良好的人际关系。

（四）促进自我的形成

自我是心理学的古老课题。自我亦称自我意识或自我概念，是个体对自己存在状态的认知，包括对自己生理状态、心理状态、人际关系及社会角色的认知。认识自我、确立自我、发展自我、完善自我，是个人青年时代重要的心理过程。要认识自我、确立自我、发展自我和完善自我，他人的评价很重要。米德认为，我们所隶属的社会群体是我们观察自己的一面镜子。个体的自我概念很大程度上取决于个体认为他人是如何“看”自己的，大学生通过与他人相处，与他人比较，并通过他人的评价，可以看到自己的价值、优点和缺点，从而正确认识自我。个性的形成和发展也需要在交往中去实现。只有在交往中，自我才会完善，个性才会发展。

（五）舒缓和对抗压力

压力是由外部事件引起的一种体验，是现实生活中要求人们去适应的事件。

压力作用于个体后，并不直接表现为临床症状，而是进入中介系统，经过中介系统的增益或消解，使事件的相对强度和性质产生某些改变。

良好的人际关系、良好的社会支持系统可以使压力事件的强度相对降低，而不好的社会支持系统的作用则相反。一个人在遇到事件的打击时，如果拥有他人的关心、有强有力的社会支持，那么，他的抗压能力就会提高，就能更好地抵抗压力，避免出现压力后的不良反应。

心理学研究发现，在年龄、性别、经济收入和日常生活习惯基本相同的条件下，有密切社会联系如家庭、婚姻、非正式社团组织联系的人，寿命较长。亲密的和可信任的关系，是压力的有效缓冲器。而那些缺乏密切社会关系的人，比有密切社会联系的人，有3%~30%的机会更容易死亡。

二、影响人际关系的因素

【课堂互动】我喜欢的，不喜欢的

目的：让学生归纳总结影响人际交往的因素。

准备：每人1张白纸、1支铅笔。

操作：

1. 写出五个“我喜欢与……的人交往”的句子和“我不喜欢与……的人往的句子”。

我喜欢与______________________________的人交往。

我喜欢与______________________________的人交往。

我喜欢与______________________________的人交往。

我喜欢与______________________________的人交往。

我喜欢与______________________________的人交往。

我不喜欢与______________________________的人交往。

我不喜欢与______________________________的人交往。

我不喜欢与______________________________的人交往。

我不喜欢与______________________________的人交往。

我不喜欢与______________________________的人交往。

2. 小组内分享。分享后归纳组员普遍喜欢的与普遍不喜欢的交往类型。

3. 小组讨论以下问题：

（1）我们被什么样的人吸引？喜欢和哪些人交往？

（2）在与喜欢的人交往中要注意什么？

（3）如何与自己不喜欢的人交往？

（4）我们择友的这些固有观念是不是可以改变？

我们被什么样的人吸引？喜欢和哪些人交往？哪些原因促使人们由陌生、熟悉并成为相互喜欢的朋友？最简单的回答是，那些能给我们带来利益的人。这里的利益包括经济学意义的可以货币化的利益，但更多的是那些让我们心理需求得到满足的非经济学的利益，如社会赞誉、本能需求。社会心理学家经过广泛调查，总结出影响人际吸引的因素主要有以下 6 个方面。

（一）人格特征

社会心理学家指出，人的内在品质是产生持久吸引力的关键。人格特征是影响吸引力的最稳定因素，也是个体吸引力最重要的因素之一。

热情的人更受人欢迎，这是因为当人们喜欢某类事物或某人时，就会表现出微笑、赞美、关注、愉快和欣赏的情感，从而使人感受到热情；相反，当人们不喜欢什么时，就会表现出消极、冷漠与挑剔。

情绪稳定、“情商高”的人更容易获得周围人的喜欢，拥有良好的人际关系。善于情绪管理的人，意味着不过分强烈地表达自己的情绪尤其是负面情绪，如焦虑、愤怒、失落、抱怨；情绪失控的人不断向身边的人传递不良信息刺激，使人感到压抑、不快，导致众人唯恐避之不及。

才智不直接决定人际关系的和谐与否，但它决定人际吸引的强弱。人们崇拜和欣赏有真才实学的人，“名人效应”便是这一心理的直接反映。才华、能力出众的人，比一般人更有见解、更有办法、更有力量，也更有资源。通过与他们的交往，能获得更多建议、更多启迪和更多帮助。

态度和归因模式对人际交往的影响也很大。一个偏见、固执的人，以及习惯将他人的成绩和自己的错误都进行外归因的人，在众人眼里就是一个让人难以忍受的自以为是、好大喜功的人。

美国学者安德森（N. Anderson）研究了影响人际关系的人格品质。研究结果表明：排在最前面、受喜爱程度最高的 6 个人格品质是真诚、诚实、理解、忠诚、真实、可信，它们或多或少、直接或间接地同真诚有关；排在最后、受喜爱水平最低的几个品质是说谎、假装、不老实等，它们也都与真诚有关。安德森认为，真诚受人欢迎，不真诚则令人厌恶（见表 5-1）。

表 5-1　影响人际关系的主要人格品质

最积极品质	中间品质	最消极品质
真诚	固执	古怪
诚实	刻板	不友好
理解	大胆	敌意
忠诚	谨慎	饶舌
真实	易激动	自私
可信	文静	粗鲁
智慧	冲动	自负
可信赖	好斗	贪婪
有思想	腼腆	不真诚

续表

最积极品质	中间品质	最消极品质
体贴	易动情	不善良
热情	羞怯	不可信
善良	天真	恶毒
友好	不明朗	虚假
快乐	好动	令人讨厌
不自私	空想	不老实
幽默	追求物欲	冷酷
负责	反叛	邪恶
开朗	孤独	装假
信任	依赖别人	说谎

人格水平高的人同别人的交往以及人际关系都很好，他们有着一系列有利于积极交往和建立良好人际关系的人格特点（见表 5-2）。

表 5-2　人缘型与嫌弃型人格特征

人缘型人格特征	嫌弃型人格特征
尊重他人，关心他人，对人一视同仁，富于同情心	以自我为中心，只关心自己，不为他人的处境和利益着想，有极强的嫉妒心
热心班集体活动，对工作非常负责	对班集体的工作或敷衍了事缺乏责任感，或浮夸不诚实，或完全置身于集体之外
稳重、耐心、忠厚老实	虚伪、固执，爱吹毛求疵，学习不努力，不求上进
热情、开朗，喜爱交往，待人真诚	不尊重他人，操纵欲、支配欲强，不听取他人意见
聪颖，爱独立思考，成绩优良且乐于助人	对人冷漠，孤独，不合群
重视自己的独立性，并且有谦逊的品质	有敌对，猜疑和报复的性格，势利眼，巴结领导
有多方面的兴趣和爱好	行为古怪，喜怒无常，粗鲁粗暴，神经质
有审美的眼光和幽默感（但不尖酸刻薄）	狂妄自大，自命不凡，缺乏兴趣，生活放荡
温文尔雅，端庄，仪表美	学习成绩好，但不肯帮助他人，甚至小视他人，自我期望很高，小气，对人际关系过分敏感

（二）对等吸引

我们喜欢那些喜欢我们的人。心理学研究发现，人们总是喜欢那些同样喜欢自己的人，而讨厌那些同样讨厌自己的人。

对等吸引的深层原因是自尊在吸引力中有着重要作用。他人正面积极的评价是自我肯定的重要因素。一种令人满意的关系的建立依赖于双方发现他们自己对于自我的认识得到了相互支持的不断良性互动的过程。因此，喜欢不仅是一种态度，而且是一种人际互动过程。我喜欢你，你作为回报也喜欢我，我们之间就发生了相互愉悦的交往。如果付出了喜欢而得不到相应的回报就是自作多情，往往会使一个人的自尊受损。

一般来说，受到一个人的喜爱会增加我们喜爱这个人的可能性。但进一步的实验表明，一个对我们的喜爱逐渐增加的人，比一贯喜爱我们的人更令我们高兴；同样，一个对我们的喜爱逐渐减少的人，比一向不喜爱我们的人更让我们感到难受，这被称为“增减效应”。

（三）外貌

容貌、体态、服饰、举止、风度等个人外在因素在人际情感中的作用也很大。尤其是在交往的初期，好的外貌给人良好的第一印象，人们往往会以貌取人。一般来说，人们倾向对那些漂亮的人产生积极反应，而对那些外貌普通的人产生消极反应。另外，还有研究发现，外貌的魅力有一种明显的“辐射效应”，即外貌美能产生光环效应，即人们倾向认为外貌美的人也具有其他优秀品质，虽然实际上未必如此。

一个很有趣的现象是，男性喜欢和漂亮女性在一起，除了本能吸引外，还可以获得其他人的羡慕和好评，从而获得自尊的满足。漂亮的人有更多的自信心和更强的社会交往动机。

（四）互补性

当双方在某些方面看起来互补时，彼此的喜欢也会增加。所谓互补性，是指兴趣、专长与个性特点等方面的长短相互补充。交往双方虽然在兴趣、性格等方面大相径庭，但如果彼此能满足对方的某些需求，也容易导致人际吸引，进而形成良好的人际关系。例如：独立性较强的人与依赖性较强的人能够友好相处；脾气急躁的胆汁质者与性情温和的黏液质者成了好朋友。究其原因关键在于，他们可以彼此取长补短、互相满足对方的需要，从而互相吸引，建立并保持良好的人际关系。

（五）相似性

人们往往喜欢那些和自己相似的人。心理学研究发现，人们在交往的过程中，如果双方在年龄、职业、社会地位、文化程度尤其是认知态度上具有某种一致性或相似性时，就容易产生相互吸引，从而有利于建立良好的人际关系。交往双方的相似性越多，就越容易产生亲近感，共同交谈的话题也越多，并容易产生共鸣，从而更容易建立融洽的人际关系。“同是天涯沦落人，相逢何必曾相识”“物以类聚，人以群分”以及“志同道合”这些为人们所熟悉的说法，即总结了人际交往中的这一现象——相似吸引。

相似性主要包括以下内容：

（1）信念、价值观及人格特征的相似。

（2）兴趣、爱好等方面的相似。

（3）社会背景、地位的相似。

（4）年龄、经验的相似。

实际的相似性很重要，但更重要的是双方感知到的相似性。

（六）时空因素

1. 空间距离的远近

俗话说，远亲不如近邻。人与人之间地理位置接近，容易进行人际交往。处于物理空间距离较近的人，见面机会较多，容易熟悉，产生吸引力，彼此的心理空间就更接近。常常见面也利于彼此了解，相互喜欢。理智上人们认为，办公室恋情会有很多负面影响，但大多数人还是与他的同事、同学、邻居谈恋爱、结婚。心理学家研究发现，如果其他条件大体相当，人们会喜欢与自己邻近的人。

2. 交往频率

人与人交往的次数越多，越容易具有共同的话题、经验，在人们交往的初期，交往频率往往具有决定性的作用。但交往频率与喜欢程度的关系呈倒U字形曲线，过低与过高的交往频率都不会使彼此喜欢的程度提高；当处于中等交往频率时，彼此喜欢的程度较高。

【拓展阅读】心理距离的意义

对方和你的关系如何，可以通过他与你保持的距离来判断。同时，彼此间的对话，也与双方距离的远近有很大关系。根据美国人类学家埃特瓦特·霍尔的观察，人际关系可通过8种距离来断定。

1. 密切距离——接近型（0.15 米）：这是为了爱抚、格斗、安慰、保护而保持的距离，是双方关系最接近时的距离。这时语言的作用很小。

2. 密切距离——较近型（0.15～0.45 米）：这是伸手能够触及对方的距离，是关系比较密切的同伴之间的距离，也是在拥挤的电车中人与人之间不即不离的距离。

3. 个体距离——接近型（0.45～0.75 米）：这是能够拥抱或抓住对方的距离，一方对于另一方的表情能够一目了然。丈夫和妻子处于这种位置是自然的，而和其他女生处在这个距离内，则易产生误解。

4. 个体距离——稍近型（0.75～1.20 米）：这是双方同时伸手才能触及的距离，是对人有所要求时应有的一种距离。

5. 社会距离——接近型（1.20～2.10 米）：这是超越身体能接触的界限，是办事时同事之间所处的一种距离。保持这种距离，使人具有一种高雅、庄严的气质。

6. 社会距离——远离型（2.10～3.60 米）：这是为便于工作保持的距离，工作时既可以不受他人影响，又不给人增添麻烦。

7. 公众距离——接近型（3.6～7.5 米）：如果保持 4 米左右的距离，说明说话人与听话人之间有许多问题待解决与交流。

8. 公众距离——远离型（7.5 米以上）：这是讲演时采用的一种距离，彼此互不相扰。

三、人际交往的心理效应

人际交往是人们为了交流思想，交换意见，表达情感、需要等目的，用语言符号（包括口语，非口语如面部表情、手势、体态等）而实现的沟通。人际交往的目的和动机主要有信息的相互交流、感情的相互沟通、行为的相互协助。由于社会心理规律的作用，人们在相互交往的过程中总会受到一些心理效应的影响。

（一）首因效应

首因即最先的印象，又称第一印象，在人际交往中，人们往往注意开始接触到的细节，如对方的表情、身材、容貌等，而忽视后面的信息。现实生活中，首因效应形成的第一印象“先入为主”，常常影响我们对他人以后的评价和看法，也影响今后交往活动的深入进行。

心理学家做过一个实验，向两组被试描述一个人的特点。他对甲组说，这个人聪明勤奋，易冲动，爱评论，顽固，嫉妒；对乙组说，这个人嫉妒，顽固，爱评论，易冲动，勤奋，聪明。结果甲组对被描述的人有良好印象。其实，描述的词汇都一样，只是顺序不同，但结果却完全不同。

由于首因效应的存在，第一印象在人际交往中扮演着重要角色。虽然第一印象并非总是正确的，但总是最鲜明的、最牢固的，因此我们与人交往时应给他人留下良好的第一印象。在交友、招聘、求职等社交活动中，可以利用这种效应，给别人留下良好的印象，为日后的交流打下良好的基础。

（二）近因效应

近因效应，又称最后印象，是指最后的印象对人们认知具有的影响。一般来说，在对陌生人的认知中，首因效应比较明显；而对熟知的人的认识中，近因效应比较明显。多年不见的朋友，在自己的脑海中印象最深的其实就是临别时的情景；一个朋友总是让你生气，可是谈起生气的原因，大概只能说上最近的两三条，这也是近因效应的一种表现。

第一印象产生的“首因效应”，一般在交往初期，即双方还生疏的阶段特别重要。而在交往后期，即双方已经非常熟悉的情况下，近因效应就发挥了更大的作用。在与他人进行交往时，既要注意平时给对方留下的印象，也要注意给对方留下的第一印象和最后印象。

（三）晕轮效应

晕轮效应，又称光环效应、月晕效应，指我们在评价别人时常喜欢从某个特征而泛化到其他特征，从局部信息形成整体印象，就像月晕（或光环）一样，从一个中心点逐渐向外扩散成为一个越来越大的圆圈。晕轮效应常使人犯“以偏概全”“爱屋及乌”的错误。“旁观者清，当局者迷”，我们要善于倾听和接受他人的意见，防备光晕轮效应的副作用。同时也可以利用光环效应的影响增加自身的吸引力。与人交往时，可以采用先入为主的策略，让对方了解我们的优势，以获得积极的评价。

（四）自我暴露效应

一个人如果想要和别人建立比较密切的关系，一定程度的自我暴露是不可缺少的，如表露自己的真实感情和真实想法，向别人讲心里话，坦率地表露自己，陈述自己，这就是“自我暴露效应”。通常，人们对陌生人，对熟人和亲密朋友，在自我暴露的广度和深度上是明显不同的。有时候，对于可以信任的人吐露内心的感受，会拉近与对方的距离，赢得真挚的友谊。

（五）定势效应

定势效应是指由于人们头脑中存在着某种想法，而影响对他人的认知和评价。人际交往中，当人们认知他人时，常常会不自觉地产生一种有准备的心理状态，并从这种心理状态出发，按照事物一定的外部联系进行认知和评价，从而产生定势效应。

由于定势效应的作用，人们常常根据 A 特点推测某人必然有 B 特点，如认为脾气暴的人一定是很顽固的；好脾气的人多半是没有主见的。再如，年轻人总认为老年人墨守成规，缺乏进取心；老年人总觉得年轻人不成熟，办事不牢靠。定势效应在某种条件下有助于我们对他人做概括性的了解，但因其比较简单化，往往与事实不符，容易产生认知上的偏差。

（六）刻板印象

刻板印象是指人们忽视个体差异而对某一类人或一群人进行的固定化判断和评价。刻板印象一旦形成，不但较难改变，且会沿袭传播。刻板印象的形成途径主要有两类：亲身经验和社会学习。当人们第一次与一个群体接触时，他们与其成员的互动就构成了刻板印象形成的基础。有些人习惯于机械地将交往对象归于某一类人，如南方人和北方人，本地人和外地人等。刻板效应忽略了个体间的差异性，在交往中会产生先入为主、以偏概全的偏差，特别是当这类评价带有偏见时，会损害人际关系，影响大学生人际交往的顺利进行。如大学生中有的因为自己是本地人而对外地同学产生偏见，势必造成同学之间的误解和矛盾，从而影响交往的正常进行。因此，大学生应时时提醒自己把交往对象看成一个独特的人，在实际交往中去发现、认识和理解对方，以此来弱化刻板印象。

（七）投射效应

投射效应是指把自己所具有的某些特质强加到他人身上的心理倾向，往往会对他人的情感、意向、观念等做出错误的判断，造成彼此间的误会、矛盾。例如，某男大学生暗恋一位女大学生，在平时交往中自然会察言观色、以探虚实，但由于投射效应的作用，他往往倾向把对方表现出来并不具有特定含义的信息解释成对方默认，于是鼓起勇气向其表白心意，结果却被婉言拒绝。即使如此，该男生仍深信自己的判断是正确的，认定对方是不好意思。

有时，投射效应是出于一个人自我防御的心理需要而产生的。自己有某些缺陷、毛病或不良品质，于是不自觉地会在别人身上搜寻有关的蛛丝马迹，在别人身上“发现”同样的“毛病”，进而对自己的“毛病”心安理得。所以，在交往中关键是认清别人与自己的差异，另外也需要接受自己，客观地认识自己，不断地完善自己，促进交往顺利进行。

（八）角色固着

角色固着是指个人言行举止过分拘泥于特定角色的心理倾向。生存于社会中的每个人都有一定的身份标志，但任何一种角色都有局限性，都难以代表完整的个人。拘泥于特定角色进行交往，会使交往停滞于表层，难以深入下去。另外，角色固着也容易产生把人工具化的倾向。比如，领导只注意下属是否做好工作，而忽略他们作为人的其他方面。学生只注意到老师在台上讲课怎样，很少去想老师作为一个人也有许多其他方面的欢乐和苦恼。克服角色固着的关键是把交往对象看成是一个有血有肉的人，而不是某种固定的角色。大学生在与老师和同学的交往中，也要有意识地克服角色固着，使自己和交流对象都更真实、更完整，促进交流的进行。

（九）自己人效应

在人际交往中，如果双方关系良好，一方就更容易接受另一方的某些观点、立场，甚至对对方提出的难为情的要求，也不太容易拒绝。这在心理学上就叫作“自己人效应”。例如，同样一个观点，如果是自己喜欢的人说的，接受起来就比较快和容易，如果是自己讨厌的人说的，可能就本能地加以抵制。

（十）情绪效应

情绪效应是指一个人的情绪状态可以影响对某一个人今后的评价。尤其是在第一印象形成过程中，主体的情绪状态更具有十分重要的作用，第一次接触时主体的喜怒哀乐对于对方关系的建立或是对于对方的评价，可以产生不可思议的差异。与此同时，交往双方可以产生“情绪传染”的心理效果。主体情绪不正常，也可以引起对方不良态度的反映，影响良好人际关系的建立。因此，管理者在对被管理者做思想政治工作时，一定要注意被管理者的情绪，让双方在平等和睦的气氛中交谈，才能收到良好的管理效果。

【拓展阅读】人际交往中的犯错误效应

是不是一个人的能力越强，就越受大家欢迎呢？社会心理学家阿龙森通过实验证明了什么样的人更受欢迎。一个竞争激烈的演讲会上有四位选手，两位才能出众，不相上下，另外两位才能平庸。才能出众的选手中有一位不小心打翻了桌子上的饮料，而才能平庸的选手中也有一位打翻了饮料。如果是你，你会更喜欢哪个人呢？实验结果表明，才能出众而犯小错误的人最受欢迎，才能平庸而犯同样错误的人最缺乏吸引力。这个研究表明，一个很有才能的人，如果犯一点儿小的错误或者暴露一些个人的缺点，反而让人觉得可爱、有吸引力，更喜欢接近他。这就是犯错误效应。为什么会这样呢？

俗话说，高处不胜寒。一个人如果能力超群，会使人倍感压力，因为这可能会让别人感觉自己无能或低劣，从而产生不平衡或嫉妒心理，或者产生屈尊感，觉得这个人高不可攀，因此敬而远之。聪明能干的人不经意间犯一些小错误，反而让人觉得他和别人一样会犯错，也有平凡的一面，从而让人感到安全。

总之，聪明能干的人比平凡庸碌的人更招人喜欢，能力超群的人犯一些非原则性的小错误会更招人喜欢。因此，在人际交往中，我们需要表现自己的才能，但无须让自己完美无缺或十全十美。

任务二　人际交往中常见的问题

【导读】

小军，男，20岁，大学二年级学生，独生子女。由于幼时父母的过度保护，他极少与同龄人玩耍，从而导致他不爱与人交往。高中时，他斜眼看同一排的女生，引起对方的反感，随后接连换了几次座位，连男生也不愿意与他一起坐。从此，他便认为人是最难打交道的，对人际交往充满了恐惧感。他不敢与别人目光对视，总是用余光观察人，总觉得别人在注视自己，讲话时眼神闪烁，只能做一些小动作来缓解内心紧张，如绞手，摸鼻子等；与人交谈口齿不清、语无伦次；对别人的主动攀谈采取回避态度；在人多的场合经常出现脸红、出汗、气短等情况。久而久之，他与人说话却结结巴巴，嘴唇也会打战。上大学后，他认为自己不受欢迎，总觉得同学会在背后中伤他，于是更加地封闭自己。为此，他感到很苦恼，却始终无法走出恐惧交往的阴影。

一、不良人际关系的表现

有以下情况之一，即可视为人际关系不良：

第一，缺少知心朋友。能够与人正常交往，人际关系也不错，但缺少能互吐衷肠、配合默契的朋友，常常感到孤独无助和无奈。

第二，交往平淡。能够与他人交往，但交往的质量不高，在群体中处于“有他不多，没他不少”的位置；没有人值得他牵挂，也没有人会想念他，时常会感到迷茫、失落。

第三，不会交往，交往技能不足。渴望交往，但交往能力有限，不知道如何与别人打交道；有时会表现得过度热情，有时又会表现得过于谨慎；过分在乎别人对自己的评价，容易体验到伤害感。

第四，羞怯。在交际场合或大庭广众之下，羞于启齿，害怕见人；有不必要的担心、过分的焦虑。发言的时候，会表现得言语支吾，不知所措。

第五，社交恐惧。对人际交往特别害怕，极力回避与人接触；不得不交往时，会表现得紧张、恐惧、面红耳赤；常常陷入焦虑、自卑之中，严重者会影响身心健康和日常生活。

【课堂活动】心理自测：大学生人际关系综合诊断量表

指导语：这是一份人际关系行为困扰的诊断表，共 28 人问题，在每个问题上，选“是”的打“√”，计 1 分；选“非”的打“×”，计 0 分。请你根据自己近段时间内与人交往时的表现认真完成，然后对照后面对测验结果做出的解释，检查自己的人际关系是否和谐。

1. 关于自己的烦恼有口难言。(　　)
2. 和生人见面感觉不自然。(　　)
3. 过分的羡慕和妒忌别人。(　　)
4. 与异性交往太少。(　　)
5. 对连续不断的会谈感到困难。(　　)
6. 在社交场合感到紧张。(　　)
7. 时常伤害别人。(　　)
8. 与异性来往感觉不自然。(　　)
9. 与一大群朋友在一起，常感到孤寂或失落。(　　)
10. 极易感受到窘迫。(　　)
11. 与别人不能和睦相处。(　　)

12. 不知道与异性相处如何适可而止。(　　)
13. 当不熟悉的人对自己的倾诉他生平遭遇以求同情时，自己常感到不自在。(　　)
14. 担心别人对自己有什么坏印象。(　　)
15. 总是尽力使别人赏识自己。(　　)
16. 暗自思慕异性。(　　)
17. 时常避免表达自己的感受。(　　)
18. 对自己的仪表（容貌）缺乏信心。(　　)
19. 讨厌某人或被某人所讨厌。(　　)
20. 瞧不起异性。(　　)
21. 不能专注地倾听。(　　)
22. 自己的烦恼无人可倾诉。(　　)
23. 受别人排斥与冷漠。(　　)
24. 被异性瞧不起。(　　)
25. 不能广泛地听取各种意见、看法。(　　)
26. 自己常因受伤害而暗自伤心。(　　)
27. 常被别人谈论、愚弄。(　　)
28. 与异性交往不知如何更好地相处。(　　)

测量结果的解释：

如果你得到的总分是 0～8 分，说明你与朋友相处时困扰较少。你善于交谈，性格比较开朗，主动关心别人，对你周围的朋友都比较好，愿意和他们在起，他们也都喜欢你，你们相处得不错。而且，你能够从与朋友相处中得到许多乐趣。你的生活比较充实而且丰富多彩，你与异性朋友也相处得很好。一句话，你不存在或较少存在交友方面的困扰，你善于与朋友相处，人缘很好，获得许多人的好感与赞同。

如果你得到的总分是 9～14 分，说明你与朋友相处时存在一定程度的困扰。你的人缘很一般，换句话说，你和朋友的关系并不牢固，时好时坏，经常处在一种起伏波动的状态之中。

如果你得到的总分是 15～28 分，说明你与朋友相处时困扰较严重；分数超过 20 分，则说明你的人际关系的行为困扰程度很严重，而且在心理上出现较为明显的障碍。你可能不善于交谈，也可能性格孤僻、不开朗，或者有明显的自高自大、讨人嫌的行为。

二、大学生宿舍人际交往

罗兰说过：“和太强的人在一起，我会感觉不到自己的存在。交朋友不是让我们用眼睛去挑选那些十全十美的，而是让我们用心去吸引那些志同道合的。”在人际交往过程中，往往会遇到一些问题。调查显示，有 50%以上的大学生对自己的人际关系不满意，有 30%左右的学生认为自己处理人际关系的能力很差，有近 60%的同学认为寝室关系不好处理。因寝室关系产生的矛盾也越来越多地影响大学生心理健康。

【案例】

小湘是一个活泼外向、上进心强的学生。一进大学她就竞选进入学生会，是系学生会宣传部的部长。平时除了上课，就是在学生会工作，工作的忙碌让她很少有时间与室友相处交流。最近，小湘心情很糟糕，她明显感觉到3个室友对自己的态度越来越差，甚至有人还在其他寝室说她的坏话，让别人不要跟她玩。

大一时小湘与室友的关系还可以，偶尔一个寝室的会一起逛街吃饭。大一下学期，由于学生会事情增多了，她与室友在一起的时间越来越少，常常不在寝室，寝室就好像只是她睡觉的地方。有时候很累，回到寝室她也懒得跟大家说话。不过小湘并没意识到她冷落了室友，她以为她们是好姐妹，看到自己工作这么出色，应该为她高兴才是。有空的时候，小湘会跟室友说自己在学生会的出色表现，她很为自己自豪。大二一开学，小湘突然感觉到室友对自己爱理不理了。有时候跟她们说自己最近的工作，也没人回应。半个月前，学校要求每个班选派几个寝室参加寝室设计大赛，小湘认为自己能力强，也很想趁这个机会和室友缓和下关系，于是就报名参加了。她非常热心地召开寝室会议、准备资料。谁料，在与室友商量如何布置寝室时，室友的反应都很冷淡，她们说小湘是宣传部部长，能力强，随便她自己布置。于是小湘自己设计找材料，等把创意做好给她们看时，她们又推翻小湘的设计，没人愿意配合。小湘很委屈，但还是耐着性子征求她们的意见，可室友却说自己没想法。这下惹恼了小湘，她质问室友是不是有意针对自己，把自己这些天的委屈一股脑地全吐出来，还指责室友的不是。听到小湘的指责，一个女生也不客气地跟她对吵起来，另外两个则在一边戴着耳塞不管不顾。此后，小湘一进寝室，就难受，没人理她。另外3位女生则经常一起去吃饭、上课，却再也不喊她。甚至还跟其他同学说小湘虚伪。她跟辅导员申请调换了寝室。她自认为是一心向着自己的寝室的，也很喜欢与她们相处，现在为何落得如此结局。

小湘的故事具有一定的代表性。大学寝室已经不再像几十年前那么好相处，其乐融融。《心理访谈——宿舍你我他》中开头对宿舍关系做了生动的描述："精明的王小薇把买来的鱼皮豆数了数目，每天向我抱怨贪吃的舒文偷偷地吃了多少粒；于乐乐把她的香蕉沐浴乳什么的都锁在了抽屉里。只是一些小小的变动，但是让我敏感地意识到，舒文大概也动了她的东西了。寝室里的风向在日益转变，我开始厌倦和害怕那样的寝室和冷漠的校园。"宿舍是大家朝夕相处的地方，宿舍生活无小事。看似鸡毛蒜皮的事情如果处理不好，也会影响宿舍的整体氛围。因每位成员的家庭背景、地域、性格的差异，宿舍人际关系非常考验一个人的人际智能，而且影响一个人的情绪。人际智能是指理解他人和关系的能力。较高的人际智能包括善于观察，从人们的行为中进行判断，读懂他们的面部表情和肢体语言以及善于倾听，善于理解他人。

打理好宿舍关系可以采用以下策略：

（1）讨论制定宿舍公约，并认真遵守，完成该做的杂务；

（2）做真实的自己，真诚对待室友；

（3）积极参加宿舍集体活动；

（4）别人有难要帮，自己有事儿要求；

（5）培养界限感，不触犯舍友的隐私；

（6）不逞一时口快；

（7）本着人与人是不同的原则，对别人多一些理解和包容；

（8）多沟通多交流，发自内心地欣赏彼此。

《宿舍关系》

三、人际冲突

人际冲突是指交往双方互不接纳、互不相容的现象，是人际交往双方由于利益不同、沟通障碍、个性差异等引起的相互反对的互动行为。

人际冲突有两种表现，隐性冲突表现为心理上、情感上的对抗和不相容，显性冲突表现为直接用行为来对抗侵犯，伤害对方。人际冲突的具体表现如下：

（一）隐性冲突

（1）嘲笑对方，不尊重彼此的生活方式、人生观和世界观；

（2）常常对对方的建议和观点表示怀疑、不信任、消极抵制、不合作；

（3）对别人的损失等抱有幸灾乐祸的心态，对成功则有嫉妒，不服气的心理；

（4）情绪表现不明显，保持与对方若即若离的态度，或者沉默少言，态度冷淡；

（5）常以“不知道”“没什么”“随便”等模糊语言搪塞问题；

（6）对于不得不合作的情况，被动服从，缺少交流；

（7）心存戒备，相互之间很少关心和过问；

（8）口服心不服，表面上保持和气；

（9）沟通从双向变成单向。

人际沟通就是发送者通过一定的渠道，将信息发送给对方，并寻求反馈，从而达到相互理解的过程。它包含表达和倾听两个方面，其中倾听更为重要。

下面讲述一个广为流传的故事：美国著名主持人林克莱特采访一位小朋友问道：“如果你驾驶飞机飞到太平洋上，所有引擎都熄火了，怎么办？”小朋友想了想说：“我会要求所有乘客系好安全带，然后我背上降落伞跳出去。”话音刚落，现场观众哈哈大笑，有人在下面偷偷议论这个孩子怎么这样自私。看到大家嘲笑自己，小男孩两行热泪夺眶而出。林克莱特没有跟大家一起笑，他继续注视着小男孩，问：“然后你做什么呢？”小男孩说：“我会去拿燃料，然后再回来。”

我们在与人交流时，是否真的听懂了对方的意思呢？观众还没有听完小男孩的表述就对孩子过早下“自私”的结论，他们认为小男孩背降落伞跳出去是为了自己逃生，然而事情并非如此。如果在沟通时，我们没有听完整对方的话，或者仅仅用自己主观的判断来理解对方，没有换位思考，那么，这样的倾听效果可能很差，甚至会曲解对方的意思。表达和倾听中的任何一个环节出了问题都会影响沟通。很多同学认为在发生人际矛盾时自己是做了沟通的，但是沟通无效。无效的沟通主要因为沟通者没有换位思考地去倾听，没有全面准确地表达自己的意思，说了并不表示沟通。

（二）显性冲突

（1）口角争辩，想尽办法驳倒对方；

（2）控制他人的语言和行为，要别人服从自己；

（3）情绪失控，音调变高，处于一种激情状态；

（4）言语、行动带有攻击性，直接伤害他人的利益；

（5）常说“他应该……”“绝对……”“你必须……”等命令性的语言；

（6）使用威胁的语气和暴力手段；

（7）矛盾升级迅速，难以制止和消除隔阂；

（8）以强势服人，完全不顾对他人自尊的损害。

【课堂活动】思考并回答

1. 你印象深刻的一次人际冲突是什么事件？
2. 导致冲突处理失败的原因是什么？

（三）化解人际冲突

1. 尊重对方，承认差异

尊重各自不同的外貌体征、民族习惯、地域风俗、生活习惯、人生观、世界观等。相互尊重，在人际互动中就会感到温暖，赢得朋友和友谊。

人际交往中有一个循环效应，即喜欢引起喜欢，讨厌引起讨厌。如图 5-1 所示，双方行为之间有高关联性，当我们强调对方是一个多么讨厌的人时，从我们的行为上来说我们也变成了和我们所讨厌的人一样的人。重要的是，这种行为之间的高关联性，不仅发生一次作用，它们还会不断地在这种互动中循环复制。想想我们的生活中有多少次这样的复制，那也就不奇怪为什么会发生那么多的隔阂和冲突了。

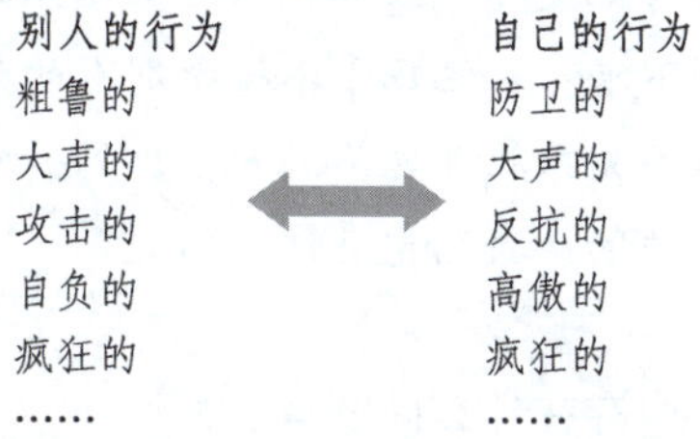

图 5-1　双方行为之间的高关联性

2. 隐性冲突的应对

（1）开门见山式，直接表明自己的感受和想法。

如：我有点小问题想和大家讨论一下，我最近经常失眠，弄得我情绪不太稳定，胃口也不好，不知道大家有些什么办法可以帮助我一下？

（2）协调彼此的步调，调整自己的行为，当别人沉默时，自己就温和、主动一些。

如：小梅，你一路很不开心，是不是出发前我没做好，没有照顾到你的情绪？对不起啊！

（3）根据问题达成协定，重视关系的改善。

小明：你说过这个月家里给你寄钱了，就把钱还给我。

小兵：不就几个钱吗，怕我跑了不成，亏我还当你是兄弟呢。

小明：不好意思啊，我刚才语气重了点，我们当然是朋友，所以我才那么重视我们之间的约定。

3. 显性冲突的应对

（1）学会控制愤怒，暂时回避敏感话题或离开冲突现场。

如：我们晚点再说吧，我还有点事情马上要办，对不起先离开一下。

（2）尊重别人的感受，缓和紧张的气氛。

如：你那么生气肯定是这件事情对你非常重要，是我没有考虑到这点……

（3）以退为进，主动道歉或承认自身的不足。

如：这次比赛失败了，我发现自己还有不足的地方，在今后的训练中我会加强练习，与队友增加沟通和默契。

（4）多寻找发生冲突的可能原因，用"可能……""或许……"等不确定的语气。

如：给你打电话的时候你没有接，我想你可能是没有听到或者是没有带手机。

（5）以要解决的问题为交流的主题，偏离主题的时候要找回主题。

如：我们还是重新确定一下要解决的问题，这次活动是为了增强环保意识的，把现有的方案和目标对照一下进行筛选。

【课堂活动】以自我为中心和自私

小张是某高校学生干部，学习成绩优秀，但人际关系较紧张。他组织的班级活动项目，同学们似乎都有意不参加。同学们评价他是一个清高、傲慢的人。他成绩好，可每当班上同学向他求教时，他要么说不知道，要么就是讲完之后将别人奚落一顿，不时还要加上一句"拜托你上课时认真听讲，下次不要再来问我这么简单的问题"。时间一长，同学们都不愿意与他交往，人际关系越来越差。小张为此也很头疼。他本人坚持的做人准则就是万事不求人。他几乎不接受别人的帮助，也认为自己没有帮助别人的义务。他对自己的人际关系状况也不满意，感到孤独、焦虑甚至恐惧，但不知道如何改善现状，他自己也纳闷：我究竟有什么问题？

思考：

（1）小张在与同学交往中存在什么问题？

（2）你认为造成小张这种行为的因素有哪些？有什么解决办法？

【课堂活动】猜疑

小王读大学以前一直走读，没有集体住宿的经历，在家里被父母照顾得无微不至，养尊处优。而进入大学后，最令他头疼的就是住宿问题，他要与7位同学住在一起。这对家境宽裕的他来说，简直是个不小的挑战。因为他看不惯寝室其他学生不良的卫生习惯，更不喜欢他们紊乱的作息。不喜欢，就是不喜欢！总之，他就是看谁都不顺眼。最重要的是，他感觉室友们总是对他评头论足，一副嘲笑、鄙视的模样。由于性格内向不擅长沟通，小王从未把自己的心里话告诉其他人，这更加深了自己与寝室同学的矛盾。时间一长，他也发现寝室其他同学总是有说有笑，结伴而行，似乎视他不存在。他开始感到失落，孤独感倍增。平日里，为了减少和室友的接触，他只有睡觉才回到寝室。他开始失眠，精神越来越差，身体急剧消瘦，无论在哪里，话也越来越少，严重影响了正常生活。

思考：

（1）你认为造成小王现在这种状况的原因是什么？

（2）在你周围有没有类似的情况发生？

任务三　良好人际关系建立的原则与方法

一、原则

（一）平等原则

平等原则就意味着在交往中互相尊重，一视同仁，这是和谐交往的基本前提。平等在一定程度上可以说是交往的最重要原则。萧伯纳有一次写作休息时和邻居的小女孩一起玩耍。送小女孩回家时，他对小女孩说："知道我是谁吗？回家告诉你妈妈，就说和你一起玩的是萧伯纳。"小女孩天真地回应说："知道我是谁吗？回家告诉你妈妈，就说和你一起玩的是克里·佩丝莱娅。"大文豪不禁惭然。后来萧伯纳对朋友谈起此事，感慨道："一个 7 岁的小女孩给我上了人生中最好最重要的一课。一个人不论有多大的成就，他在人格上与任何人都是平等的。这个教训我一辈子也忘不了。交往是平等的，尊重他人，才能尊重自己。"

（二）宽容原则

每个人都有不同的个性和爱好，且人无完人，因此我们与人交往时既不能用一种标准去要求他人，也不能太苛求他人，要学会宽容，求同存异。不会宽容他人，也同样得不到他人的宽容。《尚书·陈君》上说："有容，德乃大。"要宽容别人，首先要理解别人，学会设身处地地为别人着想。而要真正理解别人，为别人着想，又要多交流，深入了解各自的性情、爱好和价值观。这样才不至于在出现问题后无端猜疑，引发不必要的纠纷，有利于形成宽容和谐的交往气氛。

（三）信用原则

朋友之交，言而有信。轻易许诺但却失信于人会给人一种极强的不信任感，感觉你习惯于开"空头支票"，缺乏交往的诚意，这是人际交往的大忌。古人历来把守信作为一个人立身处世之本，如孔子说："人而无信，不知其可也。"（《论语·为政》）

（四）真诚互助原则

真诚互助原则要求我们在别人遇到困难时伸出援助之手，像雪中送炭一样给别人以物质或精神的慰藉。互助的关键是要真诚，这是一种崇高的道德力量，是纯洁友谊的内容，不要将此曲解成斤斤计较的功利原则。互助要注重双向性、互利性，如果一方只索取不给予，或只给予不索取，就容易使另一方或者认为自己被人利用，或者误解对方的诚意，不敢再进一步向对方敞开心扉，从而中断交往。事实证明，交往中互利性越高，双方的关系越稳定和密切；互利性越低，双方的关系越容易疏远。

二、人际交往的方法

（一）主动交往

在人际交往中，很多人都缺乏主动性，总是被动地期望别人先接纳自己。缺乏主动性往往出于两种原因：一是自信心不足，害怕主动后得不到期望的应答而丧失自尊。实际上，由于人人都有交往的需要，主动的人得不到应答的情况是很少的。不仅如此，主动还极容易让人产生好感。特别是在双方都处于新环境，都需要人际支持的情况下尤其如此。二是对人际关系有许多误解，如认为先同别人打招呼是低人一等，想请别人帮忙又害怕别人嫌麻烦等。交往并不取决于机会的多少，主要问题在于方式。因而要摒弃误区，少担心，多尝试。

（二）塑造良好的个人形象

第一次与人交流、交往留下的印象非常重要。如果这个第一印象鲜明、深刻，它将有力地影响甚至决定以后的交往关系。有许多方法可以帮助我们在与人交往中建立良好的第一印象，比如，微笑，多提别人的名字，真诚地对别人的谈话感兴趣，谈话符合别人的兴趣，做个耐心的倾听者，良好的移情能力（如能充分地体验别人的情感），多帮助别人等。

好的个人形象在人际关系建立的过程中扮演着非常重要的角色。塑造良好个人形象的具体策略有三个：首先，要注意仪表美。衣着整洁大方、举止自然得体会给人一种亲近感。其次，待人要真诚热情。一般情况下，交往双方总是先接受说话的人，然后才会接受对方陈述的内容。因此，对人讲话时，要态度诚恳，避免油腔滑调、高谈阔论、哗众取宠、垄断话题，否则会让人感到不愉快。实事求是、态度热情，往往给人一种信赖感和亲近感，有利于交往的继续深入；反之，如果言不由衷、转弯抹角、态度冷淡，则给人一种虚假、冷淡的感觉，很难再深入交往下去。最后，要做一个忠实的听众。每个人都需要有自我表现的机会。在初次交往中，有效地表现自己固然重要，但做一个耐心的听众，鼓励别人多谈他们自己，同样也是不可或缺的。

（三）加强自我的修炼

学会在社会交往中正确地认识自我、评价自我、控制自我、调适自我。在日常交往中，应注重自身健康人格的培育，勇于承认自己的错误，勇于改正，努力进行人际交往实践，不断提升自己对人性的认识，理解他人、尊重他人、宽容他人、帮助他人，改善人际关系。

不说别人的坏话，注意他人的长处，虚心学习和宣扬他人的优点，是建构良好人际关系的技巧之一。人难免会犯错误，对别人的错误应怀着善意帮其改正，而不能落井下石。要克服背后说别人坏话的不良习惯，试着去了解别人，弄清他为什么那样想、那样做。这比批评、指责更有益处，也更有意义。这样做孕育了同情、仁慈和宽容，别人才会喜欢与你交往。

（四）善用表扬与批评

心理学家认为，表扬能释放一个人身上的能量、调动人的积极性。正所谓“表扬能使羸弱的身体变得强壮，能给恐惧的内心以平静和依赖，能让受伤的神经得到休息与力量，能给身处逆境的人以务求成功的决心”。真心真意，适时适度的表达你对别人的赞扬，对于良好人际关系的建立是非常必要的。同时，表扬既要对人也要对事，这样更能增进彼此的人际吸引力。

与表扬相对的是批评。一般情况下，应多表扬、少批评。批评是负性刺激。通常，只有当用意善良、符合事实、方法得当时，批评才能产生积极的效果，才能促进对方的进步，因此要掌握批评的艺术。人际关系中，当你发现别人的错误时，提供反馈的信息是很必要的，但如果方式不当，会激起别人的自我防卫，甚至招来敌意。因为不管怎样批评，都要让别人做出某种自我否定。行之有效的方法是：从真诚的称赞开始；不可用批评来表示自己的优越感，最好是要提到自己的错误；间接地提醒别人自我纠正；不要急于给他提供结论，最好是让他自己得出结论。另外，批评时应注意场合与环境，应对事不对人，不能对一个人全盘否定，这样会挫伤对方的积极性和自尊心，批评的措辞与态度应该是友好真诚的。

【课堂活动】戴高帽子（优点大轰炸）

目的：学习发现别人的优点并欣赏，促进相互肯定与接纳。

活动时间：40分钟。

操作步骤：

1. 5~8人一组围圆圈而坐。请一位成员坐或站在团体中央，戴上纸糊的高帽子。其他人轮流说出他的优点及欣赏之处（如性格、相貌、处事……）。

2. 被称赞的成员说明哪些优点是自己以前觉察的，哪些是不知道的。

3. 每个成员到中央戴一次高帽子。

4. 规则是必须说优点，态度要真诚，努力去发现他人的长处，不能毫无根据地吹捧，这样反而会伤害别人。参加者要注意体验被人称赞时的感受？怎样用心去发现他人的长处？怎样做一个乐于欣赏他人的人？

5. 小组交流体会，并派代表在团体进行交流。

（五）记住对方的名字

在与别人交往时，名字会显示出神奇的作用，如果把别人的名字叫错了，会陷入非常尴尬的境地，应花点时间去记住别人的名字。能够得到别人好感的最重要、最简单而有效的方法，就是见面或交往时能自如地叫出对方的名字，让他觉得你心里有他这个人。对方的名字被轻松地叫出来，等于给了对方一个赞美，为能相互沟通搭起一座桥梁。

（六）认真倾听

每个人都需要被别人倾听和被别人了解。大多数人在一生中除了睡觉外，有70%~80%的时间都在从事某种形式的沟通、倾听、说话或书写。学会倾听，才能真正了解别人，才能与他人沟通、建立感情。我们必须把倾听别人诉说和了解别人放在第一位，把自己被倾听和被了解的需要摆在第二位。当别人向你诉说衷肠时，若你能耐心专注地倾听，并讲几句赞扬、鼓励、同情或安慰的话，这样两人的感情便会升华加深。

【课堂活动】角色扮演：空椅子技术

活动目的：可以站在别人的角度考虑问题，然后去理解别人，了解自己。

操作步骤：放两张椅子，当学生坐到一张椅子上面时，就扮演自己；坐在另一张椅子上时，就扮演别人，两者展开对话。针对自己在人际交往中遇到的问题，利用空椅子技术展开对话（见图 5-2）。

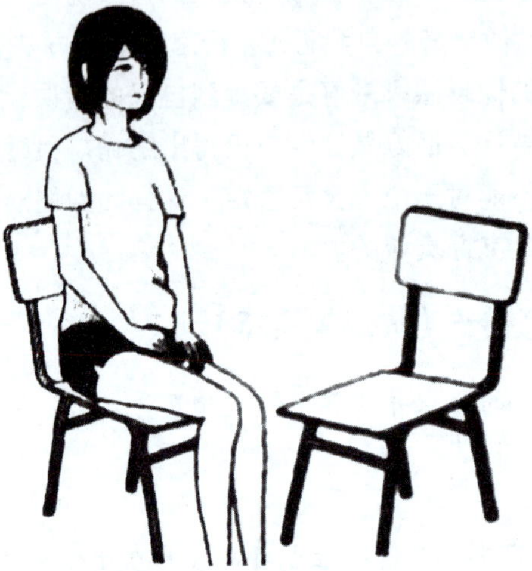

图 5-2　空椅子技术角色扮演

思考：

（1）请分析并对比扮演两种角色时内心的变化？

（2）通过这些变化，思考如何更好地理解他人。

【课堂活动】小组活动：抓手指游戏①

活动规则：

1. 伸出右手手掌和左手手指，左手的手指放到左边同学的掌心。

2. 认真听故事，当听到“乌龟”的时候，手掌抓手指，手指则迅速逃离（见图 5-3）。

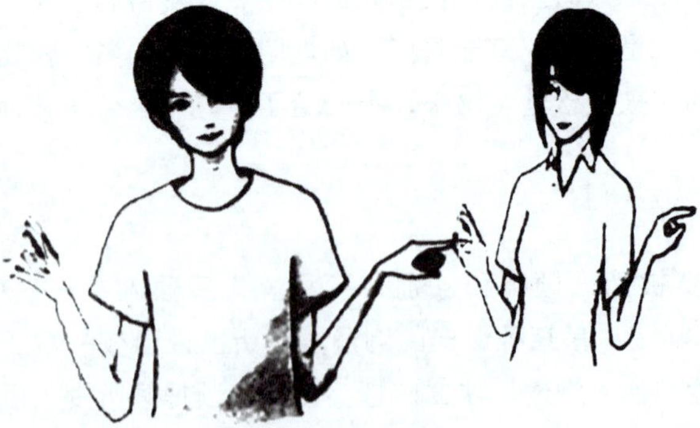

图 5-3　抓手指游戏

① 朱育红. 大学生心理健康教育课堂活动手册[M]. 上海：华东理工大学出版社，2015：136.

《乌鸦和乌龟》的故事：

森林里有一座小小的城堡，里面住着可怕的巫婆和她的仆人乌鸦。突然有一天，天上慢慢飘来一片片乌云，转眼间就乌黑乌黑的，什么也看不见了，不一会儿就下起了大雨。在狂风暴雨中，巫婆听到有人敲门，开门一看，原来是一只乌龟，还有一只乌贼。它们要求巫婆让它们进屋。巫婆同意了，可是乌鸦不同意，它和乌龟是多年的宿敌。雨越下越大，大家也越吵越凶，乌贼指着乌云对巫婆说："雨这么大，乌鸦却不让我们进去，我和乌龟都会生病的，再不开门，我一定会让你的城堡变得乌烟瘴气。"最后，巫婆还是没有给它们开门。没多久，雨停了，太阳出来了，乌云也散了，巫婆和乌鸦这才打开门，看见乌龟已经冻得缩成了一团。

思考：

（1）听到"乌龟"时，你是先跑，还是先抓？

（2）"听""抓""逃"，协调起来容易吗？

（3）人与人之间要做到和谐交往是否容易呢？

任务四　客服人员与乘客的人际关系

【导读】

每个个体都生活在各种各样现实的、具体的人际关系之中。客服人员也不例外，在客运服务活动过程中，随时随地都面临着处理与乘客之间的人际关系问题。如何从心理学角度分析各种人际难题，以及如何以心理学为依据去解决这些人际难题，对客服人员来说，是一项非常重要的技能。

一、人际关系分类

人际关系有各种不同的划分，按照其范围、性质、时间可做不同的分类。

1. 按照范围的大小分类

按照范围的大小，可把人际关系分为以下 3 类：

（1）两个人之间的关系，如朋友、夫妻、师生、同事关系等。客服人员与乘客、乘客之间、客服人员与乘务员之间，都属于两个人之间的关系。

（2）个人与团体的关系，如个人与家庭、学生与班级、客服人员与乘客团体等的关系。

（3）团体与团体的关系，如班级与班级之间、部门与部门之间的关系。

2. 按照性质的不同分类

按照性质的不同，可把人际关系分为以下 2 类：

（1）积极的人际关系，如友好、协调、亲密等。

（2）消极的人际关系，如矛盾、紧张、对抗等。

积极的关系使当事人双方在发生交往时会产生愉快的体验，而消极关系会带给双方痛苦的体验。比如，在客运服务活动过程中，客服人员与乘客之间的积极关系，客服人员快乐工作，乘客旅途愉快；反之，他们之间的消极关系，客服人员的郁闷情绪会影响服务质量，乘客的不愉快心情也将是一段糟糕的旅行。

3. 按照时间的长短分类

按照时间的长短可将人际关系分为以下 2 类：

（1）长期的人际关系，如家庭关系。

（2）短期的人际关系，如客服人员与乘客的关系。

此外，还有其他不同的分类，如按照感情关系划分，可分为吸引关系和排斥关系；按照双方的地位划分，可分为支配关系和平等关系等。

二、客服人员与乘客人际关系的特点

客运服务活动中，客服人员与乘客之间的人际关系，主要是服务与被服务的关系。客运服务自身的特殊性，决定了客运服务交往具有短暂性、不对等性和理所当然性 3 个特点。

（一）短暂性

从人际交往角度来看，客运服务活动中，客服人员与乘客之间的关系表现为主客关系，客服人员一方为主方，乘客一方为客方。双方由于在相互关系中所处的地位不同，因而各有不同的心理特点；又由于乘客乘车的时间不会很长，因而双方之间的交往亦属于偶然性的短暂接触，具有短暂性和不稳定性的特点，交往也不宜深刻。这就更需要客服人员热情服务，以每天迎接新朋友的心理准备状态迎接每一位乘客。

（二）不对等性

从客服人员的角度来看，与对方的交往是基于工作中的要求，主要是出于一种公务上的需要，是以优质服务换取乘客的满意与肯定，以周到的服务吸引乘客享受提供的服务，而不是一种个人兴趣、爱好方面的需要，因此感情上有勉强的成分，在双方交往中自然产生不对等性，服务工作易程式化或机械化，缺乏感情的投入。

这种基于工作性质处于服务的地位的人际关系和人际交往，不同于日常生活中的人际关系和人际交往。日常生活中的交往和关系，凭的是自愿，靠的是情趣，而且交往双方的主体往往完全对等和平等。而在客运服务交往中，对乘客来说，人际交往和人际关系可以凭自愿、靠兴趣。但对于客服人员来说，人际交往和人际关系就不可以凭自愿、靠兴趣。因为客服人员这一社会角色，决定了他必须服从和满足乘客的意愿，双方之间的交往具有不对等性和强制性的特征。如果客服人员不能正确认识，就容易产生“不平衡”的心理感受，容易对乘客表现出淡漠、不耐心。同时，服务的乘客川流不息，服务的内容千篇一律，习以为常，不以为然，容易产生疲劳心理。

（三）理所当然性

从乘客的角度来看，乘客面对陌生的乘车环境，容易产生局促不安的心理，比较敏感，对客运服务期望值高，希望得到周到的服务。同时也认为主方的服务是自己购买的，是天经地义、理所当然的，是应该享受的，对客运服务较为挑剔，对态度冷淡、服务不周非常敏感。

从客运服务活动中主客关系的特点分析可以看出，客服人员承担着处理和调节主客关系的重大责任；从双方的心理特点看，虽然有相互矛盾的因素，但是，只要客服人员正确认识乘客的需要，做到诚恳、热情、周到的服务，乘客的心理需要是容易得到满足的，进而处理好主客关系也是容易做到的。

三、客服人员与乘客人际交往的心态与形式

在客运服务的人际交往和人际关系中，客服人员与乘客通常表现出 3 种比较典型的心态：家长型心态、儿童型心态和成熟型心态。

（一）家长型心态

家长型心态一般以权威为特征，通常表现为两种行为模式：

1. 命令式

命令式具体表现为统治、责骂和其他专制作用的行为。例如，客服人员对乘客说“不要在站厅内随意走动”“不能带行李上车”，就是这种心态的典型表现。当人处在家长型心理状态时，交往中表现为主观、独断和滥用权威，说话总是以“你应该……”“你必须……”“你不能……”等口气。

2. 慈爱式

慈爱式具体表现为管好和怜悯的行为。例如，乘客物品丢失了，客服人员说“请别着急，我们会想办法的”等。

（二）儿童型心态

儿童型心态以情绪和服从为特征，其交往行为表现出感情用事，容易冲动，遇事缺乏主见，顺从等，说话总爱用“我不知道”“你看这可怎么办”等口吻。

（三）成熟型心态

成熟型心态以思考和理智为特征，也就是说，成熟型心理状态的行为大多经过深思熟虑。在交往中待人接物符合情景，尊重对方，讲起话来不强加于人，给对方留有余地，如“乘客您好，这里是公共场所，我们有规定……”“你看这样是否可以……”等。

在客运服务中，成人型交往以思考为特征，能理智地处事待人，使双方平等相处，互相尊重。其方法是先以符合对方交往心态的方式满足其心理需求，继而以成熟型的交往诱导对方作出成熟的反应，往往会取得较好的效果。

【拓展阅读】

一位优秀客服人员请别人给抱小孩的乘客让座有一个非常成功的绝招。他先将抱小孩的乘客指引到一位坐着的年轻小伙子或姑娘面前，引导小孩先说“谢谢叔叔”或“谢谢阿姨”，紧接着再说：“请您给这位抱孩子的乘客让个座，谢谢。”研究者跟踪观察客服人员请人让座的方式，结果这位客服人员的方式竟然屡试屡爽。而另外一些客服人员看到抱小孩的乘客上车后也同情地大声喊：“请哪位给抱小孩的乘客让个座。”可真正得到让座机会的却不多。

为什么两种请求方式的效果如此大相径庭呢？心理学家研究发现，任何人都有保护自己心理平衡的稳定倾向，都要求自身同他人的关系保持某种适当性、合理性，并根据这种适当性、合理性使自己的行为与别人的关系得到解释。如上述让座的例子，当人们接受了一声别人诚恳的“谢谢”，不管是来自客服人员，还是来自我们都特别看重的孩子，在这种友好情感面前，都会很情愿地做出让座的选择，从而使双方的社会需要均得到满足，拉近了彼此之间的心理距离。

四、客服人员与乘客的心理冲突

客服人员与乘客的心理冲突，是指在客运服务过程中，由于双方需要、价值观、经验、能力、性格特点等方面的不同，双方在心理上产生互不相容、互相排斥的矛盾心理状态。客服人员与乘客的心理冲突具有双重性，两者的心理冲突虽是不可避免的，但也并非完全就是坏事。就其对服务质量的作用来说，既有破坏性的一面，也有建设性的一面。一般来说，凡是有利于服务质量目标实现的冲突，都是建设性的。因为这种冲突可以促使人们发现存在的问题，防止不良后果的产生。如客服人员快速作业、工作马虎等，乘客及时提出反对意见，避免不安全事故发生，这样的冲突属于建设性的。凡是不利于服务质量目标实现的冲突就是破坏性冲突，这种冲突会引发情绪波动、心理压抑、工作效率降低。例如，乘客与客服人员之间激烈的言语或行为上的冲突与对抗，直接影响服务质量甚至服务安全。

作为客服人员，对积极的冲突不能采取排斥的态度，要善于接纳和利用；对起消极作用的、具有破坏性的冲突，要力图避免，如果出现就要正确引导、妥善解决，使之向具有建设性的冲突转化。

过多、过强的冲突对客服人员或乘客来说都是不利的。客服人员在面对与乘客之间的冲突时，可采取以下策略：

（一）回避策略

下列情况可以使用回避策略：引发冲突的问题微不足道，如乘客讲了难听的话，不去理会；有更重要的事情需要解决，如正在接发列车过程中，可以专心接发列车，而不理会乘客的冲突言行、无理要求，等等。面对这些简单的冲突，可以考虑使用回避策略，避免处理不当而引发更大的问题，影响服务质量。

（二）强制策略

客服人员在面对与乘客的冲突时，以下情况适合使用强制策略：面对紧急事件，必须采取快速的、决定性的行动，如车站遭遇大面积停电，关闭出入口禁止乘客进站；客服人员确信自己是正确的，考虑到多数乘客的利益，如禁止携带危险品的乘客上车；面对无理取闹、故意挑衅的乘客，如不出示票据或相关证件的乘客不予进站等。客服人员在制止乘客的不良行为时，既要敢说敢管，同时也要注意晓之以理，动之以情。

（三）克制策略

客服人员在面对与乘客冲突时，下列情况适合使用克制策略：客服人员发现自己有错误，愿意接受乘客的批评和监督，和谐与安定对双方、对乘客更重要，如售票过程中接听手机等违反相关规定的行为受到乘客的责备和制止；考虑长远工作，暂时放弃眼前的输赢，如对乘客的无理辱骂克制自己的情绪避免遭受乘客投诉；冲突的议题对乘客很重要，值得讨论和思考，可以将损失降到最小。

（四）合作策略

解决客服人员与乘客之间的冲突要采取合作策略，需要具备以下条件：双方都有解决问题的态度，对事不对人；尊重差异，愿意分享对方的思考与观点；双方的利益都重要，努力寻求整合的结果；将冲突作为发展的机遇，双方能够冷静下来沟通、对话。

客服人员与乘客冲突是一个动态的过程，是一种复杂多变的社会关系。客服人员与乘客之间的心理冲突是由双方引起的，但关键点在于客服人员一方。客服人员作为冲突的主体一方，要保持开放、灵活的心态，针对不同的情形，针对不同的乘客，表现不同的身份，发挥不同的作用，灵活多样，开放具体地应对各种冲突。

【知识点小结】

1. 人际关系是指人与人之间的相互联系、相互影响、相互交往而构成的共处状态，具有社会性、变动性和复杂性的特点。
2. 建立和谐、融洽的人际关系，具有极其重要的心理保健功能。
3. 人格特征、对等吸引、外貌、互补性、相似性和时空因素都会影响人际关系。
4. 人际交往中的心理效应有首因效应、近因效应、晕轮效应、自我暴露效应、定势效应、刻板印象、投射效应、自己人效应、情绪效应等。
5. 人际冲突是指交往双方互不接纳、互不相容的现象，是人际交往双方由于利益不同、沟通障碍、个性差异等引起的相互反对的互动行为。
6. 建立良好人际关系要遵循平等原则、宽容原则、信用原则和真诚互助原则。
7. 客运服务交往具有短暂性、不对等性和理所当然性 3 个特点。
8. 客服人员与乘客通常表现出 3 种比较典型的心态：家长型心态、儿童型心态和成熟型心态。
9. 客服人员在面对与乘客之间的冲突时，可采用回避策略、强制策略、克制策略、合作策略等。

【课后思考与自评】

表 5-3　自我评价

项目	自评	备注
知识掌握	1　2　3　4　5	
活动参与	1　2　3　4　5	
实践应用	1　2　3　4　5	

专题六　沟通与合作

学习目标

1. 重视沟通和合作在人际交往、生活和工作中的重要性。
2. 掌握萨提亚的沟通模型，了解自己的沟通风格，有意识培养一致型沟通风格。
3. 掌握言语和非言语的沟通技巧，学会积极倾听，能够有效表达。
4 了解团队合作需要的能力，并有意识地培养和提高合作能力。

任务一　沟通的方法和技巧

【导读】

人是社会的人，每个人都在社会中生存、发展，都必须要和他人发生一定的联系，离不开与他人的沟通和交往。提高人际交往和沟通能力是我们需要解决的重要人生课题。有效的沟通不仅使我们学业进步、事业有成，而且还会让我们更充分地享受生活。

【课前活动】巧解话中意

活动准备：词条若干、秒表。

活动规则：

1. 每个小组派 3 名同学上台参加活动，做好分工，2 名同学为描述者，1 名同学为猜词者。

2. 屏幕上显示词语，猜词者背对屏幕，描述者面向屏幕。（见表 6-1）

3. 描述过程中只能使用词语的释义、典故、外形等进行描述，不能出现题目中任何一个字，不能用其他语种同义词提示，不能用口型提示，如出现则视为犯规，该词跳过，不得再猜。

4. 参与选手感觉困难，可以选择过，但不得超过 3 次。

5. 场内其他同学不得提醒，否则所在小组扣 1 分。

6. 猜对 1 个记 1 分，结束后统计总分，限时 3 分钟。

表 6-1　活动用词

大象	老鹰	武术	求婚	打麻将	一刀两断	七零八落	虎头蛇尾
敲门	刷牙	跳舞	跑步	主持人	鸡飞狗跳	抓耳挠腮	回眸一笑
西瓜	香蕉	游泳	篮球	乒乓球	张牙舞爪	挥汗如雨	上蹿下跳

续表

举重	排球	榴莲	剪指甲	流口水	一手遮天	手舞足蹈	狗急跳墙
手机	拳击	喝水	嗑瓜子	升国旗	蹑手蹑脚	嬉皮笑脸	五体投地
打嗝	睡觉	眼镜	灭火器	不倒翁	捧腹大笑	含情脉脉	一瘸一拐
牙疼	雨伞	握手	孙悟空	遥控器	心急如焚	一针见血	目瞪口呆
猩猩	企鹅	蝴蝶	刮胡子	眼睫毛	狼吞虎咽	大手大脚	东张西望
蹲下	看书	跳绳	吃面条	拍马屁	花枝招展	左右为难	金鸡独立

思考:

（1）在本次活动中，你觉得自己的语言表达能力如何?

（2）在本次活动中，你有哪些收获?

（3）在本次活动中，你认为自己在语言表达与沟通中有哪些地方需要提高?

一、沟通的概念

沟通是人与人之间、人与群体之间信息、思想与情感的传递和反馈的过程，以求思想达成一致和感情的通畅。沟通既是一门艺术，也是一门科学。

沟通本质上是一种信息交换的过程。它分为信息发送、信息传递、信息接收和信息反馈 4 个过程。发送的信息可以有 3 种形式：语言、非语言、书面。这些语言信息会通过一定的渠道，如面对面、电话、会议、演讲等传递给他人。当他人接收到这些信息后，会对这些信息进行重新解释，并给信息发出者提供语言的、非语言的或书面的反馈。在实际的沟通过程中，沟通双方往往交替成为信息的发出者和接收者，产生互动。沟通 4 个过程中的任何一个都会影响沟通的效果，因此要达到有效沟通，这 4 个方面都需要重视。

二、沟通的重要性

（一）沟通可以满足人的心理需求

人是社会性的动物，不能脱离其他个体而存在，每个人都有与人沟通、被人倾听和理解的心理需求。如果失去了与人沟通的机会，人们会出现一些生理症状，如产生幻觉、丧失运动技能，同时心理也会失调，以致产生孤独、焦虑、抑郁等不良情绪。文学作品《鲁滨逊漂流记》中，主人公鲁滨逊一个人在荒岛上生活很多年，似乎也过得挺有滋有味的，但是那毕竟是虚构的小说，即使是鲁滨逊，后来也有一位当地朋友。而在现实生活中，绝大多数人都无法忍受长时间不与任何人沟通交流。

【拓展阅读】孤独实验

英国 Channel 5 电视台曾经播出了一个节目叫 *In Solitary*，讲的是密室独处实验。他们想要通过实验，看一个人在完全没有社交的密闭空间中，到底能坚持多久。

节目组在一个废弃的仓库中找来了 4 个集装箱，作为实验的密闭空间，里面有床、桌椅和厕所。然后在海量的报名者当中，选出了 3 名都是 28 岁，但性格背景不同的志愿者来参加实验。

实验要求志愿者各自住在集装箱里，没有手机，没有电脑，也不允许和外界有任何通信，每人可以带3件私人物品。

实验为期5天，集装箱里有一个红色的按钮，如果志愿者觉得实在待不下去了，可以选择按按钮放弃。

每个集装箱都装有2个摄像头，进行全程拍摄。节目组还请来了心理学博士Dr. Pauline女士负责观察。一旦发现志愿者的精神状态不妥，节目组会强制停止实验。

1. 第一名志愿者Charmayne，全职妈妈，有一个儿子，家庭幸福美满。Charmayne的所有生活几乎都用在陪伴家人和朋友上，很少有独处的时间。她希望通过这次实验，证明自己是有能力独处的。她带的3件物品：一盒橡皮泥，一瓶保湿润肤乳，以及一封丈夫写给她的鼓励信。

实验刚开始时，Charmayne表现得很兴奋，信心满满，并在房间里节目组提供的白板上，写下了“You can do this”（你可以做到的）。时间过了大概3小时，Charmayne开始玩起了橡皮泥，一切看起来都很正常。忽然之间，Charmayne捂住了脸，开始悲伤地抽泣。稳定了一下情绪的她，又接着玩。但没一会又忍不住哭了起来。最后实在压抑不住情绪，起身去了卫生间。Charmayne从卫生间回来，情绪稳定了不少，准备吃点东西。但悲伤的情绪还是一波又一波地侵袭着她，她痛苦地自言自语说道：“我好害怕。”之后她拿出了丈夫为她写的鼓励信，每当要坚持不下去的时候，就打开来读。半个小时以内，Charmayne激烈的情绪反反复复，她再次避开了摄像头，拿着丈夫的信去了卫生间。不久，里边传出了阵阵哭声：“我想回家”……当Charmayne再次从卫生间出来之后，她擦掉了白板上面写的“你可以做到的”，然后按下了红色按钮。

2. 第二名志愿者：Lucie，社交媒体上的一名工作者，热爱运动。Lucie是在Instagram上有着大量粉丝的网络红人，她每天都会带着相机出门，拍出美美的照片，然后在社交媒体上分享自己的生活。她带的3件物品：一支笔，一些画画的工具，以及一个哑铃。相比第一位志愿者，Lucie进入集装箱后表现沉稳得多。热爱运动的她还在白板上，为未来5天做了一个健身的计划表。

实验第一天，Lucie除了吃饭、运动和休息，其他时间基本都在专心致志地画画，情绪稳定，连生物钟也和往常一样。实验第三天，Lucie的房间已经挂满了她的画，她依然坚持着自己的健身计划，密封的环境似乎对她没有任何影响。直到第四天，Lucie第一次在摄像头的注视下吐露出自己的心声。她分享了自己这4天生活的点点滴滴，还把藏着内心的一段感情说了出来。

Lucie曾经有一个相恋8年的男友，他们一起来到伦敦努力打拼。后来，男友向她求婚，他们终于在几个月前结婚成为夫妻。原本是一段人人羡慕的浪漫爱情故事，可惜婚后仅仅不到4个月，丈夫告诉Lucie，他爱上了别的女人，就这样头也不回地离开了她。8年的感情如梦幻泡影，Lucie坦诚自己仿佛一无所有，所以选择来到这里，逃避外面那个悲伤的世界。

3. 第三名志愿者：Lloyd，网络视频段子手（写段子的人）。

Llody性格开朗，有一个恩爱的女朋友。他参加这次实验纯粹就是好奇，想体验一下没有女朋友、没有手机和网络的生活究竟是怎样的。他带的3件物品：女友的照片、一副扑克牌、约克郡茶包。

刚进入集装箱，Llody 对周围的环境感到满满的好奇，像只小猫一样到处研究，还调皮地跟摄像头互动。但等一切新鲜感都慢慢淡下来之后，Lloyd 开始无聊地躺在床上，偶尔玩玩摄像头。到了实验的第三天，Llody 还是以同样的姿势躺在床上，开始跟摄像头聊起天来。但当节目组将摄像头转向别处时，Llody 忽然变得很焦虑不安，甚者愤怒，强行掰过摄像头说："你不看着我，我会很无聊！"他坦言摄像头对着他时，自己舒服一点，因为他知道摄像头背后有人看着他。

实验第四天，Llyod 也开始对着摄像头袒露自己的心声。Llyod 有一个不完整的家庭，父母从小离异，跟着妈妈长大的他，内心其实一直埋怨着自己的爸爸。这次实验的长时间独处，让他想明白了一些事，他说："出去之后，我想去看看我爸。"

4. 第四名志愿者：Sarah，单亲妈妈，有一个 8 岁的孩子。

第四个实验集装箱本来是留给主持人 Gerge 的，因为他也想体验一下这个实验，然而在实验第一天，Gerge 就因为情绪将近失控而选择退出，于是节目组找来了候选人 Sarah。Sarah 作为一名单亲妈妈，她的日常生活几乎全部放在自己 8 岁的孩子身上。参加这次实验，她希望有一些属于自己的时间。她带的 3 件物品：一支唇膏、一块心形的石头、一个枕头。

在实验的第一天，Sarah 已经开始出现了焦虑和失眠的症状。大约凌晨 2 点，她爬下床蹲在角落录视频。她回到床上，蜷缩成一团，一会又睡到地上。突然，她在洗手池旁边疯狂地呕吐起来。心理专家认为，这很有可能是因为过度焦虑造成的生理反应。到了第三天，Sarah 的情绪依然很糟糕，时而在床上哭泣，时而又振奋地手舞足蹈。她胡言乱语，甚至还出现幻觉，对着摄像头说自己在洗手池里看到了小狗。

心理博士 Pauline 很担心她的状态，考虑是否要终止 Sarah 的实验，谁知道 Sarah 很快又调整好了自己的情绪，安稳地在床上静坐。心理博士也感到很神奇，毕竟在这种情况中，很少人能够自我调节情绪。她猜测或许是因为 Sarah 作为单亲妈妈的经历，常常需要面对突如其来的问题，已经不得已地习惯了自己调整。

（二）沟通是建立和谐人际关系的桥梁

社会心理学研究表明，人和人的熟悉能增加相互之间的好感，而沟通是增加熟悉感的最佳途径。沟通能帮助人们消除人和人之间的误解，并积累重要的人脉，从而为自己事业的成功打下基础。正如美国前总统罗斯福所说："成功公式中最重要的一项因素是与人相处。"

（三）沟通是有效决策的基础

在生活中，我们总在进行着大大小小的各种决策。有的决策可能无关紧要，如晚餐应该吃什么或者该乘坐哪种交通工具去某个地方等，然而有的决策对我们的生活至关重要，甚至可能改变我们的一生，如应该上哪所大学，应该从事什么工作等。我们知道一个人的知识和经验是有限的，因此当人完全依靠自己的判断来决策时，很有可能有所偏颇。这时，与师长、朋友、相关领域专家、同事进行积极、有效、深入的沟通就显得至关重要。因为沟通可以促进信息的交换，扩展我们看问题的广度和深度，为正确的决策打下基础。

沟通对个人决策很重要，对团体和企业的决策同样重要。心理学上存在一种群体集化（group polarization）效应，是指在群体中进行决策时，群体中的人们往往会比个人决策时更倾向冒险或保守，向某一个极端偏斜，从而背离最佳决策的现象。这种效应尤其容易发生在少数领导做决策的团体中，而由群体集化效应所导致的决策失误很可能是致命的。因此，在团体和企业中，做到上下通达的有效沟通至关重要。

（四）沟通是取得理解与支持的法宝

理解给人以安慰，支持给人以力量，获得理解与支持最直接的方法就是沟通。对个人而言，每个人都渴望被理解，尤其当自己的想法和愿望与他人不一致时。对组织而言，沟通也是确保组织目标顺利实现的关键因素之一。第二次世界大战期间，英国首相丘吉尔充分发挥沟通天赋，成功斡旋于美、法、俄之间；美国总统罗斯福发表“炉边谈话”，始终激励着全国民众保持必胜的信念。他们正是依靠自己出色而独特的沟通能力，使军队、人民紧紧团结在一起。

【拓展阅读】秀才买柴

一秀才买柴，曰：“荷薪者过来。”卖柴者因“过来”二字明白，担到面前。问曰：“其价几何？”因“价”字明白，说了价钱。秀才曰：“外实而内虚，烟多而焰少，请损之。”卖柴者不知说甚，荷柴者而去。

有一个秀才去买柴，他对卖柴的人说：“荷薪者过来！”卖柴的人听不懂“荷薪者”（担柴的人）三个字，但是听得懂“过来”两个字，于是把柴担到秀才前面。秀才问他：“其价如何？”卖柴的人听不太懂这句话，但是听得懂“价”这个字，于是就告诉秀才价钱。秀才接着说：“外实而内虚，烟多而焰少，请损之。”（你的木柴外表是干的，里头却是湿的，燃烧起来，会浓烟多而火焰小，请减些价钱吧。）卖柴的人因为听不懂秀才的话，于是担着柴走了。

三、萨提亚沟通模型

（一）萨提亚人际沟通理论

维吉尼亚·萨提亚是国际著名的心理治疗师和家庭治疗师，也是美国家庭治疗发展史上最重要人物之一，她是第一代家庭治疗师，从20世纪50年代起已居于领导地位。

萨提亚是最早提出在人际关系及治疗关系中，“人皆平等，人皆有价值”的想法的人。她认为任何沟通都包含3个部分（见图6-1）。

（1）自我，即发出信息的人。

（2）他人，即接收信息的人。

（3）情境，即沟通发生的背景，包括沟通的目的、双方的角色与关系、沟通的环境或社会背景、安全感。

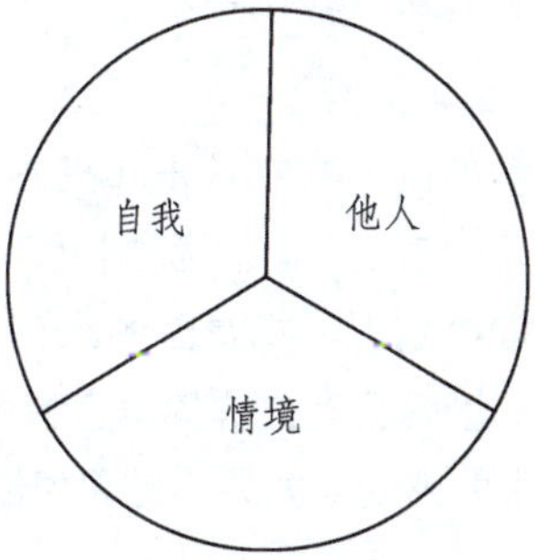

图6-1 沟通的3个部分

每次沟通的时候，如果能够既关注自己，还能关注他人，同时还能跟这个情境相配，那就是一个有效的沟通。

【课堂活动】你是用什么方式来处理人际冲突的？

1. 在起冲突时我倾向让步，即使吃亏也在所不惜。

2. 即使关系变得紧张，也一定要让对方清楚明白我的看法。

3. 我倾向不动感情，只摆出逻辑与合理的观点，然后要求大家不要争吵，冷静下来才能够看得清楚，希望冲突可以自然化解。

4. 我喜欢用幽默、问题或其他打岔的方法来缓和或结束冲突。

（二）5 种沟通方式

1. 讨好型沟通

讨好型的人压抑自己，尊重他人和情境。他们总想取悦他人，当看到别人略显愁容的时候，就奉献时间、金钱来讨好，主动承担所有的纰漏，希望所有人都开心和喜欢自己。讨好型的人往往忽视自己，内在价值感较低，把自己放在比较低的位置，努力平息所有的事，即便自己感觉不好，也会对别人和颜悦色。

言语中经常流露出这样的表达：这都是我的错；我希望你高兴；我知道我不该这样；如果不是我，你也不会被我拖累；只要是你决定的，我都会接受并且支持……

【案例】

小李和小红两个是闺蜜，约了周末吃饭，小李先到了餐厅，问了小红她也快到了，想着小红肯定肚子饿了，于是先点了菜，等小红到的时候就可以直接东西吃了，没想到小红一坐下就愁眉苦脸。

小李见状，立马说：是不是因为我点的菜不是你喜欢的，让你不开心了？我下次不会这样了。

小红解释道：不是的，不是因为你，最近在办公室遇到点不开心的事情。

小李接着说：那事情严重吗？都怪我，当初不该建议你到那家公司入职。

在这个案例中，一段对话之间，小李两次把小红的不开心，归咎到自己身上。表面上，十分善解人意，对朋友关怀备至，但实际上并没有真正解开小红心中的烦恼，没有“对症下药”。

很明显，小李就是“讨好型”的人。他们以过度牺牲自我价值为代价，传递给人们这样的信息：我们是不重要的。讨好型的人在人群中占到 50%。

2. 指责型沟通

指责型的人喜欢攻击和批判别人，他们理解自己的感受和环境的需求，但并不能体察他人的感受。他们通过指责别人来表明不是自己的过错，让自己远离压力的威胁，把问题推给别人。指责型的人在人群中约为 30%。

他们通常会有这样的语言特点：这一切都是你的错；你是怎么搞的；你从来没有考虑过别人的感受；如果不是因为你，事情就不会弄成这样；别找理由了，你就是笨……

【案例】

丈夫一脸失落地回到家，妻子开门，冷笑一声：“看你那样，今天项目又没拿下吧！”

丈夫："按能力我绝对能拿下这个项目，谁知最后又是被别人抢去了……"

妻子："能力顶个鬼用！我说过多少遍了，现在社会上不能那么清高，你要是再这样下去，一点前途都没有，真不知道当初为什么会看上你！"

指责型的人把错误都怪罪到对方头上，丝毫不接受对方给出的理由，认为如果不是因为对方的错误，自己的生活会更好。但有时指责型的人外在语言和内心体验可能并不一致，他们往往通过疾言厉色表现出自己的强大，而并不是真正意义上的内心强大。他们通过责备、否定、打击、挑剔，来确定自己的价值感，获得安全感与控制感。

3. 超理智型沟通

超理智型的人压抑感觉、逃避感受，能够理解情境，喜欢根据大量的数据案例和外部环境去分析问题，过度注重逻辑，但往往忽略和逃避自己与他人的感受。他们看上去很优越，做事情有条不紊，但实际上，他们往往内心敏感，也会让人觉得不近人情。

超理智型人的语言特点：规定就是规定，其他的不用解释；很明显事情就是这样，你强求也没用；毫无疑问，这个事情应该这样解决；你要相信科学，自己瞎鼓捣能折腾出什么……

【案例】

妻子打开门看到无精打采的丈夫，问："今天单位有事？"

丈夫叹了一口气："是啊。那个项目被别人抢走了。"

"哦"，妻子回答道。

"弄得我心里很窝火，这个项目业务一直都是我在联系，现在主任忽然把它交给曹××，我真的觉得……"丈夫沉重地坐在沙发上。

妻子回头去端菜："嗨，没办法。你有本事他反倒不敢让你上，怕你抢了他的饭碗。唉，都这样。"

超理智的人最突出的特征是毫无感情的客观，不允许自己或者别人注意感受。对别人的反应往往是长篇大论的说教，看起来充满了智慧与权威，却给人刻板、沉闷的印象。

4. 打岔型沟通

打岔型的人喜欢在别人说话的时候插嘴，或者转移话题，企图分散别人的注意力，以减轻自己对压力的关注。

他们的语言特点：生活就是要让自己开心，想那么多干什么；说这个就没意思了，我们来聊点别的吧……

【案例】

小刘在公司受了委屈，一脸不开心地回到家，进门就和老公念叨。

老公一见老婆这么不开心，立马笑脸盈盈地端了杯水过去，说：咱不要想公司那些糟心事。你猜我今天晚饭做了什么菜？

小刘：做的什么？但我现在吃什么都没胃口。

老公：特意做了你爱吃的红烧鱼哦，我今天在菜市场还遇到了我高中的老同学。你猜他现在在干啥？他竟然开了一家农庄，邀我们有空去玩，我们有空过去玩一下，好不好？

小刘听完老公这话，嘴里应了声好，但还是闷闷不乐……

打岔型的人虽然很会哄别人开心，把别人带出"悲伤"的氛围，但是忽略情绪，逃避问题，也不是真正地解决问题。

5. 一致型沟通

一致型沟通的人同时考虑自己、他人、情境 3 个要素，会正视问题和压力，不仅考虑自己，也关心他人，同时充分考虑当前环境，对问题做出反应。

一致型沟通的人拥有能够成为真实的自己并接纳他人的自由；面对改变具有开放和灵活的态度；有着乐于相信自己和他人的意愿。自我价值感高，言行表现一致。给人感觉真实、温暖、被鼓励。两个人互相表现出尊重，增进感情，共同成长。

四、沟通的技巧

（一）非言语沟通

心理学教授艾伯特·麦拉宾（Albert Mehrabian）在 20 世纪 70 年代，通过一系列研究，分析口头和非口头信息的相对重要性，得出一个结论：人们对一个人的印象，只有 7%来自说话的内容，38%来自说话的语调，而 55%来自外形与肢体语言。这一发现被称为麦拉宾法则，又叫 73855 定律。可见，在沟通中，非言语的信息传递了更多的信息。

1. 面部表情

面部表情（facial expression）是指通过眼部肌肉、颜面肌肉和口部肌肉的变化来表现各种情绪状态。面部表情是一种十分重要的非语言交往手段。比如，微笑表示友善礼貌，皱眉表示怀疑和不满意，面色发红、张牙露齿表示愤怒，嘴角上扬表示不屑或者轻蔑等；盯着看可能是感兴趣、寻求支持，也可能是不礼貌。

2. 身体姿势

身体语言具有丰富的含义。柔和的手势表示友好、商量，强硬的手势表示我是对的，双臂环抱表示防御，看手表表示不想继续，摸鼻子表示紧张，拽衣角表示害羞或者紧张，低头表示陈述句的结束，抬头表示问句的结束，而较大幅度的体态改变表示沟通关系的结束或表示思维过程或较长的表达的结束。

3. 人际距离

人际距离是指关于人际交往中双方之间的距离及其意义。爱德华·霍尔德认为，由于人们之间的关系不同，距离也不同，并提出了"人际距离"理论。

人际距离有以下 4 种类型：

（1）亲密距离（0～45 cm）：通常用于父母与子女之间、情人或恋人之间。在此距离上双方均可感受到对方的气味、呼吸、体温等私密性信息。

（2）个人距离（46～120 cm）：一般是用于朋友、同事、邻居之间。此时，人们说话温柔，可以感知大量的体语信息。

（3）社交距离（120 ~ 350 cm）：用于具有公开关系而不是私人关系的个体之间。如上下级关系、顾客与售货员之间、医生与病人之间等。

（4）公众距离（360 ~ 760 cm）：用于进行正式交往的个体之间或陌生人之间。这些都有社会的标准或习俗。这时的沟通往往是单向的。

（二）言语沟通

1. 用心倾听

戴尔·卡耐基说过："专心倾听别人讲话的态度，是我们所能给予别人的最大赞美。"倾听需要用耳用眼用心专注的、有同理心的倾听。

Eagan 提出专注倾听的五字诀"SOLER"。

S：sit，面对对方，让对方看到你的全部，表示对对方的尊重。

O：open，自然开放的姿态，表示愿意倾听和沟通，而不是防卫的状态。

L：lean over，身体微微前倾，往后靠会给人一种傲慢无礼或者不想听、对谈话内容不感兴趣的感觉。

E：eye contact，目光接触，不要逃避或东张西望，但也要注意不能一直盯着对方看，保持 5 ~ 15 s 的目光接触后可以将视线暂时移至他处。

R：relax，放松心态与对方沟通。

除此之外，还要注意：

（1）排除干扰，既包括外界物理性干扰，也包括内在的干扰，头脑中不想其他无关的事情。

（2）如非必要不随便打断对方。武断地打断对方可能导致我们不能完全理解对方的意思，也会给人一种我们不善倾听，不尊重对方，难以沟通的感觉。

（3）听关键词抓重点内容。通过对方话语中的关键词可以看出对方喜欢的话题、对方的情绪，也可以帮助我们决定如何做出回应。在我们的回应中加入对方说过的关键词或内容，对方能够感觉到我们在用心倾听，也能感觉到我们对他说的话很感兴趣、很关心。

（4）观察对方的肢体语言、保持适当距离、注意暗示信息。

（5）理解他人，同理性的倾听。倾听对方的感受，并及时给予回应，表示对对方感受的理解。

【拓展阅读】你也是蘑菇吗？

有一个精神病人，以为自己是一只蘑菇，于是他每天都撑着一把伞蹲在房间的墙角里，医生为了弄清楚她在想什么，也每天打着一把伞蹲在她身边。蹲了一个月后，病人凑过来悄悄地问：你也是一朵蘑菇吗？

医生回答说：我也是一只蘑菇呀。

病人点点头，继续做他的蘑菇。

过了一会儿，医生站了起来，在房间里走来走去，病人就问他：你不是蘑菇吗，怎么可以走来走去？

医生回答说：蘑菇当然可以走来走去啊！病人觉得有道理，于是也站起来走来走去。

又过了一会儿，医生拿出一个汉堡开始吃，病人又问：你不是蘑菇吗，怎么可以吃东西？

医生理直气壮地回答说：蘑菇当然可以吃东西啊。病人觉得很对，于是也开始吃东西。

几个星期后，病人便像正常人一样生活了。虽然，他还是觉得自己是一只蘑菇。

2. 有效表达

（1）重述。

重述是心理咨询中心理咨询师常用的技术，是对当事人的言语内容、表达的意思加以复述或者转述，用更精简的语言更具体清晰地表达当事人的意思。但这种方法同样适用于我们的日常沟通。

通过重述，我们可以告诉对方我们在认真倾听，让对方感觉到被重视和尊重，并且能让我们知道自己是否真正理解了对方的意思。很多时候沟通之所以产生矛盾、误解，正是因为沟通双方未能相互理解。重述是我们的理解和猜测，如果猜测的不对，对方会告诉我们："不是，我的意思是……"

重述时要注意关注对方谈话内容中最重要的部分来进行，语言尽量简洁概括，而不是简单的重复。

【案例】

A：我向来不喜欢跟别人计较，结果，吃亏的总是我，时间一长，别人都觉得我好欺负，不把我放在眼里，还对我颐指气使。

B：因为你不爱计较导致别人都来欺负你，你很生气。

（2）适当提问。

多进行开放式提问，也就是那些不能简单用"是""否"来回答的问题，如这件事发生时你是怎么想的？你是怎么看这个问题的？你喜欢你工作的哪些方面？你最近遇到了什么问题？

提问时要注意：

① 少问为什么。"为什么"含有责备的语气，容易让人产生戒备心理、感到压力、产生防御，可以换成"是什么原因"让你这么做的。

② 多问启发式的、探索性的问题，以便了解更多信息。比如，"发生了什么事？""你当时是什么感受？""你做了些什么来挽回呢？"

③ 避免多重问题。多重问题缺乏重点，对方不知道你真正想问的是什么，不知道如何回答。此外，多重问题还会让人产生压力。

（3）表达理解——共情。

每个人都活在自己的主观世界里，很多时候，人与人的观点都不一样。每个人都希望坚持自己的观点，让别人认同自己。当我们不认同对方的观点，对方也不认同我们的观点时，矛盾就产生了，甚至触发敌意。因此，我们要学会理解他人，站在他人的角度来看问题，并给予情感上的理解，甚至能够感受对方的情绪、情感，同时让对方知道你理解了他，这就是共情。美国人本主义心理学大师罗杰斯认为共情就是指准确地、带有情绪色彩地觉察另一个人的内在参照系，就好像你就是他，但又永远不失去“好像”的状态。

一个好的共情可能包括以下几项重要内容：

① 看到对方的情绪和需求；

② 表达自己的感受；

③ 表明自己解决问题的诚意；

④ 给双方一个调整的空间。

【案例】

一位乘客说：我不能接受你们这样的服务！

工作人员：不好意思，您的意思是排队等候时间太长了，您等得很辛苦、很着急，对吧。

乘客：我等了 20 分钟还没坐上车，上班都要迟到了。

工作人员：所以您很担心因为列车延误导致上班迟到。

乘客：是啊。

（4）适时赞美。

大多数人都很关心自己在别人心中的形象，都渴望被赞美，喜欢被赞美，而赞美是一种成本低、风险小、收益高的沟通方式，“良言一句三冬暖，恶语伤人六月寒”。但学会赞美别人也需要掌握一定的原则和方法。

【拓展阅读】

有一个准备去外省做官的京官，去和他的老师告别。老师说：“外省的官不好做，你应该谨慎从事。”那人说：“我准备了 100 顶高帽，碰到人就送一顶，应当不至于有矛盾、不快。”老师很生气，说：“我们应以忠直之道对待别人，何须如此呢！”那人说：“天下像老师这样不喜欢戴高帽的人，能有几个啊？”老师点头说：“你的话也不是没有见识。”那人出来后，告诉别人说：“我（准备的）100 顶高帽，现在只剩下 99 顶了。”

思考：从这个故事中你得到了什么启示？

我们的赞美常常是这样的：“你英语真好”“你做的菜真好吃”“你的课讲得真好”。但是这样的赞美常常让人有一种感觉：你说的是真的假的？我怎么觉得一般呢？你是在拍我马屁吗？而遵循 FFC 原则的赞美，真诚而具体，可以有效增进赞美的效果。

FFC 原则：

① feeling：感受；

② facts：事实；

③ compare：对比。

具体的做法是：首先表达自己的感受（feeling）；其次进一步通过陈述事实（facts）来证明自己的感受并非空穴来风；最后再通过一番比较（compare），来表达对对方的深度认同。

【案例】

1. 你英语真好，发音真标准，你是我碰到的发音最接近外国人的人了。

2. 你做的菜真好吃，尤其那道清炒大虾，鲜嫩爽口，好久都没吃到这么好吃的菜了。

3. 今天的课程让我受益匪浅，您不仅用了视频来激发我们的兴趣，还通过自己的故事来引起我们的共鸣。听了您的课，我才发现以前的课白上了。

赞美一定要具体，只有观察得越仔细，越关心对方，才能说出对方具体的优点。而具体的赞美让对方能够感受到你的真心。

（5）委婉批评。

【案例】

你和男朋友约好去看 6:30 的电影，并约好 6 点钟在电影院门口见面，然后有充足的时间去买爆米花和饮料。但是到 6:28，男朋友才气喘吁吁地飞奔而来，并解释说路上堵车，也没有注意看手机。这时你会说什么呢？

“你这个人真是太自私了，从来不考虑我的感受，和你这种不守时的人在一起，真是让人无语！”

如果你是这样批评指责和抱怨的，接下来会发生什么呢？男友因为你的批评指责，也会火冒三丈争论，两人彼此开始翻旧账，争吵不断升级，电影也不看了，甚至可能分手。

人都是有自尊心的，都不喜欢被批评，但是有时候却又不得不提醒他们。如何对他人进行有效的批评，是一项特别重要的沟通技巧。因为不会说话的人，很容易出口伤人，而走心的批评可以在不伤害对方感情的前提下，让对方心悦诚服地接受我们的批评和建议。因此，批评更要讲究技巧。

批评的基本原则：

① 注意场合，不当众批评；

② 就事论事，不对个性做评价；

③ 不翻旧账；

④ 先表扬后建议，婉转地提出批评；

⑤ 如果自己有错，先说出自己的错误。

此外，还有一种 XYZ 法则的批评法，可以以事实为依据、就事论事（X），只谈自己的感受（Y），同时还会指出下一步改进的方向（Z），因此更加容易促进对方产生改变的意愿。基本句式是：当你做了 X，我感到 Y，我希望你转而做 Z。

【案例】

那么当男友迟到的时候，如果女朋友可以用 XYZ 原则来批评：“你答应我要在 6 点赶到电影院，但是你没有准时出现（X），这让我又着急又生气（Y），我希望当你知道自己约会要迟到的时候，能够提前打个电话说一声，我就不用这么着急的等你了（Z）。”男朋友还会那么生气吗？会不会感觉好很多？这样就事论事、客观表达自己感受的批评，没有指责、没有人身攻击，对方会更容易接受。

任务二　团队合作

【导读】

俗话说："一个和尚挑水喝，两个和尚抬水喝，三个和尚没水喝。"但还有另一个说法："一只蚂蚁来搬米，搬来搬去搬不起，两只蚂蚁来搬米，身体晃来又晃去；三只蚂蚁来搬米，轻轻抬着进洞里。"三个和尚没水喝是因为他们互相推诿，不懂合作，三只蚂蚁轻松将米抬进洞里，正是团结合作的力量。在这个竞争激烈残酷的时代，合作才能发展、合作才能提高、合作才能共赢。

【课前活动】取长补短

活动准备：

1. 场地：空的大教室或者户外，5 条通道，每隔 5 米放上呼啦圈、乒乓球、泡沫方块、凳子。

2. 道具：眼罩 10 个、扎腿带 10 根、呼啦圈 5 个、凳子 5 个、乒乓球 5 个、泡沫方块 5 个。

指导语：

有一个盲人正走在崎岖不平的山路上，他用手中的拐杖左探探，右敲敲，感觉道路越来越难走了。正当这个盲人很为难的时候，他忽然听到走路的声音，是有人走过来了，盲人急忙喊道："喂，我的朋友，请你帮帮我吧，我的眼睛看不见，走山路很困难啊！"走过来的是个瘸腿的人，他也走累了，因为他的腿走路很费力。这个人走到盲人跟前，带着歉意说："朋友，真不好意思，我帮不了你的忙，我的腿瘸，行动不方便，你看起来倒是身强力壮。"盲人连忙回答说："我是身强力壮，只要我的眼睛能看得见，走起路来没有一点儿问题。"腿瘸者听到这里，认真地想了想，说："有办法了，我们可以相互合作。你只要背着我，我来做你的眼睛，你来做我的脚，我们一起走过这段山路，你看怎么样？"盲人说："那太好了，让我们互相帮助吧。"于是盲人背起腿瘸者，他们一路平安快乐地回到了家。

教师提问：如果你是这个盲人或者腿瘸者，你会和他人相互帮助，取长补短吗？让我们带着这样的思考进入本次的课程体验活动"取长补短"。

活动规则：

1. 分组，所有同学以组为单位两两搭配，每次各小组派出两位同学参加，每次五组竞赛。

2. 两名同学，一名戴上眼罩扮演盲人，一名捆住双脚扮演腿瘸的人。盲人背着腿瘸者，腿瘸者为盲人指路，跨过呼啦圈（不能碰到），捡起乒乓球交给背着的腿瘸者，跨过泡沫方块，遇到凳子从左向右绕行，且不能碰到凳子。

3. 两名同学配合到达终点后，另外两名同学出发。

4. 先完成的小组获胜。

5. 整个游戏过程中，如果出现错误需要回到起点重新出发。

思考：

（1）蒙住双眼或者捆住脚后是什么感觉？

（2）在游戏过程中，第一次遇到困难时，你的感受是什么？有什么想法？

（3）两个残疾人可以通过合作来完成一个正常人可以做到的事情，那么两个正常人通过合作可以达到什么样的效果呢？

一、团队合作的重要性

团队是由一些为了实现一个共同目标而相互依赖的个体组合而成的正式群体，是有着核心共同目标的群体。因此，在工作中互相依靠、共同为结果负责任。团队协作就是通过机制把人的价值最大化地协同，以获得比单独个体更多的价值产出。在这种互动协同过程中，个体获得的不仅仅是更多的成果共享，而且还有协作中的归属感和人际价值实现。

（一）有利于激发团队成员的学习动力，提高团队的整体能力

大部分人的心里都有希望他人尊敬自己的欲望，都有不服输的心理。这些心理因素都不知不觉地增强了成员的上进心，使成员不自觉地要求自己进步，力争在团队中做到最好，以便赢得其他员工的尊敬。当没有做到最好时，上述的那些心理因素可促进成员之间的竞争，力争向团队最优秀的成员看齐，以此来实现激励功能，有助于提高团队的整体能力。团队成员内部竞争，有一定程度上的激励作用。

（二）有助于提高团队成员的归属感、积极性和效率

团队成员互相合作，不会因为一个人在战斗而产生一种孤独感。由于团队具有目标一致性，从而产生了一种整体的归属感。正是这种归属感使每个成员感到在为团队努力的同时也在实现自己的目标，与此同时也有其他成员在一起为这个目标而努力，从而激起更强的工作动机。

（三）团队合作有利于产生新颖的创意

团队由两个或两个以上的个体组成，三人行，必有我师焉。也就是说，每个人都有自己的优点以及自己独创的想法。团队成员组成的多元化有助于产生不同想法，从而有助于在决策的时候可以集思广益而产生一种比较好的方案。

（四）完成个人无法独立完成的大项目

现在很多项目，都不是一个人在战斗。毕竟人无完人，一个人的力量有限，若是个人单打独斗难以把全部事情都做尽做全做大。但是多人分工合作的话，就会有人多力量大的优势。我们可以把团队的整体目标分割成许多小目标，然后再分配给团队的成员去一起完成，这样就缩短完成大目标的时间从而提高效率。

（五）有利于提高决策效率

团队与一般的群体不同，团队的人数相对比较少，这种情况有利于减少信息在传递过程中的缺失、团队成员之间的交流沟通以及提高成员参与团队决策的积极性，同时领导的概念在团队之间相对不强，团队成员之间相对扁平，有利于形成决策民主化。

（六）约束规范和控制成员的行为

在团队内部，当一个人与其他人不同时，团队内部所形成的那种观念力量、氛围会对这个人施加一种有形和无形的压力，致使他在心理上产生一种压抑和紧迫感。在这种压力下，成员会在不知不觉中随同大众，在意识判断和行为上表现出与团队中大多数人的一致性，从而达到约束规范和控制个体行为的目的。规范和控制个体的行为有助于团体行动的标准化，有利于提高团队的办事效率。

【拓展阅读】天堂与地狱

一个人想看一看地狱与天堂的区别。他先来到了地狱。地狱里的人正在吃饭，但奇怪的是，地狱里的人一个个面黄肌瘦，饿得嗷嗷直叫。原来他们使用的勺子有一米长，虽然大家都在争先恐后地吃饭，但是因勺子太长根本无法将食物送到嘴里。这个人想："地狱真悲惨啊!"然后，他又来到了天堂。天堂里也有好多人正在吃饭，他们一个个满面红光，到处充满了欢歌笑语。"天堂的人真幸福!"这个人想。他仔细一看，发现天堂里的人也用着一米长的勺子，但是他们却在相互喂饭。这个人一下子明白了，天堂与地狱的区别在于是否合作，不懂得合作的人永远都吃不饱。

二、团队中的个人能力

一个团队的有效性依赖于团队成员对任务的关注与投入，以下测验从人际关系和任务两个层面对团队能力进行了测定。（见表 6-2）

表 6-2　团队能力自测

题　项	总是这样	经常这样	有时这样	很少这样	从不这样
1. 我提供事实和表达自己的观点、意见、感受和信息，以帮助小组讨论（提供信息和观点者）	4	3	2	2	0
2. 我从其他小组成员那里征求事实、信息、观点、意见和感受，以帮助小组讨论（寻求信息和观点者）	4	3	2	2	0
3. 我提出小组后面的工作计划，并提醒大家注意需完成的任务，以此把握小组的方向。我向不同的小组成员分配不同的责任（方向和角色定义者）	4	3	2	2	0
4. 我集中小组成员的相关观点或建议，总结、复述小组所讨论的主要论点（总结者）	4	3	2	2	0
5. 我带给小组活力，鼓励小组成员努力工作以完成我们的目标（鼓舞者）	4	3	2	2	0
6. 我要求他人对小组的讨论内容进行总结，以确保他们理解小组决策，了解小组正在讨论的材料（理解情况检查者）	4	3	2	2	0
把以上 6 题分数相加，并且乘以 100/24，得分为 A					
7. 我热情鼓励所有小组成员参与，我愿意听取他们的观点，让他们知道我珍视他们对群体的贡献（参与鼓励者）					

续表

题 项	总是这样	经常这样	有时这样	很少这样	从不这样
8. 我利用良好的沟通技巧帮助小组成员交流，以保证每个小组成员明白他人的发言（促进交流者）	4	3	2	2	0
9. 我会讲笑话，并会建议以有趣的方式工作，借此减轻小组中的紧张感，增加大家一同工作的乐趣（释放压力者）	4	3	2	2	0
10. 我观察小组的工作方式，利用我的观察去帮助大家讨论小组如何更好地工作（进程观察者）	4	3	2	2	0
11. 我促成有分歧的小组成员进行公开讨论，以协调思想，增进小组凝聚力。当成员们似乎不能直接解决冲突时，我会进行调停（人际问题解决者）	4	3	2	2	0
12. 我向其他成员表达支持接受和喜爱，当其他成员在小组中表现出建设性行为时，我给予适当的赞扬（支持者与表扬者）	4	3	2	2	0
把以上 6 题分数相加，并且乘以 100/24，得分为 B					

A 的得分表示重于完成工作，B 的得分表示重于维护小组良好的关系。A 和 B 得分都高时，则表示个人既是团队执行者，也是一个很好的团队组织者。

团队强调的是协同工作，所以团队的工作气氛很重要，它直接影响团队的合作能力。没有完美的个人，只有无敌的团队。团队中的个人取长补短，相互协作，就能造就出一个好的团队，所以才有“三个臭皮匠赛过诸葛亮”之说。在一个团队中，每个成员都有自己的优缺点。作为团队的一员应该主动去寻找团队成员的优点和积极品质，如果团队的每位成员，都主动去寻找其他成员的积极品质，那么团队的协作就会变得很顺畅，工作效率就会提高。

三、团队合作能力的培养

（一）互相包容

团队工作需要成员在一起不断地讨论，如果一个人固执己见，无法听取他人的意见，或无法和他人达成一致，团队的工作就无法进行下去。团队的效率在于默契地配合，如果达不成这种默契，团队合作就不可能成功。为此，对待团队中其他成员时一定要抱着宽容的心态，讨论问题的时候对事不对人，即使他人犯了错误，也要本着大家共同进步的目的去帮对方改正，而不是一味斥责。同时，也要经常检查自己的缺点，如果意识到了自己的缺点，不妨坦诚地讲出来，承认自己的缺点，让大家共同帮助你改进，这是最有效的方法。

（二）保持谦虚

任何人都不喜欢骄傲自大的人，这种人在团队合作中也不会被大家认可。可能你在某个方面比其他人强，但更应该将自己的注意力放在他人的强项上。只有这样，才能让自己不断学习和进步。因为团队中的任何一位成员，都有自己的专长，所以必须保持足够的谦虚。

（三）资源共享

团队作为一个整体，需要的是整体的综合能力。不管一个人的能力有多强，如果个人能力没有充分融入团队中，到了一定阶段必定会给整个团队带来致命打击。资源共享作为团队工作中不可缺少的一部分，可以很好地评估团队的凝聚力和团队的协作能力，也是一个团队能力的客观体现。故提高团队的资源共享度是可以让团队健康发展、稳定发展的基础。

（四）学会欣赏

欣赏就是主动去寻找团队成员的积极品质，尤其是你的“敌人”，用客观地目光去看看“假想敌”到底有没有长处，哪怕是一点点比自己好的地方都是值得学习的，然后，向他学习这些品质，并努力克服和改正自身的缺点和消极品质。欣赏同一个团队的每一个成员，就是在为团队增加助力；改掉自身的缺点，就是在消灭团队的弱点。

三人行，必有我师。每一个人的身上都会有闪光点，都值得我们去挖掘并学习。要想成功地融入团队之中，就要善于发现每个工作伙伴的优点，这是走进他们身边、走进他们之中的第一步。适度的谦虚并不会让你失去自信，只会让你正视自己的短处，看到他人的长处，从而赢得众人的喜爱。每个人都可能会觉得自己在某个方面比其他人强，但更应该将自己的注意力放在他人的强项上。因为团队中的任何一位成员，都可能是某个领域的专家。因此，你必须保持足够的谦虚，这种压力会促使你在团队中不断进步。

（五）相互信任

团队是一个相互协作的群体，它需要团队成员之间建立相互信任的关系。信任是合作的基石，没有信任，就没有合作。信任是一种激励，更是一种力量。团队成员在承受压力和困惑时，要相互信赖，就像荡离了秋千的空中飞人一样，他必须知道在绳的另一端有人在抓着他；团队成员在面临危机与挑战时，也要相互信任，就像合作猎捕猛兽的猎人一样，必须不存私心，共同行动；否则，到最后，这个团队以及这个团队的成员只会一事无成、毫无建树。

（六）认真负责

负责即敢于担当，对自己负责，更意味着对团队负责、对团队成员负责，并将这种负责精神落实到每一个工作细节之中。团队在运作过程中，难免出现失误，若是每次出现错误都互相推卸责任，那么这个团队就没有存在的价值。并且一个对团队工作不负责任的人，往往是一个缺乏自信的人，也是一个无法体会快乐真谛的人。要知道，当你将责任推给他人时，实际上也是将自己的快乐和信息转移给了他人。任何有利团队荣誉、有损团队利益的事情，与每一个团队成员都是息息相关的，所有的人都拥有不可推卸的责任。

【拓展阅读】唐僧师徒团队

《西游记》里的唐僧师徒 4 人（唐僧、孙悟空、猪八戒和沙悟净）一起去西天取经，他们性格迥异，各有优缺点，但共同的理想将他们联系在一起。一路虽多有冲突、险象环生，但终能同心协力、各显神通，历经千山万水，终于完成取经大任，并修成正果。

在取经团队中，4 个人是相互依存、缺一不可的。唐僧虽然既非擒妖能手，又不会料理行程上的事务，但是他能把握大局，且信念坚定，又得到上司的直接授权，有广泛的社会资源。唐僧得到唐太宗的直接任命，被授予袈裟和金钵，又得到以观音为首的各路神仙的广泛支持和帮助，起到了凝聚和完善的作用，是团队的核心人物。孙悟空本领超强，冲锋陷阵，不拘小节，起着创新和推进的作用，是实现组织目标的关键人物。猪八戒虽然本事不强，组织纪律性不强，好吃懒做，贪财好色，但具有乐观主义精神，能屈能伸，能说会道，在项目组中承担了润滑油的作用，并起到信息沟通和监督的作用。沙和尚言语不多，任劳任怨，承担了项目中挑担等粗笨无聊的工作，起到了协调和实干的作用。

师徒几人的技能相互补充，相得益彰，这是团队成功的关键。

案例分析：唐僧是那种“完美型”的人，崇尚美德，喜欢探索人的心灵世界，追求至善至美的艺术品位，严肃认真、注重细节、执着追求真理，一直遵循着“既然值得去做，就应该做到最好”的信念。

孙悟空是那种“力量型”的人，永远充满活力，勇于超越自己，崇尚行动，无坚不摧，在意工作的结果，对过程和人的情感漠不关心，有时也会显得霸道和冷酷无情。

猪八戒是那种“活泼型”的人，崇尚乐趣，情感外露，热情奔放，对生活充满热爱，与他在一起永远也不会无趣，但有时会好逸恶劳，缺乏责任心。

沙悟净是那种“和平型”的人，崇尚低调，情绪过于内敛，喜欢随波逐流，习惯既定游戏规则，听天由命，有时会没有主见，缺乏对生活的热情，比较马虎和懒惰。

这 4 个人各有各的性格特点。每个团队成员也都会有个性，这是无法也无须改变的，而团队的艺术就在于如何发掘成员的优缺点，根据其个性和特长合理安排工作岗位，使其达到互补的效果。

他们不同的性格特点，也给了我们一个启示：一个成功的团队不是需要每一个人都很优秀、性格都一样。一个团队需要形形色色、不同性格的人，这样才会让团队变得更加具有战斗力和凝聚力。每个人都能发挥自己的效用，那么就可以形成一个越来越坚强的团队。

【知识点小结】

1. 沟通和合作都非常重要，需要提高我们的沟通合作技能。

2. 萨提亚沟通模型强调了自己、他人和环境 3 个要素同样的重要性。只有同时考虑这 3 个因素，才能形成一致型沟通风格，进行良好的沟通，忽略其中的任一因素都会导致沟通问题（讨好型沟通、指责型沟通、超理智型沟通、打岔型沟通）。

3. 非言语沟通对沟通的影响占到93%，沟通过程中需要注意自己的表情、语调、姿态等。

4. 倾听时应遵循SOLER原则，同理性地倾听。

5. 沟通时可以通过重述、提问、共情、赞美、委婉批评等方法来加强沟通效果。

6. 团队的发展离不开每一位成员的相互合作，通过相互包容、保持谦虚、资源共享、学会信任与欣赏、认真负责等方法来提高合作能力。

【课后思考与自评】

表6-3　自我评价

项目	自评	备注
知识掌握	1　2　3　4　5	
活动参与	1　2　3　4　5	
实践应用	1　2　3　4　5	

专题七　情绪调适

学习目标

1. 能用自己的话描述情绪、情感的基本特征。
2. 能用适合自己的方式调适情绪。
3. 能通过案例分析了解乘客的情绪特点和心理需求。

任务一　认识情绪

【导读】

有人说，情绪是一个人内心世界的晴雨表，我们每时每刻都处在一定的情绪状态中，有时会感到高兴和喜悦，有时会感到悲伤和忧虑，有时会感到气愤和憎恶，有时会感到爱慕和钦佩，有时会感到孤独和恐惧，等等。这些都是人的情绪过程。情绪是极其复杂的心理现象，它有着独特的心理过程。正确认识、理解情绪，感悟自我的心理历程，科学管理调试情绪是维护和促进心理健康的重要组成部分。

【课堂活动】探索情绪

每时每刻我们都会处在情绪状态当中，面对不同的情绪，常做哪些反应和行为？比如，当你情绪很压抑的时候，你是否可以很好地表达出来呢？此练习可以比较客观地了解你的情绪表现和反应。

当我生气时，我会（做）________________________________

当我害怕时，我会（做）________________________________

当我焦虑时，我会（做）________________________________

当我难过时，我会（做）________________________________

当我害羞时，我会（做）________________________________

当我忧郁时，我会（做）________________________________

当我担心时，我会（做）________________________________

当我自责时，我会（做）________________________________

当我烦躁时，我会（做）________________________________

当我紧张时，我会（做）________________________________

当我自责时，我会（做）________________________________

当我_____时，我会（做）________________________________

当我_____时，我会（做）________________________________

当我_____时，我会（做）______________________________

当我_____时，我会（做）______________________________

当我_____时，我会（做）______________________________

当我_____时，我会（做）______________________________

当我_____时，我会（做）______________________________

当我_____时，我会（做）______________________________

一、情绪概述

（一）概念

情绪是人对客观事物是否符合自身需要而产生的态度体验。情绪由刺激产生，刺激有外在的也有内在的，有具体可见的也有隐而不显的。生活环境中的任何人、事、物的变化都会影响人的情绪，如笑声、哭声、风声、雨声、花香、酒香、饭香等会使人产生不同的情绪，和煦的阳光、清凉的海水、无际的草原会使人心旷神怡；熙熙攘攘的街头、拥挤的公交、喧哗的市场会使人烦躁不安；马上到完成期限的工作、考试可能会不及格会使人焦虑紧张；想到伤心的事，不觉会潸然泪下；等等。

情绪是指一系列的感觉，它们影响着我们生理、心理，进而影响我们的思想和行为。情绪和我们的生理激起、表达行为和认知经历都息息相关。情绪可以是我们的心跳、呼吸，或者荷尔蒙变化引起的，也可以是认知评价事实和我们目标差异带来的结果。

（二）情绪和需要的关系

需要是情绪产生的重要基础。依需要是否获得满足，情绪具有肯定或否定的性质。凡是能满足已激起的需要，或能促进这种需要得到满足的事物，便引起肯定的情绪，如满意、愉快、喜爱、赞叹等；相反，凡是不能满足这种需要或可能妨碍这种需要得到满足的事物，便引起否定的情绪，如不满意、苦闷、哀伤、憎恨等。

事物总是复杂的，它与人的需要的关系也是复杂的。一种事物可能满足人的某种需要而不能满足另一种需要，甚至和第三种需要相抵触。因此，不少事物就可能引起很复杂的甚至相互矛盾的情绪，所谓百感交集、啼笑皆非即是如此。

事物是否符合个人的需要有赖于认知的评估作用。同一事物，由于人们认知上的差异，对它的评估可能不同：如果把它判断为符合自己的需要，就产生肯定的情绪；如果把它判断为不符合自己的需要，就产生否定的情绪。同一个人在不同的时间、地点和条件下对同一事物的认知、评估可能不同，因而产生的情绪也不同。例如，同是一杯酒、同是一个人，在不同的境遇下，唤起的情感可能不同："呼儿将出换美酒，与尔同销万古愁"，是愉快的情感；"酒入愁肠，化作相思泪"，是不愉快的情感。

（三）情绪的表现形式

情绪有其外部表现形式，即人的表情。表情包括面部表情、身段表情和言语表情。面部表情是面部肌肉的活动，它能比较精细地表现出人的不同情绪和情感，是鉴别人的情绪的主要标志；身段表情是指身体动作上的变化，包括手势和身体的姿势；言语表情是情绪在说话的音调、速度、节奏等方面的表现。表情既有先天的、不学而会的性质，又有后天模仿学习而获得的性质。

（四）情绪的功能

1. 适应功能

情绪导向我们的行动，让我们的行动向某个目标而努力。比如说，当我们过马路的时候，一辆汽车冲过来，我们就会感受到危险，同时心跳加速，感到紧张和焦虑，这种情绪就指导我们快速逃离危险。

人的情绪还可以通过表情表现出来，以此得到外界的同情和帮助。同时，情绪能引导我们与他人进行语言上的和非语言上的沟通。比如说，当我们生气的时候，我们的语调会更坚定，并且会更直视对方。同理，我们也能通过情绪的表达了解别人的感受。婴儿通过情绪反应与成人交流，以得到成人的爱抚；成人也要通过情绪来反映他的处境是好还是坏。在社会生活中，人们用微笑表示友好，用示威表示反对。人们还可以通过察言观色了解对方的情绪状态，以利于自己决策，维护正常的人际关系。这些都是为了更好地适应社会需要，求得更好地生存和发展的条件。

2. 动力功能

这是指情绪对一个人的行为活动具有增力或减力的作用。最典型的体现在人类生存的适应性上。现代科学清楚地揭示，人在情绪发生时表现出的一系列生理变化都具有适应功能，如恐惧时，呼吸加速，是要增进体内的氧化作用；心跳加快血压升高，是增加血液的循环，加强输送作用；部分动作受到抑制，是要节约能量……这些变化都有助于一个人充分调动自身的体力，去应对紧急情况，提高适应能力。

一位动物学家在研究非洲大草原奥兰治河两岸的羚羊时发现，东岸的羚羊与西岸的比起来，身影优美矫健，生殖能力强，奔跑速度每分钟比西岸羚羊快了 13 米。后来这位动物学家在东西两岸各捉了 10 只羚羊，把它们送到对岸。结果，由东岸运到西岸的 10 只羚羊一年后繁殖到 14 只，由西岸运到东岸的 10 只羚羊却只剩下 3 只，其余的全都被狼吃了。动物学家这下子明白了：东岸羚羊之所以强健，是因为它们附近生活着狼群，环境险恶。在狼群的追逐下，东岸羚羊机警健壮，他们一边吃草一边注视着狼群动向，随时奔跑，练出了强健之躯。西岸羚羊之所以柔弱，正因为他们缺少天敌，环境舒适。由此可见，情绪在生物进化过程中的成长助力作用。

3. 调节功能

情绪对其他心理活动具有调节功能。它表现在：积极的情绪和情感对活动起着协调和促进作用，消极的情绪对活动起着瓦解和破坏作用。这种作用的大小与情绪情感的强度有关。一般来说，中等强度的愉快情绪有利于人的认识活动和操作的效果，痛苦、恐惧的负性情绪则会降低操作的效果，而且强度越大效果越差。

情绪对记忆的影响表现在：在愉快的情绪状态下，容易记住带有愉快色彩的材料；在某种情绪状态下记住的材料在同样的情绪状态下也容易回忆起来。

情绪对行为的影响表现在：当人处于积极的情绪状态时，容易注意事物美好的一面，态度变得和善，也乐于助人，勇于承担重任；在消极情绪状态下，人看问题容易悲观，懒于追求，更容易产生攻击性行为。

4. 信号功能

情绪具有传递信息、沟通思想的功能。情绪的信号功能是通过表情来实现的，如微笑表示友好，点头表示同意，等等。

表情还与身体的健康状况有关，医生常把表情作为诊断的指标之一，中医中“望、闻、问、切”的“望”包括对表情的观察。此外，表情既是思想的信号，又是言语交流的重要补充手段，在信息的交流中起着重要的作用。

二、情绪分类

情绪本身是非常复杂的，因此要对情绪进行准确的分类就显得尤为困难。许多研究者对此进行了长期探索，其中有两种分类方法颇具代表性。

（一）依据情绪的性质分类

1. 快乐

快乐是盼望的目的达到后，继之而来的紧张解除时的情绪体验。快乐的程度取决于愿望满足的意外程度。快乐的程度包括满意、愉快、大喜、狂喜。快乐是一种追求并达到目的时所产生的满足体验。它是具有正性享乐色调的情绪，使人产生超越感、自由感和接纳感。

2. 愤怒

愤怒是由于受到干扰而使人不能达到目标时所产生的体验。目的和愿望不能达到，一再受到阻碍，从而积累了紧张，最终产生愤怒。特别是所遇到的挫折是不合理的或是由人的恶意所造成的时候，愤怒最容易发生。当人们意识到某些不合理的或充满恶意的因素存在时，愤怒也会骤然发生。愤怒的程度依次是：不满、生气、愠怒、愤、激愤、大怒、暴怒。

3. 恐惧

恐惧是企图摆脱、逃避某种危险情景时所产生的情绪体验。恐惧往往是缺乏处理、摆脱可怕情景的力量和能力造成的。引起恐惧的重要原因是缺乏处理可怕情景的能力与手段。

4. 悲哀

悲哀与失去所盼望、所追求的东西和目的有关，是在失去心爱的对象或愿望破灭、理想不能实现时所产生的体验。悲哀情绪体验的程度取决于对象、愿望、理想的重要性与价值。悲哀的程度依次是：遗憾、失望、难过、悲伤、哀痛。悲哀所带来的紧张的释放会产生哭泣。

在以上 4 种基本情绪之上，可以派生出众多的复杂情绪，如厌恶、羞耻、悔恨、嫉妒、喜欢、同情等。

（二）依据情绪状态分类

1. 心境

心境是一种使人的一切其他体验和活动都染上情绪色彩的情绪状态。它是持续的、微弱的、平静的。心境的特点是弥漫性。“人逢喜事精神爽”，生活中的事件，如事业的成败，工作的顺利与否，与周围人的关系好坏，机体状态如健康程度、疲劳、睡眠情况等都影响心境。有些影响心境的原因，人们不一定能认识到。心境是一种具有感染性的、比较平稳而持久的情绪状态。当人处于某种心境时，会以同样的情绪体验看待周围事物。例如，人伤感时，会见花落泪、对月伤怀。心境体现了“忧者见之则忧，喜者见之则喜”的弥散性特点。平稳的心境可持续几个小时、几周或几个月，甚至一年以上。

2. 激情

激情是一种爆发快、强烈而短暂的情绪体验。例如，在突如其来的外在刺激作用下，人会产生勃然大怒、暴跳如雷、欣喜若狂等情绪反应。在这样的激情状态下，人的外部行为表现比较明显，生理的唤醒程度也较高，因而很容易失去理智，甚至出现不顾一切的鲁莽行为。因此，在激情状态下要注意调控好自己的情绪，以避免冲动行为。处在激情状态下，人的认识活动范围往往会缩小，仅仅指向与体验有关的事物；理智分析能力减弱，往往不能约束自己的行为，不能正确地评价自己行为的意义和后果。激情通常是由人们生活中的重大事件、对立意向（要求）的冲突、过度抑制和兴奋等因素引起的，持续的时间较短。激情也有积极和消极之分。积极的激情可以成为人们积极行动的巨大力量。

3. 应激

应激是出乎意料的紧张状态所引起的情绪状态。在突如其来的或十分危险的条件下，在必须迅速地、几乎没有选择余地做出决定的时刻，容易出现应激状态。当人面临危险或突发事件时，人的身心会处于高度紧张状态，引发一系列的生理反应，如肌肉紧张、心率加快、呼吸变快、血压升高、血糖增高等。例如，当遭遇歹徒抢劫时，人们就可能会产生上述生理反应，从而积聚力量进行反抗。当驾车出现危险情景的时刻，在遇到巨大自然灾害的时刻，就需要人们根据自己的知识经验，集中意志力，迅速地判明情况，果断地做出决定。在应激状态下，人可能有两种表现：一种是目瞪口呆，手足无措，陷入一片混乱之中；另一种是头脑清醒，急中生智，动作准确，行动有力，及时摆脱困境。应付应激状态是可以训练的。但应激状态不能维持过久，因为这样很消耗人的体力和心理能量。若长时间处于应激状态，可能导致适应性疾病的发生。

三、情绪和情感

（一）情绪和情感的区别

为区别于认识过程，人们把对客观事物态度的体验叫作感情。但是，感情这个概念比较笼统，它难以表达这一心理现象的全部特征。为了区别感情发生的过程和在这一过程中产生的体验，人们使用了情绪和情感两个概念。两者的区别体现在以下几个方面。

1. 反映特点上的差异

情绪指的是感情反映的过程，也就是脑的活动过程，具有情境性、激动性、暂时性、浅表性与外显性。从这一点来说，情绪这一概念既可以用于人类也可用于动物。

情感则常被用来描述具有深刻而稳定的社会意义的感情，具有稳定性、持久性、内隐性。如对祖国的热爱，对敌人的仇恨；对美的欣赏，对丑的厌恶等。所以情感代表的是感情的内容，即感情的体验和感受。与情绪相比，情感具有更大的稳定性、深刻性和持久性。情绪是情感的基础，情感是情绪的深化。

2. 发生早晚的角度的差异

从发展的角度来看，情绪发生早，情感产生晚。人出生时会有情绪反应，但没有情感。例如，婴儿一生下来，就有哭、笑等情绪表现，而且多与食物、水、温暖、困倦等生理性需要相关。情感是在幼儿时期，随着心智的成熟和社会认知的发展而产生的，多与求知、交往、艺术陶冶、人生追求等社会性需要有关。因此，情绪是人和动物所共有的，而情感是人所特有的，它是随着人的年龄增长而逐渐发展起来的。例如，人刚生下来时，并没有道德感、成就感和美感等，这些情感反应是随着儿童社会化的过程而逐渐形成的。

3. 需要的角度的差异

情绪更多的是指与人的物质或生理需要相联系的态度体验。例如，当人们满足了饥渴需要时会感到高兴，当人们的生命安全受到威胁时会感到恐惧，这些都是人的情绪反应。情感更多地与人的精神或社会需要相联系。例如，友谊感的产生是由于我们的交往需要得到了满足，当人们获得成功时会产生成就感。友谊感和成就感就是情感。

（二）情绪和情感的联系

情绪和情感虽然不尽相同，却是不可分割的。因此，人们时常把情绪和情感结合起来使用。一般来说，情感是在多次情绪体验的基础上形成的，并通过情绪表现出来；反过来，情绪的表现和变化又受已形成的情感的制约。当人们干一件工作的时候，总是体验到轻松、愉快，时间长了，就会爱上这一行；反过来，在他们对工作建立起深厚的感情之后，会因工作的出色完成而欣喜，也会因为工作中的疏漏而伤心。由此可以说，情绪是情感的基础和外部表现，情感是情绪的深化和本质内容。情感是在情绪的基础上形成的，反过来，情感对情绪又产生巨大的影响。它们是一种心理活动过程的两个不同侧面，既相互转化又相互依存。

从情绪和情感的表现来看，一方面，具有一定社会内容的情感，可能以强烈、鲜明的情绪形式表现出来，又能表现为深沉而持久的情操；另一方面，与生理性需要相联系的情绪，都可能由所赋予的社会内容而改变它的原始表现形式，从而表现为情感。

心理学主要研究感情反映的发生、发展的过程和规律，因此较多地使用情绪这一概念。

（三）主要的社会情感

情感是与人的社会性需要相联系的态度体验。人的社会性情感主要有道德感、美感和理智感。

1. 道德感

道德感是用一定的道德标准去评价自己或他人的思想和言行时产生的情感体验。不同的时代有不同的道德标准，我国人民崇尚爱国主义、集体主义、见义勇为和互帮互助等。在青年期，随着世界观的初步形成和人生理想的确立，个人的情感也更为独立和稳定，并对行为有一种持久而强大的推动力。当一个人的行为符合自己的理想和价值追求时，就会感到自尊、自重，有一种自豪感；当一个人的所作所为同自己坚持的理想和价值标准相违背时，就会感到痛苦、懊悔，甚至丧失自尊心。显然，这种情感体验具有明显的自觉性，能对自己的行为起到调控和监督作用。

2. 美感

美感是用一定的审美标准来评价事物时所产生的情感体验。在客观世界中，凡是符合我们的审美标准的事物都能引起美的体验。一方面，美感可以由客观景物引起，如桂林山水的秀丽、内蒙古草原的苍茫、故宫的绚丽辉煌、长城的蜿蜒壮美，可以使人体验到大自然的美和人的创造之美；另一方面，人的容貌举止和道德修养也常能引发美感，甚至一个人身上善良、纯朴的性格，率直、坚强的品性，比身材和外貌更能体现人性之美。人在感受美的时候通常会产生一种愉快的体验，而且表现出对美的客体的强烈的倾向性。所以，美感体验有时也能成为人的行为的推动力。在生活中，由于人的价值追求和审美情趣的多样化，对美的见解也多有不同。例如：有的人喜欢花好月圆的美，有的人却以丑木、怪石为美；有的人喜欢绚丽和精致的美，有的人却喜欢悲壮和苍凉之美。

美感受社会生活条件的限制。不同民族、不同阶层的人对美的评价标准不尽相同，对美的体验也不同。随着社会的进步和观念的开放，人们接触到越来越多的异域风俗和文化。我们应在坚持本国民族文化传统中正确的审美观念的同时，去鉴别和吸收别国文化中积极、健康的元素。

3. 理智感

理智感是在智力活动中认识和评价事物时所产生的情感体验。例如，人们在探索未知事物时表现出的兴趣、好奇心和求知欲，在科学研究中面临新问题时的惊讶、怀疑、困惑和对真理的确信，问题得以解决并有新发现时的喜悦感和幸福感。这些都是人们在探索活动和求知过程中产生的理智感。人们越积极地参与智力活动，就越能体验到更强烈的理智感。理智感是人们从事学习活动和探索活动的动力。当一个人认识到知识的价值和意义，感到获得知识的乐趣以及追求真理过程中的幸福感时，他就不会计名利得失，以一种忘我的奉献精神投入学习和工作中。居里夫妇在提炼镭的艰辛历程中以及发现镭的那一刻，所体验到的理智感不是一般人所能有的。

四、情商

情商（EQ）又称情绪智力，它主要是指人在情绪、情感、意志、耐受挫折等方面的品质。以往人们常认为，一个人能否在一生中取得成就，智力水平是第一重要的，即智商越高取得成就的可能性就越大。但现在心理学家们普遍认为，情商水平的高低对一个人能否取得成功也有着重大的影响，有时其作用甚至要超过智力水平。情商的要素之一就是人的自控能力，表现的是人们通过控制自己的情绪来提高生活品质的能力，即如何激活自己的潜能，如何克服自己的情绪冲动，如何使自己始终对未来充满希望，如何让自己更快乐，等等。

总的来讲，人与人之间的情商并无明显的先天差别，更多地与后天的培养息息相关。

（一）情商的提出

20 世纪 90 年代初，美国心理学家彼得・塞拉维和约翰・梅耶提出了情绪商这一概念，阐述了它的基本含义。1995 年，美国哈佛大学教授丹尼尔・戈尔曼的著作《情绪智力》则使这一术语成为美国社会广为流传和讨论的话题，随后又传播到世界各地。

目前，关于情商的定义还存在一些争议和分歧，但有几点是明确的：第一，情商是指一个人的情绪控制能力或情绪智力的高低，虽然它不像智商那样可以用数值尺度来测量，但可以通过一些科学的方法来了解。第二，情商与智商不是对立的，有的人有幸既有较高的智商又有较高的情商，而许多人只有其中之一。研究人员一直都在努力了解情商与智商之间是怎样相互补充的。第三，在预测人生成功时，了解对象的情商比测出对象的智商水平更有价值。第四，可以采取适当的方式提高人们调节情绪、控制情绪的能力，即提高人们的情商水平，使情绪因素有利于提高学习、工作效率，有助于人的成功。

现在国内外已有大量研究从实证方面证明，与智商相比，情商在更大程度上影响着甚至决定着人生的成功或失败、幸福或不幸；也就是说，智力水平在个人成就的影响方面不起决定性的作用，起决定性作用的是由心理品质和心理特征所构成的非智力因素。这里的非智力因素是指注意、动机、兴趣、情感、意志等心理品质以及人的能力、气质、性格等个性心理特征，也就是人们通常所说的非智力心理因素，即情绪智力因素。

（二）情商的内涵

彼得・塞拉维从以下 5 个方面阐述了情商的内涵。

1. 随时认知自身的情绪

在某种情绪刚一出现时，便能察觉到并能对其进行理性的审视，这是情感智商的核心。这种及时认知情绪变化的能力是了解自己和把握自己的基础。不能认识自身真实感受的人，常常沦为情绪的奴隶；反之，只有把握住自我情绪的人，才能成为生活的主人。

2. 能妥善管理情绪

这是指能有效地调控自我情绪，使其表达适时、适地、适度（这种管理能力必须建立在自我认知的基础上）。要会化解不良情绪，如如何自我安慰，如何摆脱焦虑、沮丧、激怒、烦恼等消极情绪。这种能力低下将使人时常陷于痛苦情绪的漩涡之中；反之，则能使人迅速走出生命的低潮，重新投入战斗。

3. 会自我激励

自我激励是指为了实现某一目标而调动、指挥自我情绪的能力。一个人要想集中注意力，激励自我，发挥创造性，就必须具备这种能力。成就任何事业都需要对情绪加以控制，如推迟欲望的满足，抑制冲动的情绪，保持高度的热忱等。具备此种能力的人做任何事情都更有效率、更易成功。

4. 能认知他人的情绪

这是最基本的人际关系能力，也叫同理心，它是在情绪情感自我认知的基础上发展起来的一种能力。具有移情能力的人，能通过细微的社会信息感受到他人的需求和欲望，能觉察他人的感受，能够从他人角度看问题。

5. 善于管理人际关系

人际关系管理是调控他人情绪的一种艺术，能很好地处理人际关系中涉及的情感问题，能够认清社交时的形式和人际网络关系，能够与各种各样的人建立和谐的人际关系，和睦共处。个人的人缘、领导能力、人际和谐程度（人际互动的效能）等都与此项能力有关。擅长处理人际关系者，凭借与他人的和谐关系容易获得成功，成为社会上的佼佼者。

塞拉维指出，人与人在这些方面的能力可以有很大差异，有些人善于排解自身的焦虑，但对他人的哀伤却不知如何安慰。虽然人的能力的基础是与生俱来的，但人脑的可塑性很高，通过不断地学习训练，人在情感技能方面的某些欠缺完全可以得到弥补和改善。

人人都希望自己成功和幸福。智商无疑是一个人获得成功、幸福的重要因素，但更重要的因素则是情商。情商是一种心灵的力量，是一种为人的涵养，是一种性格的魅力，也是一种精神的境界。人生的成功同时取决于智商和情商，绝非智商单独主宰。可以说，情商这一概念在世纪之交引发了一场心智革命。

【案例】

小张是一个文静秀美的女生，总是面带微笑。平时对老师和同学都非常有礼貌，从不发脾气，大家都说她性格很好。小张自己也认为负性情绪是不好的，不可以对别人表现出来，不然会影响人际关系。

有位室友经常用小张的洗发水，小张为此很郁闷，不知如何开口拒绝。有一次室友又用了她的洗发水，还边吹头发边说“这味儿真香”。小张在这句话里面听到了挑衅的意味，她突然非常气愤。一股冲动驱使着她大声说：“这是我的洗发水，用你自己的。”顿时，整个宿舍一片寂静，室友很惊讶地看着她，然后不声不响地把洗发水放回小张的抽屉。小张当时觉得心里很畅快，终于把一直憋在心里的话讲了出来。事后当这个室友对她变得冷淡时又感到后悔，责备自己当时太冲动了，不知道以后如何跟她相处。

思考和讨论：如果你是小张你会怎样做?

五、情绪体验

情绪总是在一定的情境中产生的，而人所处的情境又是变化无穷的。这样就很难对情绪体验做出较细致的分析。但是，如果撇开具体情境和情绪所指向的对象，仅就情绪体验的性质来看，我们可以从情绪的强度、紧张度、快感度和复杂度 4 个维度对情绪体验的性质做出分析。

（一）强度

情绪体验在强度上有由弱到强的不同等级的变化。例如：喜，可以从适意、愉快到欢乐、大喜、狂喜；哀，可以从伤感到难过、悲伤、哀痛、惨痛；怒，可以从轻微的不满、生气、愠怒、激愤到大怒、暴怒；惧，可以从害怕、惧怕、惊恐到惊骇。情绪的强度越大，整个自我被情绪卷入的程度也就越深。

（二）紧张度

紧张的情绪体验通常与活动的紧要关头、最有决定性意义的时刻相联系。在考试、讲演、运动比赛之前，人们都可以体验到这种紧张情绪。在活动进行的过程中，通常存在着关系到活动成败的关键时刻，当这种时刻在实际上或想象中临近时，情绪体验的紧张水平就会逐渐增加。活动成败对人越重要，则关键时刻到来时的情绪就越紧张。关键时刻过去之后，则可以体验到轻松或紧张的解除。以前的紧张水平越高，则关键时刻过去之后就越感到轻松。

紧张一般有助于全身精力的动员和注意的集中，可能对活动产生有利影响，也可能起抑制作用而使动作失调，从而妨碍活动的正常进行。

（三）快感度

快感度是指情绪体验在快乐或不快乐的程度上的差异。悲伤、羞耻、恐惧、悔恨等有明显不快乐的感受，而欢喜、骄傲、满意等有明显快乐的感受。还有一些情绪在快感度上应摆在什么位置，显得十分模糊，如怜悯、惊奇既不是明显的快乐，也不是明显的不快乐。快感度在根本上与需要是否得到满足有关。事物能满足人的需要，就会引起快乐的体验；当事物不能满足需要或与需要相抵触，则会引起不快乐的体验。

（四）复杂度

各种情绪的复杂程度是很不一样的。爱，包含柔情和快乐的成分；恨，包含愤怒、惧怕、厌恶等成分。如“惊喜悲叹”“惊喜疑惧”这两种情绪就比“快乐”要复杂得多，“悲喜愧惧”“悲恨爱悔”这两种情绪就比“悲哀”要复杂得多。有时，情感的成分非常复杂，我们甚至难以用言语来描述它到底是一种什么样的体验，而有的情感则是很单纯的。

【案例】

小赵最近一直心情不好，她和男友是异地恋，一个月前她从朋友处获悉男友移情别恋，很快就又接到男友的分手通知。这个打击让她很受伤，之后连续几天以泪洗面，痛不欲生。她心中恨意萌生，恨男友对自己的背叛抛弃，也恨自己对他的余情未了。她想将恨意渐渐地淡化，于是他决心放下过去，重新开始。她为自己安排了很多活动，转移自己的注意力，要实现“马上好起来并给他看”。可是很多天过去了，小赵发现自己仍然难以放下。常常触景生情，这让她非常苦恼，何时才能走出失恋的阴影？何时才能摆脱困境？

思考：

（1）案例给你的启示是什么？

（2）小赵失恋后体验到哪些情绪？

（3）怎样帮助小赵走出失恋的阴影？

（4）你可以影响其他人的情绪吗？分享一个你成功影响其他人情绪的真实事件。

【拓展阅读】关于情绪，我们有什么误解？

1. 在任何情况下都有一个对的情绪去应对。

情绪没有对错。每个人对各种情况有着不同的评判标准，看世界的角度也不尽相同。不同的人在遇到一样的情况时往往对应着不同的情绪，即便情绪相同，程度也会有很大差异。想要追求一条万用情绪是不可能的。

2. 当我表现出不高兴的时候，会显得我很弱。

情绪不等同于弱。每个人都会有负性的情绪，表达负性的情绪仅仅说明，现在有事情让我觉得很困扰。

3. 如果我不做什么的话，所有的负性情绪都会越来越强烈。

情绪并不会一直增加，而是像抛物线一样，到达顶峰以后，继而下降。

4. 负性情绪是坏的，带有破坏性的。

情绪并没有好坏，也不会带有破坏性。有好坏和带有破坏性的是行为，以及行为带来的结果。比如，情绪带来的酗酒、疯狂购物，等等。

5. 所有的情绪都是没理由自发产生的。

所有的情绪都是有原因的，是我们对一个事件的期待产生的结果。但是对于情绪产生的原因在心理学界也可用一些不同的理论来解释。

6. 任何痛苦的情绪，我都无法承受。

对于不愉悦的情绪的承受能力是可以训练的。如果我们不学习怎样承受不愉悦的情绪，那么可能会产生一些带有破坏性的行为，如滥用药物、自残、性虐待等。这些行为不但会造成很大的问题，反过来还会造成更加让人痛苦的情绪。

7. 有一些情绪是完全没有用的。

所有的情绪都给我们提供一些有用的信息。它们帮助我们了解我们自己的喜好，帮助我们和别人沟通，也帮助我们进行行动。

8. 如果有人不能认同我的情绪，那一定是我错了。

情绪没有对错，而且每个人对某一事件的感受都是不一样的。所以，也没有人能对情绪进行评判。如果你的感觉是这样的，那么不用管别人怎么说。

9. 旁观者清，其他人才能更看清我们的情绪。

周围的人只能看到我们的行为和我们的表现。但他们并不能看到你的感受。所以，只有自己真正能了解自己的情绪。

10. 所有让人感到痛苦的情绪都应该被忽视。

让人感到痛苦的情绪有其重要意义，这样的情绪一定会留下非常明显的伤痕，并且这样的伤痕是需要被愈合的。如果我们忽视它的话，这种痛苦的情绪会给我们的心理带来长久的、挥之不去的伤害。

任务二　常见的负性情绪及其调适

【导读】

情绪是人类生活的动力源泉，它带给我们各种各样的快乐，也带给我们数不尽的烦恼。对于这些时时相伴的情绪体验，我们应该如何理解和应对？是否存在一些方法，可以使我们与情绪的共处更加和谐、情绪体验更加轻松和愉悦呢?

【案例】

2015 年 11 月,日本铁通公司东海道线先后发生有人落轨及停电意外,其中有 5000 乘客因为赶着上班上学,被迫沿着铁道行走 20 分钟至邻近车站,这 5 000 名乘客秩序井然,整齐地在铁轨上鱼贯前行,而铁路服务员则在旁不断鞠躬向乘客道歉,直到电车修好。服务人员良好的沟通意愿和诚恳态度,换来了乘客的理解和认可。

一、情绪健康的标准

生活中任何一种情绪都有着它本身的功能和价值,任何心理健康的人都不会否定自己情绪的存在,面对出现的负性情绪,我们要成为情绪的主人,不被情绪所左右,保持情绪健康十分重要。稳定而良好的情绪状态,可以使人心情开朗,感觉轻松安定、精力充沛,对生活充满兴趣和信心,有较高的学习与工作效率。

美国心理学家马斯洛在阐述自我实现者的情绪观点时,提出了健康情绪的 6 个特征:一是有适度的欲望;二是有清醒的理智;三是平和,稳定,愉悦和接纳自己;四是对人类有深刻诚挚的感情;五是富有哲理、善意的幽默感;六是有丰富深刻的自我情感体验。

【拓展阅读】健康情绪的特征

1. 独立,不依赖父母。
2. 增强责任感及学习、工作能力,减少对外界接纳的渴望。
3. 去除自卑情结、个人主义及嫉妒心理。
4. 适度社会化,能与人合作,并符合个人良心。
5. 成熟的性态度,能组成幸福家庭。
6. 增进适应,避免敌意与攻击。
7. 对现实有正确的了解。
8. 具有弹性以及适应力。

一般来说,情绪的目的性适当,反应适度,正性作用即建设性的、积极的作用强,是情绪健康总的标准。

(一)接纳自己情绪的变化

情绪就像一条流动的河,会有风平浪静的时候,也会有波涛汹涌的时候。无论喜怒哀乐,我们都要接受自己当下有这样的情绪,尤其是当出现负面情绪的时候,我们更要接纳它,不苛求自己,不过分追求完美。

(二)情绪表达的目的明确、方式恰当

情绪的发生有一定的缘由,因此情绪的表达会有一定的目的性,如我们表达愤怒,可能是让别人知道他人的行为侵犯了我们的利益。情绪表达需要用恰当的方式,无论是言语还是行为,都要采用被自己和社会所接受的方式,一不伤害自己,二不伤害他人,三不危害社会。

【案例】

2016年6月12日8点左右，南京地铁10号线小行地铁站一男子与女友吵架后，翻越安全门跳入轨道，趴铁轨上想自杀，所幸民警及时发现，一把将他拉了上来。事故造成地铁10号线延误两分钟，男子涉嫌扰乱公共场所秩序，受到治安处罚。

（三）积极情绪多于消极情绪

积极愉悦的情绪不仅有益于身心健康，而且会增加行为的动机，有助于目标的实现和幸福感的提升。因此，在生活中大部分时间应尽量保持高兴、希望、愉悦、自豪等积极的情绪状态。当遇到消极情绪时，要采取适当的方法加以克服，这是保持情绪健康的关键。

二、常见的负性情绪

负性情绪主要有两层含义：一是指对目标达成起阻碍或抑制作用的情绪；二是指沮丧、痛苦、不愉快的情绪体验。常见的负性情绪有愤怒、抑郁、焦虑、恐惧等。

（一）愤怒

愤怒是一种常见的情绪体验，对人们强烈愿望的限制或阻止会导致愤怒的发生，路见不平、受到不公平的待遇或者看不惯别人的某些做法都可能使人们情绪激动。愤怒是情绪的积累和爆发，在愤怒时人的理智和判断都会降低。

【案例】福州一滴滴快车司机因与乘客发生口角开车连续冲撞乘客致其身亡

2021年3月15日，滴滴出行发布情况说明称，14日凌晨2点左右，福州一名滴滴快车司机高某接到一名男乘客和一名女乘客后，男乘客认为司机夜里打电话影响家人休息，司机认为自己到达订单起点后联系乘客无过错，双方因此发生口角，女乘客及时进行了劝阻但未果，后司机开车连续冲撞男乘客致其身亡。

案例分析：湖北省心理咨询师协会会长称，凌晨一两点钟深夜睡眠剥夺状态情绪易失控。从司机的情况看，他是十几年的老司机，以前没有类似的举动，所以认为他的行为是在睡眠剥夺状态引发的情绪失控，以致工作的时候失去理性，引发不好的后果。

【拓展阅读】驾车时情绪失控[①]

据OPINIONWAY民意调查所为MMA互助保险集团做的一项民意调查，八成以上（85%）的法国人坦言在驾车时有时会恼火，并承认这种态度会有危险。

85%的法国人承认在驾车有过恼火或发脾气的情况（8%经常这样，41%有时，36%很少）。生气的主要原因（73%）归咎于其他驾车人的行为态度（不礼让、摩托车在汽车之间穿梭蛇行、汽车在停车道外并排停车、挡道等）。33%的人承认在堵车时会发火，30%的在迟到时会发火，20%的在不认识路或迷路时会发火。

① https://www.sohu.com/a/123615925_415199。

调查结果显示，几乎所有的法国人都承认这些好斗的行为可能引起损害。92%承认驾车时恼火可能使自己冒着风险，78%表示好斗可能导致不遵守交通规则，84%表示这并不能节省时间。因此，87%的法国人认为驾车时态度和善，公路将会更安全，79%认为心平气和驾车经常有回报（车祸事故较少、汽油耗费较少、驾照较少被扣分等）。在国内，“路怒症”现象也越来越多。上海某心理咨询中心通过问卷调查发现，中国司机心理障碍的发生率较高，达到 59.8%。其中，长途汽车司机心理障碍发生率高达 80%，私家车主则为 44.4%。“问题司机”的各类心理症状主要包括“偏执状态”“强迫观念”“躯干化障碍”“人际关系敏感”等。

化解愤怒情绪的步骤：

第一，明确告诉自己：我生气了！

觉知是解决问题的第一步，只有当我们认识到自己已经愤怒的时候，接下来才会考虑如何采取理智的方法去处理愤怒情绪。

第二，克制自己的冲动。

对待愤怒的最好方式不是压抑，但也不能放纵，如果不对愤怒情绪进行必要的克制，就会做出很多非理性的行为。人本身有一个控制情绪的刹车系统，我们把它叫作副交感神经系统。通过深呼吸的方式可以激活我们的副交感神经系统，让自己的情绪节律、呼吸、心跳都缓慢下来。或者，把大脑的兴奋点转移到其他事情上，如可以环顾房间里面窗帘的颜色，桌子和杯子，让大脑的兴奋点慢慢降低，从而起到抑制冲动的作用。

当感觉到自己非常愤怒的时候，深吸一口气，问自己 3 个问题并回答：① 究竟是什么事情让我生气？② 现在的愤怒情绪指示我想干什么？③ 如果采取极端的行为，会有什么后果？

第三，思考并选择最佳行动方案。

在采取具体的行动之前，问一下自己：办法肯定不止一个，还有其他的解决办法吗？我将要采取的这项行动真的是最佳选择吗？我这样做到底是为了发泄愤怒还是真的能够促进问题的解决？

第四，采取建设性的行动。

我们可以允许自己有愤怒的情绪，但不一定要按照愤怒的情绪去行动，沦为情绪的奴隶。采取建设性的行动是指我们采取的行动应该有助于问题的解决，同时也有助于关系的维护。

【拓展阅读】怒气：被误解的情绪

美国社会心理学家塔夫里斯在《怒气：被误解的情绪》一文中反驳压抑怒气危害健康的一般想法，认为怒发冲冠远比保持平静更具杀伤力。她认为表达怒气只会使你更生气、脾气更大而且养成习惯。她同时也承认有时发泄出来会更舒服，尤其是对社会不平之事，训斥对不起你的人时会有满足感。而支持发泄怒气的人认为，释放情绪之后会有较好的感受。双方争论的焦点在于：这种情绪发泄后，生理、心理的改变会自然恢复、不妨碍健康，还是如果情绪没发泄出来，这种心理、生理的改变会持续升高，造成精神、身体的病变。克制怒气和压抑怒气是不同的，其差异在于个人的意识。

如果你不想引起争端而下意识地忍下怒气就是克制，而如果你敢怒不敢言，无意识地把怒气藏起来就是压抑。后者的伤害更大。如果自己没错却常为自己生气而道歉，或者是一表现出敌意就立刻收回对健康都是不利的。一些人一生气就一直气下去，怒气就变成无法解决的内在冲突；还有一些人气过就忘了，把精力转移到快乐的事情上去。后者对愤怒的处理方式较好，只是表达怒气是不够的，该有解决冲突的方法，否则压力持续积累，人总有崩溃的时候。必须调整自己，把生气当作正常的情绪来处理，用一种社会及个人健康都能接受的方法面对它。

（二）抑郁

抑郁情绪是负性情绪的复合性表现，如痛苦、压抑、自卑等，一般由情绪低落、悲观、绝望、冷漠等构成，是每个人生活中都有可能体验到的一种情绪，与抑郁症有明显的不同。抑郁症则是包含多种症状和体征的一组综合症状，一般包括食欲改变、睡眠障碍、疲劳感、精神运动性迟缓或激越、丧失自尊或有负罪感、注意力不集中或犹豫不决、有自杀意念或想法等，属于精神类疾病的范畴，需要接受系统、专业的心理治疗。

【案例】

老师，我想和你谈谈自己心理上存在的一些问题。最近我干什么都是没精神，晚上很晚才能入睡。常常在夜深人静的时候躲在被窝里偷偷地哭泣，白天也很疲惫，早上不想起床，吃饭也没有食欲，不想去食堂，有时候在宿舍吃一点零食，不想出门。我喜欢的女生向我提出了分手，说我们可以做回朋友，我不缺朋友，我不想只做朋友啊！我那么爱她，我以为我们会一直走下去，我很痛苦，但是不知道该如何做才能让自己快乐点……

案例分析：这是一例因为失恋引发的抑郁情绪问题，表现为情绪低落、睡眠问题、食欲下降、消极的自我观念等。因为负性情绪时间较长，需要寻求一定的专业帮助。

快速走出抑郁情绪的方法如下：

1. 端正外表

精神的外表和美好的心情紧密相关，越是心情不好的时候，越要注意仪表，多给自己积极的暗示。“蓬头垢面、不修边幅”的状态会让心情更加糟糕。

2. 行动起来，保持充实的生活

在心情郁闷的时候，人们容易低迷消极，不愿意行动、不想做事、不想出门，只想一个人发呆，陷入抑郁情绪不能自拔。森田疗法提出“像健康人那样行动，就能成为健康人”，重视行动的力量，多采取一些具体的微小的行动，如收拾桌面、打扫卫生、原地跳动等，通过保持充实的生活状态可以减少胡思乱想，慢慢走出抑郁情绪。

3. 正视现实

逃避问题只会躲开暂时的痛苦，但问题依然存在，也会因此陷入更大的痛苦，自己的潜力也始终得不到发挥。正视现实就意味着勇敢地去面对人生中一个又一个难题，把这些难题当成是成长的机会，让心智不断成熟。

4. 不急于求成

当人们感到抑郁的时候，往往希望能快速摆脱这种精神上的痛苦，但结果往往事与愿违：越想摆脱抑郁情绪，越会感到郁闷，越陷越深。当我们正在经受抑郁情绪的时候，不要强求这种情绪马上消失，而应当学会接纳这种情绪，顺应情绪产生、发展和消亡的规律，坚持去做一些有意义的事情，哪怕心情低落、什么都不想做，也要该学习的时候去学习，该工作的时候去工作，抑郁情绪自然会慢慢消退。

（三）焦虑

当人们对一件即将来临的事情感到没有把握、无能为力时而产生担心紧张的情绪就是焦虑。焦虑是明知道没有道理却很难控制和摆脱的负性情绪，是一种十分复杂的情绪体验。心理学家伊扎德认为，焦虑至少是恐惧、苦恼、羞愧（羞怯、内疚）和好奇的混合物。人的焦虑是以两种形式表现出来的：其一是认知的，也就是焦虑的想法；其二是身体的，即焦虑的生理症状，如冒汗、心跳加快、肌肉僵直等。

大学生常见的两种焦虑情绪：考试焦虑和成就焦虑。考试焦虑，主要表现在考试期间（考前、考中、考后）感觉紧张、不安担心、恐惧、怀疑自己的能力，害怕考试失败并伴有发抖、出汗、心跳加快、头痛、失眠、尿频等躯体症状。成就焦虑是一种因希望超过别人而担心被别人超过所引起的持续的紧张不安，带有恐惧性的情绪体验。

战胜焦虑的方法如下：

1. 转移注意力，聚焦当下

人一旦处于焦虑情绪当中，就很容易反反复复地去思考同一件事情，陷入对未来的担忧中，无法让大脑停下来。这个时候最有效的办法往往是聚焦在当下，尽量不去担忧未来，通过运动、看书、看电影等具体可行的方式来转移自己的注意力，进而从焦虑情绪中走出来。

2. 制订计划

焦虑往往产生于混乱无序、漫不经心，应对焦虑的最好方式是行动，通过制订计划的方式可以化解沉重的焦虑。例如，给自己制订一份周计划，根据周计划制订日计划，把任务和压力分摊到每一天，原来的那些焦虑情绪随着每天任务的完成而渐渐消去。

3. 提前演练

提前演练可以适当地消除焦虑情绪，如事先模拟考场场景、面试场景、反复练习演讲等，可以让自己在身临其境中有熟悉感，从而缓解紧张。

（四）恐惧

恐惧指个体或群体在真实或者虚拟的想象中深刻感受到的一种强烈而压抑的情感状态，通常表现为内心充满恐惧、神情高度紧张、脑子一片空白、注意力无法集中等。当个体或群体处于恐惧时，通常无法正确判断或控制举动，变得较易冲动。

【案例】

2015 年 4 月 20 日上午 8 点 30 分，深圳地铁 5 号线黄贝岭站一名女乘客在站台上晕倒，引起乘客恐慌情绪，部分乘客奔逃踩踏，引发现场混乱，12 名乘客受伤被送往医院。

从监控画面看，整个事件过程约 40 秒。事发时，正是上班高峰期，站台内挤满了人。晕倒女子周围的乘客因了解情况，比较镇静，但因后退让出救援空间而产生“波浪”效应，其他乘客也开始往后退，随后演变成有人开始跑，并且有人开始惊叫，导致越是远处不明真相的乘客越害怕，越慌乱，随后引发了踩踏事件。不少乘客事后了解到踩踏发生的真实原因后，普遍感到“很离谱”。“只是有人低血糖晕倒了，为什么一堆人要奔逃喊叫，都不知道他们在怕什么，远处的乘客看到这个反应，还以为发生了持刀砍人恐怖事件或列车出轨意外事件。”

案例分析：德国灾难问题专家马丁福斯博士认为，当人们在极度拥挤、情绪激动的情况下，微小事情都会很快改变集体的情绪，引发恐慌，导致踩踏事故发生。这种现象在地铁人流高峰时表现得更为明显。深圳社会观察研究所执行董事刘开明认为，地铁是人员密集区，上班高峰期更是如此，意识到危险时，大多数人会因求生本能慌不择路，此时最容易引发拥挤甚至踩踏。

案例启示：发生拥堵踩踏时的自救要点。

（1）当发觉拥挤的人群向着自己行走的方向涌来时，应该马上避到一旁，不要逆着人流前进，也不要奔跑，以免摔倒。在拥挤的人群中前进时，首选的姿势是：胳膊在胸部形成一个三角形，给肺部呼吸留出一个空间。

（2）如果遇到在人群中摔倒的情况，一定要设法使身体蜷缩成球状，双手紧扣置于颈后，保护好头、颈、胸、腹部。顺势侧躺在地，可避免脊椎、脑部受到踩踏，这样还能形成一定空间保证呼吸。

（3）一旦发生踩踏事件，外围的人应立即报警，并帮助疏导人群。而在踩踏中心区域附近站立的人，应立即手挽手组成人墙圈，将倒下的人保护起来，并防止出现人叠人的现象。另外，在医务人员到达现场前，也应尽量抓紧时间自救。

【拓展阅读】克服害羞，快乐与你相伴[1]

害羞（shyness）是一种因胆怯、怕生或怕做错事被人嗤笑而感到不安和压抑的心理状态。有些大学生腼腆内向，一直很害羞；而有些大学生只是在某些情境下害羞，如在陌生人面前或在没有准备的情况下被推上舞台给大家表演而感到害羞。极端害羞的人沉默寡言，可能会发展成为对人的害怕和恐惧。性格内向害羞的人采取独居的方式生活，不参加社会活动。性格外向害羞的人，在公共场合表现活跃但内心却害羞，他们喜欢参加社会活动，也有社交技能来有效地完成这些活动，但是他们总是担心别人是否真正喜欢和尊重他们。

为什么有些人害羞有些人不害羞呢？第一种情况可能是天性问题。研究表明，大概有 10%的幼儿“生来害羞”（Kagan，1994）。这些孩子向来害羞，在与不熟悉的人或环境接触时就更加害羞。第二种情况是在儿童期被嘲讽，因一时失误而被大家取笑；或这些人小时候在家里是“掌上明珠”，父母宠爱有加，很少有与其他人接触的机会所产生的结果。第三种情况是文化上的原因。在我国传统文化中女性害羞受到鼓励，因而害羞者较多。目前年轻人大多被电子产品所包围，他们长时间独自一人看电视、

① 黄希庭. 心理学与人生[M]. 广州：暨南大学出版社，2005：5-6.

打电子游戏、网上冲浪和发电子邮件，由此产生了社会隔离，减少了与人面对面接触的机会。过量使用网络使不少青年人孤独、隔离和更加害羞。

当害羞变得极端化时，就会迫使人们的生活发生进一步的变化，使一个人将其社会快乐最小化，使其社会不适和隔离感最大化。这里有几个给害羞学生的简单原则和策略，希望大家能深入地思考，并尝试去做（Zimbardo，1991）:

（1）要知道并不只有你一个人会害羞，其实，每一个你见到的人可能都会比你更害羞。

（2）即使从小就很害羞，也是可以改变的。就像改掉不良习惯一样，需要的是勇气和毅力。

（3）以微笑对待你所接触到的人，并与他们目光接触。

（4）与别人交谈时要用最清晰的语音大声地说话，特别是当说到自己的名字或询问信息时。

（5）在一个新的社会环境中努力使自己第一个提出问题或是发表观点。准备一些有趣的东西去说，第一个去说。每一个人都会欣赏“破冰者”，以后也就不会再有人认为你害羞了。

（6）绝不要小瞧自己。要想到你想要获得的成就，下一步应采取怎样的行动。

（7）把你的注意力投向别人，看看其他人是否害羞，这样做会转移你对自己的注意。

（8）在去通常自己会感到害羞的地方之前，可以练习沉思、放松，使思想集中到理想的状态。

如果你是个害羞的人，采用上述方法可能帮助你从害羞的桎梏中摆脱出来，并快乐地生活。

三、诱发负性情绪的因素

【案例】

周末西西一家人出去吃饭，西西磨磨蹭蹭收拾出门，妈妈有些不耐烦地催促她快点，她感到很不开心，很烦躁，一点吃饭的兴致都没有。西西说，她当时觉得很难过，也很愧疚，觉得这么小的事自己不应该有这么大的反应。当她静下心来，细细体会这份感受时，发现这份感觉非常熟悉，而且常常有，是那种“只要妈妈说自己就感到妈妈在责怪自己、厌烦自己”，想到这里，伤心、委屈和不满使西西止不住泪如雨下……

思考：怎样了解自己的情绪过程，并认识自己情绪产生的原因。

（一）生存、经济压力

美国心理学家马斯洛提出的需要层次理论认为，可把人的需要分为 5 个层次，即生理的需要、安全的需要、爱和归属的需要、尊重的需要、自我实现的需要。生理的需要即人对食物、空气、水、性和休息的需要。安全的需要是人对生命财产的安全、秩序、稳定，免除恐惧和焦虑的需要。爱和归属的需要是人要求与他人建立情感联系，如结交朋友、追求爱情的需要，隶属于某一群体并在群体中享有地位的需求。尊重的需要包括自尊和受到别人尊重的需要，这种需要得到满足会使人体验到自己的力量和价值，增强他的信心。这种需要得不到满足会使人产生自卑和失去信心。自我实现的需要是指人希望最大限度地发挥自己的潜能，不断完善自己，实现自己理想的需要。自我实现的需要是人类最高层次的需要，但各人达到自我实现的途径和方式是不同的（见图 7-1）。

图 7-1　需要层次理论

就大学生而言，面对求职与生存的压力而产生焦虑等情绪反应都是正常的，但如果这种情绪反应过于极端，或者持续时间过长而转化为一种消极因素时，就需要加以控制，比如一入学就开始为将来找不到合适工作而焦虑。因为这种焦虑，反而越来越难以安心学习和生活，越难以正常学习生活就越觉得自己不会找到好工作，陷入恶性循环。

（二）内心冲突

人的行动有自觉目的性，单纯的动机使行动目的单一而明确，顺利实现行动，如为了升入大学而努力读书，为了获得提升而勤奋工作等。但现实生活中确定活动目的并非总是这样简单而直接，复杂的生活环境常常造成利益冲突，使人们同时产生几个不同的目标或多种愿望，这又导致内心的矛盾冲突。这种冲突可以区分为双趋冲突、双避冲突和趋避冲突。

（1）双趋冲突，指当个体同时追求两个及以上目标或者面临多个选择时，因不能同时获得而产生的内心冲突。古语中“鱼和熊掌不可兼得”就是这种动机冲突的体现。在某些时候人们面临多种选择，但分身乏术，不能同时得到，如两个好工作都想要，如果一直陷于这种冲突不能自拔，那结局可能就是两个工作机会都失去；再如面临毕业的学生既想参加工作又想考研究生，为此他会犹豫不决。而双趋冲突若要得到解决，只能权衡轻重，趋向认为重要的更有价值的目标。如果这个学生认为考研后继续深造意味着新的学业压力和经济负担，但从长远来看，参加研究生学习更符合社会发展的要求，自己也会有更大的收益，那他可能会放弃眼前的工作机会而选择考研。

（2）双避冲突，指两种不利于自己或令人讨厌的事情同时出现无法躲避，如果躲开其中一件即又必定会碰到另一件时所出现的心理冲突。所谓“前有断崖，后有追兵”就属于这种情况。比如癌症病人的手术治疗会有很大风险，但药物治疗效果不能确定，而且药物毒副作用很大；再比如一个学生犯了严重的错误，想认错又怕挨批评、丢面子，不认错又担心被人揭发后受更大的处分。对于这种情况，也需要当事人权衡轻重，做出明智的选择。当这个学生认识到立即承认错误、悬崖勒马是补救的最好方法，内心冲突也就消失了。

（3）趋避冲突，指个体对一个事物同时产生两种相反的态度时所引起的心理冲突。如我国古典文学作品《三国演义》中说曹操兵败斜谷、进退两难，当夜规定军中口号为“鸡肋”——食之无味，弃之可惜，就是这种内心矛盾的体现。生活中，我们对一个人爱恨交织，对一件东西取舍不定，也是趋避斗争的体验。面对这种情况，只能权衡利弊，做出接受或放弃的决定。比如一个人既为炒股的丰厚收益所吸引，更为股市的高风险而担忧，再考虑到自己工资微薄、没有雄厚的炒股资本，可能会就此放弃炒股。

哥伦比亚大学、斯坦福大学做过一个实验，他们让人们在 6 种口味与 30 种口味的巧克力中选择。结果，参与 30 种选择的人，更多感觉到巧克力不大好吃，比较后悔做出选择。后来斯坦福大学又进一步实验，他们摆了两小吃摊：一个有 6 种口味，另一个有 24 种口味。结果路过 24 种口味摊位的 242 名客人中有 60%停下来试吃，路过 6 种口味摊位的 260 名客人中只有 40%停下来试吃。但是，在 6 种口味摊位试吃的顾客至少有 30%买了果酱，而在 24 种口味摊位前试吃的只有 3%购买了果酱。当人们面临太多选择时就会产生选择冲突，反而会增加不满意感。

（二）人际关系不合

人是社会性动物，如果不能归属到一个群体中，不能有较好的人际互动，那么其生存就会受到威胁。大量的心理学研究表明，人际关系引发的心理问题越来越多，一个人的心理健康程度与人与人之间的支持与接纳有密切的关系。但随着社会的快速发展，竞争越来越激烈，人与人之间建立信任的成本越来越高，这就更进一步使人际关系成为引发人们极端情绪的诱因。

思考：

（1）自己的人际关系给你带来的压力大，还是快乐多？

（2）当你得病了、有烦恼了，你是否可以获得别人的支持、服务与安慰？

（三）生活事件

重大的生活事件会诱发强烈的情绪。研究表明，遇到的消极生活事件越多，越有可能产生消极的情绪反应。量表协作研究组张明园曾编制过一个重大生活事件清单：

丧偶、子女死亡、父母死亡、离婚、父母离婚、夫妻感情破裂、子女被解雇、刑事处分、家庭其他成员死亡、家庭成员患重病、政治性冲击、子女行为不端、结婚、家庭成员刑事处分、失恋、婚外两性关系、大量借贷、突出成就/荣誉、恢复政治名誉、重病、外伤、严重差错事故、开始恋爱、行政纪律处分、复婚、子女学习困难、子女就业困难、怀孕、升学就业困难、晋升、入党入团、子女结婚、免职、性生活障碍、家属行政处分、名誉受损、中额借贷、财产损失或遗失、退学、好友去世、法律纠纷、收入显著增减、遗失重要物品、留级、夫妻严重争执、搬家、领养孩子、好友决裂、工作量明显增加、小量借贷、退休、工作性质改变、学习困难、流产、家庭成员纠纷、与上级冲突、入学、就业、参军复员、受惊、业余培训、家庭成员外迁、邻居纠纷、同事纠纷、睡眠重大改变、暂去外地。

Braum 与 Reynolds 列举了 40 个被学生普遍认为引起强烈情绪的项目(见表 7-1)。

表 7-1 引起强烈情绪的项目

被割伤	大众面前讲话	尸体	车祸	乘云霄飞车	被恐吓	高处	看牙科
失业	身体受攻击	做错事	死亡	考试不及格	亲人亡故	黑暗	陌生狗
老鼠	工作不成功	火	蛇	被动手术	突发巨响	深水	死动物
窒息	看别人动手术	醉酒	脏厕所	与别人打架	遭受批评	异性	苍蝇
蝙蝠	样子愚蠢的人	被拒绝	爬虫	蜇人的昆虫	粗暴的人	失望	被忽视

【课堂活动】

1. 对照事件清单，评估一下自己是否面临一些重大事件。
2. 判断自己目前可能的主要消极情绪来源。

四、情绪调适的方法

在每个人的生命旅途中都会遇到各类困惑，会遭遇奋斗的挫折、追求的失落、情感的伤害、疾病的纠缠、学业事业的压力等。面对情绪的困扰，要学习掌握情绪调适的方法，从而培养积极的情绪体验，保持愉快的心情，维护良好的心境。

（一）总原则

1. 不对自己过分苛求，把奋斗目标确定在自己力所能及的范围内

在充分了解自己的优势与劣势、长处与短处的基础上，确立适合自己的恰当的追求目标，然后努力去实现它。在人生奋斗中应该保持一种良好的心理状态，做到既尽力同时又量力，既积极同时又放松；应该既有适当的高目标，但又没有高目标造成的过重压力。

树立切实的奋斗目标，还包括不盲目地处处与人竞争，以避免精神过度紧张。应根据自己的实际情况，恰当地选择竞争的领域，以利于充分发挥自己的优势而争取成功，同时有助于身心的健康发展。

2. 在生活中对他人的期望值不要太高，以避免产生不良情绪和失望感

生活中人与人之间是需要相互关心和帮助的，但不能凡事都依靠别人，首先应当依靠自己的力量，其次才是考虑他人的帮助。如果对别人要求过多、期望值过高，当别人难以做到时，就容易失望，产生抱怨情绪，既易使自己心理失衡又易使人际关系恶化。

3. 多找朋友倾诉，以疏通宣泄积郁的情绪

找老师、同学、朋友倾诉积郁的情绪，是进行情绪调节的好办法。一方面可以使不良情绪得到发泄；另一方面在倾诉烦恼的过程中，也可以得到更多的情感支持和理解，并能获得认识问题和解决问题的新启示、新思路，增强自己克服困难的勇气。

4. 学会去爱

爱有十分丰富的内涵，除男女爱情之外，如关怀、安慰、眷恋、惦念、鼓励、帮助、支持、理解等，都可归为爱的范畴。每个人都需要被人爱，同时也应该爱周围的

人。关心他人、理解他人、帮助他人，能逐渐培养自己博爱而宽广的胸怀，从而大大增强自己生活、学习、工作的信心和力量，最大限度地减小自己的心理失衡和心理危机感。

（二）情绪调节方法

1. 自我放松训练

自我放松训练的目的是使身心放松，使生理与心理活动趋于平衡，使人从烦恼、愤恨、紧张、忧愁等不良情绪中解脱出来，达到内心的平静与安宁。

放松的方法有多种，具体如深度呼吸训练、自我暗示、意象训练、肌肉放松训练等。

（1）深度呼吸训练。这种训练方法简单易行，不受场所、时间等条件的限制，行、站、坐、卧都可以进行。其目的是通过深度呼吸，使身体各组织器官与呼吸节律产生共振，从而达到身心放松的效果。

【课堂活动】

请放下手中正在做的事情。如果你身边有椅子，请你全身放松坐在椅子上，调整你的坐姿，直到感觉最好、最舒服为止。深呼吸，全身放松，体察自己的呼吸与身体各部位的活动情况，注意体会自己的肺部在一张一合地呼吸，呼吸频率逐渐变慢，呼吸的深度逐渐加深，身体紧张的部位在逐渐放松。用感觉去体察身体各部位的状况，持续体验一段时间，当你感到身体各部位不那么紧了，请把注意力再转移到呼吸上来。你似乎在观察自己的呼吸，又似乎没有观察，感觉在有无之间。

请用鼻子深吸一口气，再慢慢地、均匀地呼出，呼气时平和而舒畅。继续呼吸，慢慢地、均匀地、深长地、平和而舒畅地呼吸。

现在让我们数一下呼吸的次数，1，2，3，…，10；再重新开始，从 1 数到 10。你可以重复数 10 遍、20 遍。注意一下身体各部位的感觉，各部位感觉在渐渐地与呼吸节律趋向一致。全身的毛孔在随着肺部的一张一合有规律地开合、开合……

现在你不仅仅是用肺呼吸，而且还在用身体来呼吸；吸气的时候，似乎空气从身体的毛孔中吸入，呼气的时候，气体又从毛孔中呼出。吸进新鲜的空气，呼出污浊的气体，1 次，2 次，3 次 ……渐渐地你会感觉到身体各个部位都很放松，很通畅，仿佛整个身体融入大自然之中。

（2）自我暗示。自我暗示是运用内心语言或书面语言的形式来自我调节情绪的方法。这种方法既可用来松弛过分紧张的情绪，使心里平静，也可用来调节身体局部或全身各部位的紧张状态。不仅如此，它对其他情绪问题同样起作用，而且对生理上的疾病也有一定疗效。此外，这个方法还可用来激励自己的斗志。

自我暗示调节情绪的具体方法是：首先要发现自己紧张或不舒服的身体部位，确定紧张或不舒服的症状反应；然后针对症状反应发出良好的信息，如“放松”“清静”“别发火”“我能行”等，每次重复 3～5 遍。如果经过一段时间后如还感觉到紧张或不舒服，就再重复第二步的过程。

（3）意象训练。意象训练的基本原理就是通过想象轻松、愉快的情境（如大海、山水、瀑布、蓝天、白云等），达到身心放松、情绪舒畅的目的。意象训练的效果取决于想象的生动性和逼真性，意象越清晰生动，放松的效果就越明显。

【课堂活动】

现在请你全身放松，闭上眼睛，静静地、静静地注意头脑中闪现的每一个念头，不要去理它，任它来去。你可以想象秋天的天空，你站在高山云巅，仰望湛蓝的天空，它显得那么高远、那么幽深。天空中，行云如流水，又仿佛是一片片棉絮从天际涌出，悠悠然从顶空飘过，又消逝在无尽的远处……

你可以重复想象上面描述的情境，渐渐地，一闭上眼睛，你的头脑中便会显现出秋天的景色，一幅动态的、有序的画面。你也可以想象自己所喜欢的静态画面，或是蓝天白云，或是绿水青山等。如果你的想象力很好，就可以做进一步的训练，把想象从外界转向体内。想象自己站在或坐在一朵金色的莲花上，周身金光四射，就像刚刚初升的太阳，照耀万物。

（4）肌肉放松训练。肌肉放松训练时，人通过从头到脚的一步一步放松，并结合自我暗示来达到消除紧张、调节精神状态的目的。

【课堂活动】

请你全身松弛下来（平时训练最好闭上眼睛），全身肌肉、组织器官松而不散，以默念的方式暗示自己“放松”，重复 3～5 次，再做几次深呼吸，次数不限。先把注意力转移到头部，头顶的肌肉放松，头后部的肌肉放松，颈椎放松；再把注意力转移到胸部，前胸部的肌肉放松，胸椎放松，内脏器官（心脏、肝脏、肺、脾等）放松；背部肌肉放松，肩部肌肉放松，肩胛骨放松，大臂的肌肉放松，肘关节放松，小臂的肌肉放松，手腕部关节放松，手掌放松，手背肌肉放松，手指各关节放松；现在把注意力转移到腰部和腹部，腹部肌肉放松，腰部两侧的肌肉放松。腰椎放松，肾脏、胃、肠放松，小腹部放松；现在把注意力转向下肢，臀部的肌肉放松，大腿内侧的肌肉放松，大腿外侧的肌肉放松，膝关节放松，小腿内侧的肌肉放松，小腿外侧的肌肉放松，踝关节放松，脚背的肌肉和骨骼放松，脚掌放松，脚趾各关节放松。现在全身都放松、放松……

这个过程你可以重复做几次，十几次甚至更多，要看自己是否方便。如果你感到很疲劳或难以入睡，不妨用上述方法试一试，或许会收到不错的效果。

2. 音乐疗法

音乐是人的情绪情感的一种表现方式，曲调与节奏不同的音乐，可以使人产生不同的情绪体验，因而具有良好的调节情绪的功能。如忧郁烦恼时，可以听《蓝色多瑙河》《卡门》《渔舟唱晚》等意境广阔、充满活力、轻松愉快的音乐；失眠时，可以听莫扎特的优雅宁静的《摇篮曲》、门德尔松的《仲夏夜之梦》等乐曲；情绪浮躁时，可以听《小夜曲》等宁静清爽的乐曲。每个人都可以根据自己的情绪状况，选择曲调适合的乐曲来调节自己的情绪情感状态。

3. 静观与内省

静观与内省是用反观自身的方式，发现自身存在的问题并消除不良情绪的一种自我调节方法。

在受到不良情绪困扰时，你可选择一种感觉比较舒适的身体姿势，或坐或卧，慢慢地通过调节呼吸或放松练习使心情平静下来，将精神集中到自己的思想活动上，观察自己头脑中正在出现的念头，让它随来随去，不去执着地想它，也不期待未出现的念头的到来，慢慢地你会进入一种平静而舒适的状态。进入这种状态后，再回顾一下自己为什么会感到苦恼、压抑、烦闷与不安。一次找不出原因没关系，坚持练习一段时间，往往会豁然有感觉，抓住它就很容易发现自己不良情绪产生的原因，并进而对自己的思维方式和行为方式做出必要的调整，从而克服恶劣情绪的影响。

4. 认知调整

美国心理学家埃利斯提出的 ABC 理论认为，人的情绪和行为不是事件本身引发的，而是由人对事件的看法引起的。在 ABC 理论模式中，A 是指诱发性事件，B 是指个体对这一事件的信念（即看法、解释和评价），C 是指个体的情绪及行为的结果。合理的信念会引起人们对事物适当、适度的情绪和行为反应；而不合理的信念往往会导致不适当的情绪和行为反应。当一个人对周围的事物或自己的行为、思想做出消极评价时，就会导致各种消极情绪产生。只要我们改变认知，我们的情绪随之也会发生改变。

【课堂活动】认知重建

回想最近发生的不愉快的事，调整认知，学会合理反应（见表 7-2）。

表 7-2　回想事件

A（事件）	B（看法）	C（情绪反应）
1. 我招手小王没理我	他没看见嘛，不理很正常	平静
	看见了故意不打招呼	愤懑
	是不是我哪里得罪他了？	疑惑、沮丧
	……	……
2.		

【拓展阅读】常见的不合理信念

1. 一个人无论做什么事都应该得到社会上其他成员的喜爱和赞许。
2. 一个人应该是全能的，完美无缺的。
3. 世界上有些人很坏、很可恨，坏人就应该受到责备和惩罚。
4. 若事情的发展未能如期所愿，那实在是太可怕了。

5. 不愉快的事情都是由自己不能支配的外界因素构成的，因此人对自身的痛苦和苦难无法改变和控制。

6. 一个人应该时时警惕是否有危险或可怕的事情发生。

7. 直面困难和承担责任是很困难的，逃避是最好的选择。

8. 人必须依赖他人，尤其是依赖强者。

9. 历史是现在的主宰，过去的影响是无法消除的。

10. 一个人应该关心他人的事情，并为他人的事情悲伤和难过。

11. 任何问题都应该有一个正确而完整的答案，若找不到一个正确而完整的答案，会使人痛苦一生。

5. WWH 管理法

及时弄清楚当时的感觉，认清情绪发生的缘由，再找出适当的方法表达情绪予以缓解，将此归结为情绪管理“WWH 管理法”。

what——目前我的感受（情绪）是怎样的？

任何时候，获知自身的真实感受都十分重要，情绪管理的第一步就是要先察觉情绪、接纳情绪。只要是真实的感受便无好坏情绪之分，我们要学习接受并正视它。只有明确获知当时的情绪体验，认清自己的情绪，才有可能掌握情绪，对自己的情绪负责，不至于被情绪左右。

why——为何会有这种情绪？

负性情绪发生时，我们总会有很多疑问，为何会如此生气？为何会如此悲伤？为何会感到无助？找到出现这种情绪的原因，才能积极地加以调试，才能有针对性地加以调试。

how——如何有效处理情绪？

每个人都有心情失落、闷闷不乐的时候，如何疏导排解呢？或许每个人都有不同的调适方式，如尝试通过深呼吸、静坐冥想、户外运动、去郊外远足、聆听音乐等来让心情平静，或者找朋友畅谈聊天，用笔抒情等方式，以乐观积极的方式改变心情，宣泄负性情绪。

【课堂活动】

回想最近一段时间让自己感到不舒服的情绪，根据以上情绪管理三部曲，完成以下练习：

第一步：我有什么情绪？______________________________

第二步：我为什么会有这样的情绪？______________________

第三步：如何有效处理这种情绪？________________________

任务三　乘客的情绪与情感

【导读】

乘客在乘车过程中，都期待着享受优质、舒适、便捷与安全的交通运输服务。交通运输服务主体要了解乘客心理，与乘客进行积极有效的沟通，提高服务水平，从而提高乘客的满意度，保障交通运输过程的安全与顺畅。

【案例】

网友小王说自己2019年3月21日下午3点多搭乘高铁时，因为赤壁天气原因导致信号故障，高铁滞留长沙南站长达7小时。根据始发站与故障时间推算，最早登车的一批旅客停留高铁上近 12 个小时，其间餐车除矿泉水外全部卖空，列车员未能及时通知有效信息，旅客们只能自行上网搜索信息。

“我们这一列车，有位孕妇有流产征兆，有小孩哭闹，有老人呼吸不畅等各种情况，特别是第二天是周一，很多人要上学上班，大家其实都很需要列车长能跟我们分享些信息，好安排各自的学习工作，该请假的请假，甚至有些生意人可能有会议、要签合同等，但是除了刚开始告诉我们等之后再也没有任何通知了。我们都明白故障的维修也许没有确切的时间甚至列车员可能也不会有完整的信息，但是毕竟影响比较大，适当的安抚和沟通是非常必要的，但是确实做得不够好，感觉列车人员自己都很慌乱，好像没有任何面对紧急情况的培训和措施。”

思考：

（1）案例中乘客的情绪表现有哪些？

（2）乘客的情绪、情感对乘客行为有何影响？

（3）面对乘客的这种情况，该如何处理？

一、乘客情绪的特征

在乘车过程中，乘客的情绪有如下特征：

（一）兴奋性

乘车外出，对乘客来说带来了一系列的改变：环境的改变、人际关系的改变、社会角色的改变、需求愿望的综合性调整，等等。面对这些变化，乘客既有心情的紧张，同时也会表现出一种因新奇而兴奋的情绪状态。

（二）易变性

乘客的情绪会因周围环境刺激的变化而发生变化。在乘车过程中，面对丰富多样的刺激源，乘客的情绪处于一种不稳定的易变状态。如乘客刚进站时，车站环境舒适，心情愉快，买票时，旁边的乘客由于身体不适发生了呕吐，难闻刺鼻的气味刺激，使其情感体验出现了反差，这时必然引起乘客情绪的波动变化。

（三）敏感性

乘客情绪的敏感特征表现在，由于他们在乘车过程中对相关的情况不能把握，自身也处于一种不断变动的活动中，他们的情绪也相应地呈现出不稳定状态。这时因为乘车过程中的时空变化、环境变化、人际差异等，给乘客带来了生理上和心理上的刺激，从而产生应激状态前的紧张反应。比如，乘客都会有敏感性的反应：会不会出现安全状况？会不会延时到达？

（四）多虑性

出行的乘客人多复杂，交通环境变化多端，这既给乘客带来了新奇的刺激，同时也产生了一定程度的不适应感，而导致多虑的情绪。比如，想闭眼休息又顾虑身上财物不安全等。

（五）即时性

乘车活动通常是一种速变、临时、短暂的行为活动。车辆运行过程中，刺激源的流动与事过境迁的转换，乘客的情绪反应表现出因时、因地的即时性特征。比如，遇上故障乘客变得急躁，恢复运行心情又跟着舒畅起来。

二、乘客情绪、情感的影响因素

（一）乘客的需要

乘客乘车的目的性非常明确，即到达目的地。但不同乘客的目的明确性的表现不尽一致。一般来说，经常乘坐某一区段线路的乘客，如通勤职工、学生等，由于他们对本地区的路线情况熟悉，乘车过程已变成为习惯性活动，所以不用过多地注意站名和买票情况。而另外一些对客运路线不熟的乘客，往往担心坐错车、坐过站，尤其是一些行动不便的老人和体弱病残人。客服人员是专门帮助乘客到达目的站的工作人员，因此一定要耐心、热情地为乘客服务，车到站时应清晰地报出站名，说明本车的行驶方向、路线。

【案例】

一名外地盲人乘客到上海后，其亲戚因故没能来接她。乘客在列车员的护送下来到城市轨道交通车站，向车站的工作人员说明情况，表示只要工作人员将她送上城市轨道交通列车就可以。但工作人员表示“我们没这个义务”，拒绝了她的要求。

（二）乘客的认知特点

由于乘客的情绪总是伴随着一定的认识过程而产生的，因此，对于同一客服人员的行为、同样的服务，由于乘客个体认知上的差异，对其评估可能不同。同一个乘客在不同的时间、地点和条件下对同样的服务的认知、评估可能不同，因而产生的情绪、情感也存在一些差异。如在乘车过程中，客服人员对乘车安全注意事项、车站设施的使用方法等内容的讲解和介绍，有的乘客认为很有必要、很有用，因此听得津津有味，而有的乘客此时正犯困，认为这是最简单的常识，没必要多此一举，流露出不耐烦的情绪。

（三）乘客的归因方式

乘客的情绪、情感还受到乘客的归因方式的影响，乘客不同的归因会引发不同的情绪和情感。例如，在乘车过程中，遇上大雾、大雪天气或前方路段塌方，车辆无法顺利前往目的地，如果乘客将其归因于外部不可控的原因，相对来说更容易被唤起接受和理解等类似的情感，一般不会产生不满意、不愉快和挫折感。但是，如果乘客认为这是交通服务缺陷而导致的，本是人为可控的原因，如运输管理部门缺乏对天气的关注、对路况的预判，将很容易导致乘客愤怒、生气的情绪体验。当乘客对交通服务缺陷进行可控的外部归因时，往往会对运输企业的形象具有很大的破坏性，甚至引起乘客的投诉。

（四）乘客的人际关系状况

乘车过程中，乘客难免要与其他人发生接触、交往关系。交往中良好的人际关系，会给乘客带来良好的感觉，而人际关系不协调，发生矛盾与冲突，则容易产生消极情绪，从而影响乘客乘车的感受。

（五）乘客的身体状况

身体是心理的物质基础，一个人的身体状况对其心理的影响是巨大的。乘车活动也需要消耗体力，因为颠簸震动对身体本身就是一种考验。如果乘客在乘车过程中，对车站环境的不适应，出现头晕不适，更会影响乘客的心情。

（六）行程是否顺利

现代人的生活节奏很快，乘车过程也是人们繁忙工作、生活的一部分。在乘车过程中，如果行程一切按乘客的意想顺利进行，顺利出发，按时到达，乘客便会产生愉快、高兴等积极情绪，而行程中如遇上不顺利，则会影响人的情绪，使乘客感到失望、不满甚至愤怒。

（七）意外事件

乘车过程中，任何一个出乎意料的事件都会使乘客的情绪发生变化。如天气突变、交通阻断、突遇车祸等，都会给乘客带来极大的情绪上的不安，使乘客心情烦躁、情绪低落，从而影响旅途感受。

此外，乘车过程中的交通状况、乘客自身的人格特征等，也都会影响乘客的情绪、情感。

【案例】

2010 年 7 月 5 日 18:16 高峰时段，上海地铁 2 号线中山公园站往浦东方向的 209 号列车正在关门作业，列车警示用蜂鸣器同步响起；一名中年女性乘客在车门即将关上之际，将手伸进门中欲强行上车致使手腕被夹。站台服务员发现后，立即上前帮助该乘客向外拽拉，但未果。此时列车启动，并带动该乘客，造成其与安全护栏撞击后跌落在站台上。事发后，车站立即拨打 120 急救车送医院抢救。

2014 年 11 月 6 日 18:57，北京地铁 5 号线惠新西街南口站一女性乘客在乘车过程中被卡在屏蔽门和车门之间，列车启动后掉下站台。车站工作人员立即采取列车紧急停车和线路停电措施，迅速将受伤乘客抬上站台，由 120 急救车送往医院。

案例分析：

改进措施：

（1）各车站须严格落实“自控、互控、他控”制度，各站站台人员须在合理位置立岗，并负责监控接发列车全过程。在车门即将关闭期间须严防乘客抢上，同时密切观察屏蔽门、车门关闭状态。

（2）各站须加强车站人员业务培训，其中以站台岗实操技能和应急处理为主，不断增强员工安全责任意识和规章制度遵从意识，尤其在发生车门/安全门夹人夹物时，必须严格按规定程序执行。

（3）车站人员通过无线通信工具传递或中转有关安全信息时，必须认真执行复诵制度，确保联络双方的真实意思表达。

（4）客车司机值乘期间必须严格执行站台作业标准，灵活掌握适时关门时机，仔细确认车门、安全门关门状态以及门头灯显示，认真瞭望车门与安全门之间空隙内无夹人夹物，注意站台人员有无异常动态，防止夹人夹物。

屏蔽门夹人、夹物，列车已经动车情况应急处置：

（1）站务人员发现后按下列步骤执行：一拍（拍紧停）；二呼（通知司机立即停车）；三报（报车控室、车控室报行调）；四处理（停车后，立即就地打开屏蔽门处理）。

（2）司机听到车站呼叫后立即停车，了解具体情况，报告行调，协助车站处理并播放临时广播。

（3）处理完毕后，车控室报告行调，经行调同意后取消紧停。站务人员确认站台安全后，向司机显示“好了”信号，司机无法看到时用对讲机联系站务人员。

（4）列车出清后，车站将屏蔽门关闭，恢复“自动”位。

【课堂活动】

2010 年 9 月，北京地铁某车站，一位乘客来到售票窗口要求为储值卡充值。因为是客流高峰期（北京地铁规定客流高峰期不能提供充值服务），售票员没有解释原因，直接就说：“不能充值。”态度生硬。该乘客要求解释原因时，售票员不耐烦地用手指了指旁边的告示，接着就售票给下一位乘客。该乘客认为该售票员态度恶劣，与售票员发生争执，售票员认为制度规定了客流高峰期本来就不能充值，觉得自己没有做错。乘客不满，事后便投诉她。

思考：

（1）如果你是售票员，你会为这位乘客的储值卡充值吗？

（2）在整个事件中，引起乘客投诉的原因有哪些？其中哪些是乘客投诉的主要原因？

（3）在乘客来充值时，售票员应该如何处理以避免乘客投诉？

【课堂活动】

2015 年 5 月，乘客投诉武汉地铁 2 号线列车司机打盹。

家住武昌的刘先生反映，当日上午 9 点 20 分，他在螃蟹岬站乘地铁去汉口。行至王家墩东站后，站在第一节车厢前排的他无意看到，驾驶室内的男司机的头一直低垂，好像在睡觉。“虽然地铁可能处于自动驾驶状态，但万一出现故障怎么办？”刘先生颇为担心。

楚天都市报记者从刘先生拍下的视频中看到：当列车语音提示下一站是汉口火车站时，司机稍微清醒了一下，抬头看了一下前方后又低下，如此反复数次，看上去像在打盹。

武汉地铁集团调查后称，当事司机确实存在精神萎靡不振的情况。事发时列车为自动驾驶模式，能自动行车及到站开门；当列车行驶速度高于信号给予的时速5千米以上时，列车将自动采取保护措施，立即启动紧急停车，以确保乘客安全。“针对司机打盹的原因，我们将进一步调查。”武汉地铁集团相关负责人说，将进一步加大检查力度，要求每一位司机、乘务员都严格遵守作业章程，杜绝类似事件再次发生。

思考：此次事件引起乘客投诉的原因有哪些?

【课堂活动】

2014年10月31日上午7时40分左右，邵某与同事魏某坐地铁1号线上班。时值早高峰，站台无人维持秩序，地铁门还没有开乘客就开始拥挤。邵某被人群推进了车厢，随即他感觉到右腿刺骨疼痛，右脚扭曲变形。随后，邵某被送至医院，被确诊为右腿小腿骨折，韧带断裂，通过手术植入一块钢板及8根钢钉。由于邵某工作需要长期站立，这次意外受伤导致其失去了工作。邵某认为自己正常买票排队乘车，但未受到保护，因此向法院起诉，要求地铁公司赔偿其医疗费、护理费等54 233.19元。

思考：谈谈你对这次事件的看法。

【知识点小结】

1. 情绪是人对客观事物是否符合自身需要而产生的态度体验。需要是情绪产生的重要基础。

2. 情绪的外部表现形式包括面部表情、身体姿势和言语。

3. 情绪具有适应功能、动力功能、调节功能和信号功能。

4. 依据情绪的性质可将情绪分为喜、怒、哀、惧等；依据情绪的状态可将情绪分为心境、激情和应急状态。

5. 情绪和情感既有区别又有联系。人的社会性情感主要有道德感、美感和理智感。

6. 情商又称情绪智力，包括随时认知自身的情绪、能妥善管理情绪、会自我激励、能认知他人的情绪和善于管理人际关系。

7. 情绪的目的性适当，反应适度，正性作用即建设性的、积极的作用强，是情绪健康总的标准。

8. 常见的负性情绪有愤怒、抑郁、焦虑、恐惧等。

9. 诱发负性情绪的因素有：生存和经济压力、内心冲突、人际关系不合及重要生活事件等。

10. 情绪调节的方法有自我放松训练、音乐疗法、静观与内省、认知调整、WWH管理法等。

11. 影响乘客情绪、情感的因素有：乘客的需要、乘客的认知特点、乘客的归因方式、乘客的人际关系状况、乘客的身体状况、行程是否顺利、意外事件等。

【课后思考与自评】

表 7-3　自我评价

项目	自评	备注
知识掌握	1　2　3　4　5	
活动参与	1　2　3　4　5	
实践应用	1　2　3　4　5	

专题八　挫折与压力应对

学习目标

1. 能用自己的话表述挫折、压力的概念和特征。

2. 能联系自己的学习或生活中的挫折，知道如何运用有效应对挫折、消解压力的科学方法。

3. 面对挫折和压力能保持自信和积极乐观的心态。

任务一　面对挫折

【导读】

挫折是生活的重要组成部分。正确认识和有效应对生活中的挫折是个人成长的重要内容。

“故天将降大任于斯人也，必先苦其心志，劳其筋骨，饿其体肤，空乏其身，行拂乱其所为，所以动心忍性，曾益其所不能。”

——《孟子·告子下》

“不幸是一所最好的大学。”

——拜伦

一、挫折及其形成

【案例】

晓晓失恋了。她想同学们一定会笑话自己被人甩了。这对她是一个沉重的打击，她对新生活的所有期待与憧憬顷刻间化为乌有。多日来，她情绪抑郁，心烦意乱，想忘掉这件事，但无论如何也忘不了，失恋的痛苦像恶魔一样，时刻无情地折磨着她。

思考：

（1）你认为晓晓这样面对挫折对吗？为什么？

（2）你遇到过什么样的挫折？当时是如何处理的？

（3）对自己的挫折态度进行评价。

（一）挫折的界定

挫折就是当个人目标不能实现或需要遇到阻碍而不能获得满足时，就会产生紧张、焦虑、愤怒、失落等情绪反应。挫折包括以下 3 个方面：

1. 挫折情境

挫折情境指当需要不能满足时的情境状态或条件，它可以是实际遭遇的挫折情境，也可能是想象中的情境，如面试失败、受讽刺打击等。

2. 挫折认知

挫折认知指对实际遭遇的挫折情境或想象中的挫折情境的认知和评价。比如：有人认为高考失败没什么关系，就是一次考试而已，人生还有别的出路；而有人认为这次失败就说明自己是一个失败的人，以后也不会成功。

3. 挫折反应

挫折反应指对挫折事件的情绪反应或行为反应，如愤怒、焦躁、躲避、攻击等。

挫折被感知到是挫折产生的重要前提。只有当挫折情境被个体所感知到时，才会在个体心理上产生挫折反应。挫折反应的性质和程度，主要取决于挫折认知，如果挫折情境出现但个体没有感知到，或者不认为很严重，那么挫折反应就不会太强烈。

从不同角度可以将挫折分为：意料中挫折和突发性挫折，实质性挫折和想象挫折，一般性挫折和重大挫折，工作学习挫折和生活挫折等。

（二）挫折的基本特征

1. 普遍性

挫折是生活的组成部分，它是社会生活中的正常现象，几乎每个人都无法避免，在学习、评优评先、毕业就业、人际关系、恋爱婚姻、社会工作、经济状况、家庭问题、身体状况等方面都可能遭遇挫折。对大学生而言，学习、人际关系和经济方面的挫折是最主要的挫折事件。

2. 两面性

挫折既有消极面，也有积极面。挫折会给人以打击，给人带来烦恼和痛苦，但在带来失败的同时又磨炼了人的意志和性格，提高了个人解决实际问题的能力，使人变得坚强，也提高扭转逆境、克服困难、适应社会生活的能力。古人说“多难兴才”“人激则奋”就是指这个道理，任何人的成功都是在逆境和坎坷中磨砺出来的。

3. 暂时性

挫折只是代表我们在实现目标的过程中遇到了一些障碍，并不意味着我们已经彻底失败。挫折并非不可战胜，遭遇挫折后所产生的不良情绪只是暂时的，如果我们能及时进行自我调整就能够重新树立信心，摆脱不良情绪的困扰。

（三）挫折的价值

1. 挫折是机遇

“疾风知劲草”，挫折不仅是很好的锤炼，而且是有价值的发现，是转败为胜的契机，错误和挫折教训了我们，使我们逐渐聪明起来。

2. 锻炼人的意志

轻度的挫折是“精神补品”，能使人们的精神变得坚强，每战胜一次挫折，就能为下一次应付挫折提供更加强大的精神力量。

3. 提高自我认知与评价的能力

正确地认识和评价自己，确定合理的抱负和期望值，可以减少挫折感，从而避免评价不当所引起的自满与自负两种现象，维护心理健康。

4. 增强情绪反应能力和解决实际问题的能力

“吃一堑，长一智”，面对挫折时，我们会从中学到很多人生智慧，能够提高分析问题、解决问题的能力。

二、应对挫折

（一）消极对待挫折的表现

每个人在遭遇挫折后，都会出现一些情绪和行为反应。消极的情绪和行为反应表现为逃避、反向、退行和攻击等，具有以下心理-行为特征：

（1）沉迷玩乐；

（2）幻想在自我世界很优秀；

（3）暴跳如雷，粗暴地对待别人；

（4）大哭大闹；

（5）借助烟、酒、麻痹性药物或过激的行为方式（如自杀）求得解脱；

（6）求助宗教，祈求上帝的帮助，相信一些虚无的东西，幻想奇迹发生；

（7）压抑自己的感受，封闭自己，拒绝与他人的交往、交谈，贪睡或者贪吃；

（8）听之任之，主动放弃任何努力，不再为目标付出，自暴自弃；

（9）对自己缺乏信心，责备自己的无能；

（10）苦闷，情绪低落，不愿与人说话。

（二）积极应对挫折

正视挫折，承认挫折，正确分析挫折产生的主客观原因，总结经验教训，争取积极的行为方式，最后战胜挫折。

1. 转换视角

挫折是不可避免的人生经历，虽对人有消极的影响，但我们要学会转换视角，看到挫折的积极作用。我们可以使用以下方法进行视角转换：

（1）进行利弊分析，多向好的方面想；

（2）从最小的行动开始动起来，转换一种新的姿态，重新开始；

（3）想象最坏的结果后再做打算；

（4）改变自己原来的一些不切实际的想法或做法；

（5）降低期望值。

【课堂活动】

按照表 8-1 的思路思考并完善句子。

表 8-1　转换视角

挫折情境（事件）	挫折认知（看法）
同学之间发生矛盾	这是我锻炼自己能力的又一次机会
考试挂科	这是我没有复习好导致的，难的科目就更要认真复习
失恋	这是我______________________________
面试失败	这是我______________________________
评优落选	这是我______________________________

同样的事情我们可以从积极的角度看，也可以从消极的角度看。从积极的角度，我们看到无限的机会，从消极的角度则感叹自己的不幸与倒霉，选择权在我们手中。

2. 总结经验

挫折是人生中重要组成部分，积极看待挫折，从逆境和挫折中奋起，总结失败的经验教训。

（1）警醒自己，避免日后再犯类似的错误；

（2）事后仔细分析失败的原因；

（3）取人之长，补己之短；

（4）借鉴别人处理类似问题的经验。

3. 补偿法

补偿是指个体受到挫折时，或者因某方面的缺陷而使目标没法实现时，以新的目标代替原目标，用其他方面的成功来补偿丧失的自尊和自信。古人说："失之东隅，收之桑榆"，即在某方面的目标受挫时，不灰心气馁，以另一个可能成功的目标来代替，避免陷入苦恼、忧伤、悲观、绝望的境地。如没有当上班干部，没机会表现自己的能力，便努力让自己的成绩名列前茅；恋爱失败了，就参加文艺活动，用成功来补偿失恋的痛苦。

4. 升华法

升华是指用一种比较崇高的、具有创造性和建设性的目标作为代替，借以弥补因受挫而丧失的自尊和自信，减轻痛苦。升华是最积极的行为反应，个体在遭受婚恋失败、工作受挫、家庭破裂、财产损失、身患疾病等打击后，化悲痛为力量，发奋图强，去取得学习、工作和事业的成功，如屈原著《离骚》，司马迁写《史记》。

5. 坚持

坚持是指个体发现目标难以达到，要求自己付出加倍努力，并通过不断努力使目标最终得以呈现。美国电影《阿甘正传》中的主人公阿甘就是一位智商并不高的人，他面对挫折的方法就是坚持不懈地努力并最终获得成功。

6. 榜样激励

以一些历史名人、科学家或小说中欣赏的人物，老师甚至同学，作为自己仿效的对象，建立自己心目中的榜样，并依照榜样进行积极的自我激励和自我暗示。

【课堂活动】

完成榜样和自己的挫折清单。

表 8-2 榜样清单

榜样的名字	他/她遭遇的挫折	他/她是怎么应对的

表 8-3 挫折清单

我曾遭遇的挫折	我的应对方式

任务二 压力及其应对

【导读】

在急剧变化和迅速发展的现代社会，人们成长的环境日趋复杂，所面临的问题越来越多，所承受的压力也越来越大。学业压力、工作压力、经济压力、情感压力、健康压力、社交压力……无处不在的压力令我们无法逃避。研究表明，许多疾病与压力相关，如冠心病、癌症、周期性偏头痛、溃疡、失眠、高血压等，可以说压力与人的健康有着重要的直接联系。可是我们的生活又离不开压力，人们要想在工作中发挥最佳水平，应该让自己有适度的压力。压力过大或者过小都不能使自己的潜能得到最好的展现。

人们最出色的工作往往在处于逆境的情况下做出，思想上的压力，肉体上的痛苦都可能成为精神上的兴奋剂。

——贝佛里齐

一、认识压力

【案例】

小王最近两周一直做坐卧不安，最喜欢的地铁公司终于要来学校招聘了！他之前就一直为就业焦虑，连春节都没有过踏实，那时候他觉得好累，每天都看不到生活的美好，看不到未来和希望，没有目标，过一天算一天。现在不一样了！有希望了！可是他也很担心面试不上，一想到面对那么多人就紧张，如果再被问到一些不会回答的问题，那就真完了！一这么想就更加心跳加速，激动难安。他很苦恼，知道自己这样不好，会影响面试，也知道现在要做的是精心准备等待公司到来，但就是控制不住……

（一）压力源

引起我们压力感的事件、情境等因素被称为压力源，既包括作用于我们机体的各种紧张事件或环境刺激，也包括我们对这些事件或刺激的心理感受和生理反应的应对方式等。

（二）压力构成

压力指令个体紧张的威胁性事件超出个人应对能力而产生的焦虑状态，是内心平和的缺失，是一种失去控制感的表现。压力既不完全来自客观也不完全来自主观，而是主客观相互作用的结果，如果个体没有感受到压力源，或个体的认知评估认为压力源不构成威胁；或虽然个体经过认知评估认为压力源有一定的威胁，但这个威胁在自己的控制能力之中，也不构成现实压力。

【课堂活动】

小张第一学期期末考试，数学挂科，他认为自己的学习能力没有问题，考试不及格的原因主要在于：大学的老师讲课都不像高中老师那样仔细认真；寝室的同学打游戏，影响了自己的学习；对自己的专业不是很了解，提不起兴趣，学习时感觉抓不住重点，没有头绪。另外，自己从北方来到南方上学，饮食、作息都不能很好地适应。为此小张很苦恼，他怕这样下去自己其他科目都会挂科。

思考：

（1）小张的压力来自何处？

（2）小张关于期末考试不及格的归因倾向外在因素，你的意见是什么？写下有助于小张今后应对类似事件的具体建议。

（三）压力的基本特征

1. 客观性

压力是不以人的意志为转移的客观存在。只要你生活在这个世界上，不管你愿不愿意，喜不喜欢，不管你是谁，不管你生活在哪里，每个人都有不如意的事，都会承受心理压力。

2. 两面性

一方面，过重压力或压力不足都对身心健康有消极影响，影响人的行为，如压力过重时个体情绪会不稳定，会紧张、担心和害怕；压力不足时会缺乏热情和动力。另一方面，适度压力也会产生积极的作用，能最大限度地激发个体的内在动力，使个体保持最佳状态。

3. 渐进性

造成心理压力有一定的过程。渐进性特征有两方面的表现：一是心理压力有着由强而弱逐渐衰减的过程。当我们遭遇心理压力，如果自己能正确对待，通过有效的方法加以释放，那么心理压力就会由沉重到轻松地逐渐衰减，直到完全消除。二是当我们遭遇外界环境的刺激，如果不加以释放和消除，心理压力就会像滚雪球一样越滚越大。

（四）压力反应

1. 身心方面

认知方面：反应迟钝、敏感或易激惹；注意力下降、记忆力减退、理解下降、思维混乱或思维强迫或错觉（幻觉）等；缺乏自发性、创造性，组织能力和长远规划能力退化；道德和情感准则削弱、自信心不足等。

情绪方面：紧张、担心、恐惧、焦躁、迷惑、迷茫等；抑郁、低落消沉、忧郁、悲观、失望、无助等；孤独、没安全感、无归属感、敏感、愤怒、委屈等；不确定、否定、犹豫、优柔寡断、烦躁等；疲乏、倦怠、激惹等。

行为方面：人际交往效果降低、退缩；感情压抑、兴趣和热情减少；厌烦、逃避学习和工作；性格发生变化；行为强迫、欲望增加等。

生理症状：心率加快、血压增高；恶心，肠胃失调，溃疡；心脏疾病、糖尿病；湿疹、神经性皮炎、荨麻疹、痤疮；睡眠不好、头痛、疼痛、肌肉紧张；疑病症等。

2. 生活工作方面

工作方面：厌烦、拖延、逃避或懈怠工作；工作能力降低，错误率、事故增加；只解决短期和表面问题，不愿做深入的工作；将责任转嫁于他人；工作无成就感和愉悦感等。

生活方面：吸烟、酗酒和吸毒行为增加、过度饮食；食欲和体重下降、性欲减退；出现稀奇古怪的行为，忽视新的信息；冒险行为增加，包括不顾后果的驾车和赌博、攻击、侵犯他人，破坏公共财产等。

人际方面：不想见人、人际退缩、激惹、敏感等；与家人和朋友关系恶化；常打断别人说话，语言问题增加，如不连贯等。

健康方面：精神疲乏；出现生理症状；去医院次数增加；自杀或企图自杀等。

【课堂互动】心理测验：大学生压力程度测试

本测试旨在提升大学生对心理压力的觉察和心理健康的关注意识。下面有 17 道题目，请仔细阅读，然后根据自己近一个月的实际情况做出相应的计分。

计分方法：0 分表示“从未发生”，1 分表示“偶尔发生”，2 分表示“经常发生”。

1. 觉得手上事太多，无法应付。
2. 觉得时间不够，所以要争分夺秒。
3. 觉得没有时间消遣，终日记挂着一些事。
4. 遇到挫折很容易发脾气。
5. 担心别人对自己工作、学习表现的评价。
6. 觉得老师、同学和家人都不欣赏自己。
7. 担心自己的经济状况。
8. 有头痛、胃痛的毛病，难以治愈。
9. 要借助烟酒、药物和零食等抑制不安情绪。

10. 要借助安眠药协助入睡。

11. 与家人、朋友和同学相处令你发脾气。

12. 与人交谈时，打断对方的话题。

13. 上床后觉得思潮起伏，难以入睡。

14. 太多的工作，不能每件事做到尽善尽美。

15. 空闲时轻松一下，也会觉得内疚。

16. 做事急躁任性而事后感到内疚。

17. 觉得自己不应该享乐。

统计：0～10 分，说明你的压力水平低，生活缺乏刺激，行动力不足；11～15 分，说明你的压力水平中等，感到压力，但仍可应对；16 分以上，说明你的压力偏高，需反省压力源、寻求有效解决方法。

思考：

（1）你的压力程度属于哪一级？

（2）你是如何看待自己的压力程度的？

二、压力的影响因素

（一）过去的经验

当面对同一事件或情境时，以往的经验影响人们对压力的感受。如初次独立驾驶列车的司机会比老司机更容易感受到紧张和焦虑；有过多次跳伞经验的人不但恐惧感小，而且会自觉地控制情绪；而无经验的人在整个跳伞过程中恐惧感强，并且越接近起跳越害怕。同样的道理，一帆风顺的人一旦遇到打击就会惊慌失措，不知如何应付；而人生坎坷的人，同样的打击却不会引起重大伤害。可见，增加经验能增强抵抗压力的能力。

（二）心理准备状态

对即将面临的压力事件是否有心理准备也会影响压力的感受。如对两组接受手术的患者做实验。在术前对其中一组讲明手术的过程及后果，使患者对手术有所准备，将手术带来的痛苦视为正常现象并坦然接受；另一组不做特别介绍，患者对手术一无所知，对术后的痛苦过分恐惧，对手术是否成功持怀疑态度。结果，手术后有准备组比无准备组所用的止痛药数量少，而且平均提前 3 天出院。因此，是否有应付压力的准备也是影响压力感的重要因素。

（三）对压力的认知水平

认知评估在增加压力感和缓解压力中有着重要作用。同样的压力情境使有些人苦不堪言，而另一些人则平静地对待，这与认知因素紧密相关。一个人面对压力时，如果把压力的威胁性估计过大，对自己应对压力的能力估计过低，那么压力反应必然也大。个体对压力的认知评估可以分为两个阶段。初步评估是评定压力来源的严重性，二级评估是评定处理压力的可能性。如果压力过大，又无可利用的应付压力的资源，必然产生一种持续性的紧张状态。

（四）性格

不同性格特征的人对压力的感受不同。A 型性格特征的人，竞争意识强、工作努力奋斗、争强好胜、缺乏耐心、成就动机高、说话办事讲求效率、时间紧迫感强、成天忙忙碌碌；B 型性格特征的人个性随和，生活悠闲，对工作要求不高，对成败得失看得淡薄。在面对压力时，A 型性格中的不利因素就会显现出来。研究发现，A 型性格与冠心病有密切的关系，其患心脏病的人数是 B 型性格者的 2 ~ 3 倍。

【课堂活动】心理测试：你是 A 型性格吗

弗里德曼和罗森曼（Friedman，Rosenman，1974）两位学者在对心脏病患者的研究中发现了一种称为 A 型性格的行为方式。这是一种有冲劲、精力旺盛、竞争性强的性格，求胜心切，总想在最短时间内处理无数难以确定的事物。而这种长期处于压力下的紧张状态付出的代价是导致心肌梗死、高血压症和糖尿病。对于 A 型性格的人来说，自身要积极克服易冲动的弱点，同时需要社会、组织的配合和理解，才能预防像冠状动脉性心肌疾病的发生。

下面是诊断 A 型性格的一份问卷，共计包含 5 个条目，按各题所问事项在“是”或“否”处填答案。如果有半数以上条目答“是”的话，希望你改变目前的情况，有意识地放慢生活节奏，以减少患心脏病的机会。

1. 你说话时会刻意加重关键字的语气吗？
2. 你吃饭和走路时都很急促吗？
3. 你认为孩子自幼就该养成与人竞争的习惯吗？
4. 当别人慢条斯理做事时你会感到不耐烦吗？
5. 当别人向你解说事情时你会催他赶快说完吗？
6. 在路上挤车或餐馆排队时你会感到激怒吗？
7. 聆听别人谈话时你会一直想你自己的问题吗？
8. 你会一边吃饭一边记笔记或一边开车一边刮胡子吗？
9. 你会在休假之前先赶完预定的一切工作吗？
10. 与别人闲谈时你总是提到自己关心的事吗？
11. 让你停下工作休息一会儿时你会觉得浪费时间吗？
12. 你是否觉得全心投入工作而无暇欣赏周围的美景？
13. 你是否觉得宁可务实而不愿从事创新或改革的事？
14. 你是否尝试在时间限制内做更多的事？
15. 与别人有约时你是否绝对遵守时间？
16. 表达意见时你是否握紧拳头以加强语气？
17. 你是否有信心再提升你的工作绩效？
18. 你是否觉得有些事等着你立刻去完成？
19. 你是否觉得对自己的工作效率一直不满意？
20. 你是否觉得与人竞争时非赢不可？
21. 你是否经常打断别人的话？

22. 看见别人迟到时你是否会生气?

23. 用餐时你是否一吃完就立刻离席?

24. 你是否经常有匆匆忙忙的感觉?

25. 你是否对自己近来的表现不满意?

三、压力来源

(一)大学生压力的主要来源

1. 适应问题

陌生的校园、生疏的群体、远离家乡和父母、自我管理、独自面对、学习改变、自我优越感消失、生活文化差异、角色改变等。

2. 人际关系

面对陌生的人群、新的交友圈导致新生人际关系不适应,出现孤独感,从而产生心理压力;长期的人际关系(包括同学家人等)不良产生心理压力等。

3. 学习问题

考试不及格、怎么学都学不好、学习目的不明确、学习基础差、学习动机过于强烈或无动力、学习与课外活动冲突、考试焦虑等,出现学习状态问题。

4. 专业发展和就业问题

在填报志愿时选择的学校和专业并不适合自己、对自己的专业不感兴趣、就业不理想、就业难等。

5. 经济

贫困地区(家庭)学生的消费习惯和方式与城市学生不同,同时又要面对高消费和重攀比的现象,收支不平衡,入不敷出等经济上的压力等。

6. 重大丧失

重大创伤或疾病、在校期间重要机遇丧失、失恋、家庭变故等,很多重大丧失的突发事件,常给大学生措手不及的压力和困惑。

7. 恋爱和失恋

恋爱时的矛盾冲突和失恋时的悲伤都是导致大学生情感的压力来源。

(二)运输企业职工压力的来源

1. 工作者本身

由于各种原因(如缺乏必要的工作能力,人际交往能力、技能、知识不足等)不能适应工作要求;感觉自己工作努力,但回报少,投入产出不平衡,期望与现实差距太大等。

2. 工作条件

恶劣的劳动作业环境,如工作环境的温度、噪声、照明、事故、空气污染、工时太长、出差频多、经常倒班等。

3. 工作性质

工作要求个体超负荷运转，要求付出情感、责任心较大或者规定完成工作的期限等。有时无事可做或工作单调，也会使人产生厌倦。

4. 激励机制

组织激励机制如果不完善，就不能给员工创造一个很好的竞争环境，这同样也会产生压力。

【拓展阅读】机车司机的压力

1. 工作压力。

许德江（2005）在机车司机心理健康状况调查研究中发现，机车司机存在着严重的工作压力，机车司机要提前做出乘准备工作，在乘务过程中不断巡检，机车到达终点还要后做机车入库及退乘工作。因此他们担负着较为繁重、琐碎的工作。另外，驾驶室空间相对狭小，震动等不良环境因素长期作用，影响其健康；客运任务繁重，列车速度快，值乘时间长，工作内容单调，紧张且有危险感、轮班作业、缺乏与外界交流。

2. 生理压力。

马良庆（2003）从 1 100 名有两年以上作业工龄的现职司机（机车正、副司机）中随机抽取 54 个人作为研究对象，通过采集尿液分析样本的方法，测定班前、班后尿样氧化铝、中肌酐浓度的变化，推测机车司机所承受的紧张程度是中等或偏上。

许德江（2005）对机车司机一般工作状况、疲劳自觉症状调查表和心态疲劳 3 个方面进行了解，认为机车司机值乘后的疲劳明显。

孙庆华（2005）在对某铁路机车司机高血压患病情况了解及其主要危险因素研究中，对 1 585 名机车司机进行调查，结果表明机车司机高血压患病率较高。

董燕（2008）的调查结果表明，脂肪肝在铁路司机中的发病率明显高于普通人群。

陈晓东、赵明（2005）对噪声对铁路司机听力影响调查研究结果表明，噪声所致的听力损害是铁路机车乘务人员最主要的职业病之一，其病情的严重程度与噪声强度、接触时间密切相关。

3. 心理压力。

许德江（2005）对机车司机心理健康状况调查研究发现，机车司机在存在严重工作压力的同时还忍受着强大的心理压力，影响他们心理的主要是工作单调、工作繁重、回报较低、危险等职业紧张因素。

四、压力应对

压力应对指个体面对压力情境或事件时调动自身内部或社会资源对该情境或事件做出认知调节和行为努力的动态过程。

（一）常见的压力应对模式

压力出现时，每个人的应对方式是不同的。它们个体在成长过程中自然形成的，且具有稳定性。应对压力的方式主要有以下几种：

（1）心理调节机制（控制式）：以问题为导向的积极应对压力的心理调适行为，通过改变人的行为或改善周围环境，调整自己的情绪和人与环境的关系。它主要包括：调整心态、调整情绪、调整认知、调整行为等。这是最佳的一种压力应对方式。

（2）支持式：利用个人或社会的资源支持对情绪做出反应，寻求情绪的释放或宣泄等。它主要为借助兴趣，如运动、画画、散步、旅行、健身、向理解自己的亲人朋友倾诉等。

（3）自我防御机制（回避式）：消极的心理防御反应，忽略、回避或否认压力的存在。它的基本策略是转移忽视注意的焦点，避免思考引起压力，使问题或压力水平陷入混乱或升级的状态。但当压力慢慢累积，会造成个人的崩溃。

遇到危险时，鸵鸟会把头埋入草堆里，以为自己眼睛看不见就是安全。事实上，鸵鸟的两条腿很长，能奔跑得很快，遇到危险的时候，其奔跑速度足以摆脱敌人的攻击，如果不是把头埋藏在草堆里坐以待毙的话，足以躲避猛兽攻击。心理学家将这种消极的心态称之为“鸵鸟心态”。这是逃避现实的心理和行为，结果只会使问题更趋复杂、更难处理。

（二）应对压力的具体措施

既然压力不可避免，就有必要学会建立良性的应对压力的措施，而不至于借酒消愁、借烟消闷，久而久之形成恶性循环。

1. 及时宣泄不良情绪反应

压力情境常常导致不良情绪的产生，如恐惧、焦虑、愤怒等，其作用于中枢神经系统，会引起自主神经功能和内分泌功能失调，使机体的免疫功能受到抑制。机体的平稳被打破，影响身心健康，降低承受能力，从而加重我们的压力感受。有节、有度，既不违背社会规范和伦理道德，又不影响他人的正常生活，即建设性的宣泄不良情绪可以帮助我们有效应对压力。

2. 积极认知和评估压力源

在各种情境中，我们总是依据已有经验对事物做出解释和评估，这就是认知评估。通过认知评估，我们会评定这个压力情境的威胁性有多大，需要怎样解决。目前，身边有哪些资源可供利用，哪些策略较好些等，这些都将影响我们对情境的认识和压力感受。在压力情境中，评估压力源可以帮助我们改变自我和环境的关系，从而降低压力影响。

正确认识压力，压力并不都是坏事，处理得好的话，它也可以成为自强不息、奋起拼搏、争取成功的动力和精神催化剂。生活中许多优秀人物就是在压力和挫折的磨炼中成熟、在困境中崛起的。相反，过于一帆风顺的生活反而会使人安于现状、丧失拼搏精神，在突然到来的挑战面前措手不及。因此，压力也是对人的一种锻炼。

3. 建立健康的生活方式

压力常常会让人产生不良生活方式和行为习惯。这些不良的行为模式和生活方式又再次加重我们的心理压力。所以，建立健康的生活方式，如合理饮食结构、坚持体育锻炼、生活有目标和劳逸结合等，是维护身心健康、减轻压力、完善人格的重要途径。

4. 改变不合理观念

心理学研究表明，在对压力的看法上我们有时是抱了不正确的观念、采取了不合适的态度引发的。常见的不正确观念有以下几种：

（1）此事不该发生。

认为生活中的不顺利，学习、交往中的挫折、失败是不应该发生的。他们认为，生活应该是愉快的、丰富的，人际关系应该是和谐的、互助的，一旦生活中出现诸如人与人之间的冲突、成绩滑坡、好友负心或事与愿违时就变得烦躁易怒、束手无策、痛苦不堪、失去信心。

（2）以偏概全。

经常以片面的思维方式来看待事物，简单地以个别事件来断言全部生活。如有人对自己不友好，就认定自己人缘不好或缺乏交往能力；一次考试不如意，就认为自己彻底失败，不是读书的料；一次失恋就认为自己对异性没有吸引力等，从而导致自责自怨、自卑自弃、焦虑抑郁。

以偏概全不仅表现在对自己的认识上，也表现在对他人、对社会的认识中，如因一事有错而全盘否定他人；因社会规则有不足，就看不到光明，彻底丧失信心。

（3）无限夸大后果。

因一次小挫折就把后果想象得非常糟糕、可怕。例如，一次失恋就认为自己不会再爱了；一次评优落选就认为自己没出息，人生没前途，生命没价值。夸大后果的结果是使人越想越消沉，情绪越来越恶劣，这是一种给自己施加压力的思维方式。只有纠正错误的观念，才能实事求是地评价挫折带来的后果，从困难中看到希望。

因此，我们要客观分析造成压力的主要原因，不要主观臆断；要实事求是，不要夸大事件带来的负面影响；要尽量在认知转变后制定新的行动方案，不要背负太多的未知和迷茫。

5. 提高应对压力的能力

主动、自觉地学习自己所不具备的能力，将自己置身于充满矛盾的、复杂的社会环境中积累经验。同时，必须提高自身的思想修养、道德修养、知识素养、培养冷静思考的习惯，经常自我分析，自我反省、自我激励，使心理更趋成熟，更有忍耐力，增强自身承受压力的能力。

6. 优化自身人格品质

压力承受力大小与人格特征有关。以下几种人格类型的人在应对压力时常常易引起挫折感：性情急躁的人，他们情绪变化大，易动怒，火暴脾气一点就着，常常因为一点小事而产生挫折感；心胸狭窄的人，气量小，好猜疑，喜欢斤斤计较，容易体验消极的情感；意志薄弱的人，做事缺乏耐力和持久性，患得患失，害怕困难，只看眼前利益，经不起打击和挫折；自我认识有偏差的人，缺乏自知之明，或者自高自大、目空一切，或者自卑自贱、畏首畏尾。

每个人都可以通过主动培养自己良好的人格品质（如自信乐观、宽容豁达等）来提高抗压能力。当遇到挫折、困境时，如果相信自己一定能取胜，就会积极地去改变现实，克服困难，这是自信的作用。乐观者在面临挫折、困境时，不会被眼前的困难吓倒，而是能够透过表面的不利看到蕴藏在背后的希望和光明，相信未来是美好的，从而信心十足地去战胜困难。

【课堂活动】评估压力源

1. 发生了什么事情？

____

2. 对我有哪些影响？

____

____

3. 这件事是否让我感觉到压力？

____

____

4. 有什么个人和社会的资源可以帮我应对压力？

____

____

5. 有没有行动方案来解决问题？

____

____

6. 哪种行动最能尽快解决好问题？

____

____

【知识点小结】

1. 挫折就是当个人目标不能实现或需要遇到阻碍而不能获得满足时，就会产生紧张、焦虑、愤怒、失落等情绪反应。

2. 挫折具有普遍性、两面性和暂时性的特点。

3. 积极应对挫折的方法有转换视角、总结经验、补偿、升华、坚持、榜样激励等。

4. 压力指令个体紧张的威胁性事件超出个人应对能力而产生的焦虑状态。

5. 压力具有客观性、两面性和渐进性的特点。

6. 过去的经验、心理准备状态、对压力的认知水平、性格都会影响人对压力的感知。

7. 及时宣泄不良情绪反应、积极认知和评估压力源、建立健康的生活方式、改变不合理观念、提高应对压力的能力、优化自身人格品质等方式能帮我们应对压力。

【课后思考与自评】

表 8-4　自我评价

项目	自评	备注
知识掌握	1　2　3　4　5	
活动参与	1　2　3　4　5	
实践应用	1　2　3　4　5	

专题九　恋爱与性心理

学习目标

1. 了解两性意识的发展。
2. 识别大学生的恋爱类型和误区。
3. 掌握爱情相关理论。
4. 掌握培养大学生健康恋爱心理的途径。

任务一　两性意识的发生与发展

【导读】

古希腊有一则寓言说，原初的人是一个四足四手、浑身圆圆的怪物，力大无比，足智多谋，连上帝也无法战胜。为此上帝想了一个办法，把人从中间分开。人被分成了两半后，每一半都急切地扑向另一半，纠缠在一起，分割的痛苦令他们再也不想分开。

另有一说：上帝独自一人住在伊甸园里，忽然一天分外寂寞，于是上帝就对着河水照着自己的影子用泥土做了一些雕塑，叫亚当。上帝后来又趁着亚当熟睡，取下他一条肋骨做成夏娃。

西方神话还曾说道：当爱神丘比特手中的箭射向谁时，他们就相爱了，连上帝和天后也不例外。

【课堂活动】

凌某和周某有着共同的爱好，如看电影。凌某是对爱情有美好向往的浪漫文艺女孩，善于社交；周某则是家境平平，有控制欲、务实、理性的男生。

情境一：他们在一起看电影《小时代》，凌某看见 4 个女主角一起探讨男性、穿衣打扮、努力办时装秀的场景时，赞叹“这才是友谊”。看见男主角奢华的生活场景时，又不禁感慨“这才是生活”，男友周某则沉默不语。凌某认为男友不重视她，没注意到她在说话或者不认同她的观点，是在逃避什么。

情境二：凌某和异性朋友外出吃饭，周某打电话问她在干什么。凌某知道周某控制欲强，不愿意她和别的异性有过近关系，便说和闺蜜在逛街，回校时却被周某的室友撞见。

思考：

（1）凌某和周某两人之间属于什么恋爱类型，他们的误区有哪些？他们该如何化解矛盾，培养健康的恋爱心理？

（2）室友是否要向周某说实话？若你是周某，知道真相后会如何处理？凌某该如何处理这种尴尬局面？

一、两性意识的产生与发展

随着人生理的生长发育，人的两性意识也开始发生、发展。这种发展大致要经历如下几个阶段：

（一）无猜期

这时，男孩女孩年龄小，生理上的第二性征还未发育，心理上的两性意识也未形成，因而他（她）们天真活泼，亲密交往，无拘无束，无猜无嫌。这时期被称为“青梅竹马，两小无猜”，是为“无猜期”。

（二）隔离期

第二性征出现后的 1～2 年内，青少年开始逐渐地意识到两性差别，并对两性间的差别进行应对，其中重要的应对方式就是发展同性间的友谊，异性交往逐渐减少。男孩爱跟男孩一起顽皮撒野，女孩愿跟女孩一起玩耍。这样男孩在男孩圈的活动中互相模仿、互相影响，因而越来越表现出阳刚、粗犷、豪爽、大胆、顽强、讲义气等男性特征；女孩则在女孩圈中越来越表现出阴柔、细致、温和、文静、爱美等女性特征。这正是男孩、女孩性格开始分化，分别形成各自性别特征的时期。在此期间，男孩和女孩对性的好奇心和探索欲开始萌发，渴望探求成人世界的秘密。隔离期是青少年心理及性别特征发展的重要时期。

（三）朦胧期

这时男孩女孩生理已进入青春发育阶段，性腺活跃，身体变化及第二性征发育明显。他（她）们的心理发生微妙变化，男孩和女孩间出现神秘感，他（她）们表面上相互隔离，但实际上都希望了解异性，接近对方。这时青少年开始寻求机会建立与异性的连接，女孩开始注意自己的外貌，对个人形象进行管理，期待男孩的喜欢与注意，男孩则开始发展和培养自己的能力与才华，以期获得女孩的好感与赞许。同时，男孩开始主动对女孩表示赞赏和表达关心。在这一时期，男孩和女孩不断进行异性交往的探索，并不断发展自己，以期获得异性的认可。但是因对两性的知识和心理准备缺乏，少男少女毕竟还不懂得应当怎样与异性自如相处，以致男女间既想接触，又很局促，甚至出现惶恐与不安。这便是朦朦胧胧的情窦初开时期。

（四）恋爱期

这时男孩女孩的第二性征发育基本完成，男孩的男子气、女孩的女性美表现得比较充分，他（她）们有了爱的情感需求，但缺乏爱的实际经验；他（她）们有了恋爱的心理准备，但又缺乏充足的理性支持。人毕竟是有情感的动物，感性的力量在初级理性的支持下推动少男少女进入了恋爱。大学生也是这样，经历多年升学拼搏进入新的学习生活时，有些人随着环境的改变自然而然地进入自己人生的恋爱阶段。

二、大学生的恋爱类型

在大学校园里，大学生的恋爱因动机不同而显现出多样化的趋势。恋爱的类型主要包括以下几种：

（一）情感寄托型

出于孤独无助空虚而谈恋爱。这些同学或因为难以适应陌生环境，感到孤独无助，急需建立新的人际关系，从中得到滋养关心与呵护；或因为学习或者生活困难，感到寂寞空虚无助，这时急需建立新的人际关系，从中获得滋养和抚慰，满足其情感寄托。

【拓展阅读】从单相思到精神失常

某大学三年级男生小张，性格内向，平日少言寡语。在一次班级活动中，小张与班上一位优秀漂亮的女生有些许交流，自此疯狂地爱上了对方，并且认定对方也喜欢自己。但当小张提出与对方明确恋人关系并试图拥抱该女生时，遭到对方明确拒绝。他错愕震惊，难以接受。随后出现幻觉，觉得对方接受了他的表白并与其处于热恋当中。于是对该女生进行更加频繁的骚扰。随后，班上同学发现小张出现以下不良症状：注意力涣散，常自言自语，记忆力下降，情绪呈现明显的抑郁特征，沉默，自卑心理严重，过分敏感，言谈举止严重失态，目光呆滞。经专业机构诊断，小张已由过分的单相思转为紧张型精神分裂症。

单相思就是你喜欢一个人，但不确定对方是否喜欢你，是个体单方面持有的情感。其实单相思也是大多数人都经历过的一种正常的心理过程，但过分的单相思往往会导致严重的心理失调，成为单相思病。大学生在相遇时由于对对方的容貌、才华、品德等产生爱慕之心，于是单方面点燃爱情之火，编织情网，把对方的举止看成是示爱的信号。一旦发现对方无此意，往往会产生失恋的痛苦，昼思夜想，精神恍惚，有的甚至导致精神疾病，影响身体健康。

上述案例当中的小张就是由过分的单相思而导致紧张型精神分裂症。使小张产生这一症状的原因是：① 缺乏正确的恋爱观念指导。没有在尊重对方、了解对方并与对方培养亲密关系的基础上提出恋爱的请求，错把单相思当爱情。② 由其自卑、敏感、固执等个性缺陷所导致。③ 他认为自己喜欢对方，对方就一定会喜欢自己，遭到对方拒绝后，仍固执地要与对方进一步发展关系。其认知偏差与人格缺陷是其产生严重心理障碍的一个心理基础。

克服单相思的方法：

（1）正确分析单相思的成因，排除主观因素对认识的干扰，求得正确的认识，战胜自己的感情，摆脱不现实的幻想。

（2）自我安慰法。心理上要加强自我调节，采用自我安慰法：“吃不到的葡萄是酸的。”努力寻找对方的缺点，并加以夸大。经常这样想就可能得出“与他或她在一起未必幸福”的联想，也就可以逐渐从单相思的苦恼中摆脱出来。

（3）注意力转移法。冷静理智地看待彼此关系，挣脱自己不切实际的爱情幻想，把精力转移到学习或工作中去，这是解脱痛苦较理想的方法。多参加集体活动来转移和分散自己的注意力也是不错的选择。

（4）宣泄法。必要时向朋友、亲人、老师吐露自己的烦恼和痛苦，请他们给予适当的指点和开导，帮助排解心理负荷。

（5）及早求证。鼓足勇气，采用适当的方式向你心爱的“她”或“他”表露心迹。如果爱的梦破灭，心中也许会痛苦，但最起码获得的是心灵的解脱，毕竟长痛不如短痛。

（二）生活补偿型

青春期恰好是学生学业最繁忙的时期，在日复一日、年复一年的苦读中，在升学压力下，学生不得不压抑自己的情感，将更多的精力投入学习。同学们升入大学，升学压力骤然卸下，为寻求更丰富的生活体验，获取生活的补偿，一些同学便开始恋爱。

（三）比翼双飞型

当恋爱中的双方都具备成熟的爱情观与人格，拥有积极正向的人生态度与道德品质，并拥有处理恋爱与学习、个人发展与感情维系、爱与性的能力，当恋爱的双方有理想、有信念，将个人价值的实现与服务社会的愿景与爱情相联系，当双方不局限于恋爱中的愉悦体验，且能将爱情转化为个人成长进步的动力，那么这样的爱情则是能够相互促进、相互支持、相互激励的，从而使恋爱的双方不仅仅能收获美满的爱情，还能在此过程中实现自我的发展与价值。

（四）时尚攀比型

在一些高校，恋爱成为一种时尚。由于谈恋爱或多或少会影响学习，因此有一些大学生进校时就立下了大学期间不谈恋爱的誓言。然而，当身边的朋友都开始谈恋爱时，自己的誓言便宜开始动摇，为了不落单，匆匆加入恋爱大军。这种恋爱带有很大的随意性。

【拓展阅读】毛毛虫不会选择

法国科学家法伯曾利用毛毛虫做过一个不寻常的实验。法伯把毛毛虫安排在花瓶边缘，组成一个圆。花瓶旁边放了一些松针，这是毛毛虫的食物。毛毛虫前后盲目地紧随，绕着花瓶一圈一圈地爬，连续7天7夜，直至精力耗竭而死，却不知去吃食物。它们只会随着同类，稀里糊涂地走下去，不会选择自己的目标。

（五）网上情缘型

随着移动互联网高速发展与网络社交平台不断推陈出新，大学生的网络社交体验也日益丰富，一方面，大学生可以在网络社交平台拓展自己的人际关系，甚至发展恋情；另一方面，由于网络本身所具有的虚拟性和匿名性，大学生有时不能正确分辨其中的风险，对大学生情感的健康发展产生了较大的负面影响。一部分大学生对网恋的虚拟性缺乏足够的认识，一味地投入真感情，对于“下网散，见光死”的可能后果缺乏心理准备，结果是“竹篮打水一场空”，使感情受到伤害。另一部分学生上网只是玩一玩，他们迅速投入恋爱又随意分开，缺乏真心与责任感。

过度投入网络恋情会折损大学生现实生活中的人际关系。相关调查发现，有相当一部分大学生投入大量时间甚至是休息时间沉浸于网络社交、虚拟恋爱，却很少参与现实集体活动。不恰当的网恋行为会影响大学生正常的学习生活，加上网络本身具有的虚拟性与匿名性，如不能正确对待，过度投入，可能会导致个体出现一系列不适应问题，对大学生的健康成长产生极大的负面影响。

防止沉迷网恋的方法：

（1）注重现实人际关系的培养，积极参加班级、院校组织的集体活动，在活动中与同学建立友谊，搭建现实人际关系支持网络。同时，注重学习与实践，提高自身综合素质，实现自我多方面发展，避免将所有精力倾注在虚拟网络社交。

（2）多交一些志同道合的朋友，互相交流，以缓解离开家人后的寂寞心情。

（3）学习了解相关知识，消除两性之间的神秘感，学会正常交往，加强理解与沟通。

（六）功利世俗型

以对方的门第、家产、地位、名誉、处所、职业、社交能力等为恋爱的前提条件。

【知识点小结】

1. 大学生的恋爱大多有一定的心理动因并符合成长发展需要，是必然趋势。
2. 大学生的恋爱有很多类型，如何更好地恋爱与成长则需要不断学习。

任务二 爱情理论

【拓展阅读】戏说爱情

厨师说：爱情是一颗洋葱，你一片片切下去总有让你流泪的时候。

医生说：爱情是情感被病毒感染的人，既瞒不住自己，也瞒不住别人。

考古学家说：爱情如水覆水难收；爱情如瓷器，碎了难以复原；爱情如文物，既古老又新鲜。

气象学家说：爱情不怕暗，公园里越黑暗的角落恋人们越爱往那钻；爱情不怕热，爱情不怕冷，冰天雪地里热恋中的人照样逛街。

民俗学家说：情人即仇人，要不为什么称情人为“该死的”和“冤家”呢。

营销专家说：爱情不能复印，每个人的爱情故事都不相同。

语言学家说：我劝朋友写情书时，写“爱”字时宁可多费点事，多写几笔也要写成繁体字，因为里面有“心”，爱情不能没有“心”，简体字不知道为什么把“心”简化了，不过幸好还有个“友”字。

一、爱情的三角理论

美国心理学家罗伯特·斯腾伯格认为，爱情就像等边三角形一样，由激情、亲密和承诺 3 个顶点组成（见图 9-1）。不同的组合会表现出不同的恋爱类型，只有 3 种元素都具备才能成为彼此对的那个人。亲密是两个人之间能够感觉到相互亲近的感觉，是种温暖的体验；激情是一种强烈想和对方在一起的冲动，包括性方面，也包括相互支持；承诺是爱人之间的彼此约定，是维持关系的担保。3 种元素合成了 7 种类型的爱情，依次是：喜欢、迷恋、空洞的爱、浪漫的爱、伴侣的爱、愚昧的爱、完美的爱。

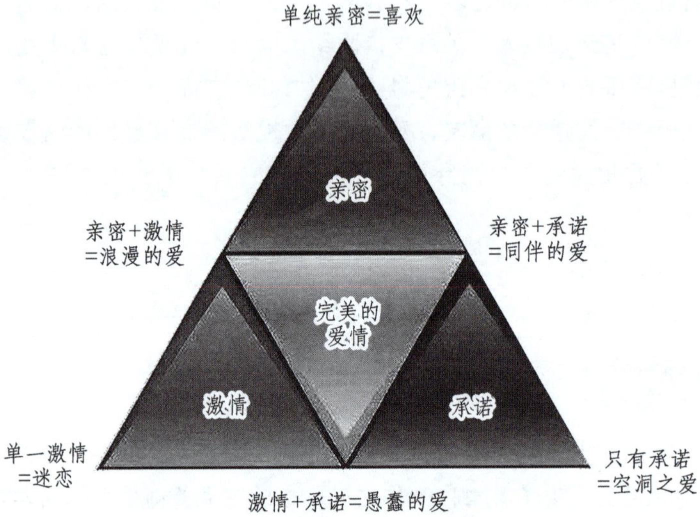

图 9-1　罗伯特·斯腾伯格爱情三角形理论

（一）亲密

亲密指一种亲近的感觉。这种感觉从爱情上来说，就是“当我受伤的时候，我希望有一个能够无条件接受我的人，让我能够感觉到生活很温暖”。这种亲密感来源于婴儿时期我们对抚养者身体上的接触，如父母的轻拍和拥抱。亲密包括以下 10 个基本要素：

（1）渴望促进对方幸福。爱中的一方或者双方以增进对方幸福而做出努力，同时这种努力也期待被对方回馈。

（2）在一起时感到愉悦、幸福，喜欢花时间陪伴彼此。

（3）有属于彼此的共同经历与美好回忆。

（4）互相尊重对方。建立互相尊重的对等关系，互相接纳对方的世界，可以从对方的世界中学习，并获得情感上的满足。

（5）相互理解。真正地理解对方，知道对方所思所想，支持对方的决定并在对方需要的时候以对方能接纳的形式提供帮助。

（6）与恋人分享共同信息与物品。

（7）情感支持。一种良好的情感支持是对爱情的深度滋养，尊重对方的选择，双方建立信任感，即“我是能够被爱人全然理解与支持”的信念。

（8）互相分享秘密，分享个人信息。把自己的生活以坦诚、不设防的方式与对方共享，与爱人分享信息会让彼此更加亲密。

（9）无设防的沟通。恋爱双方能进行真诚、无设防的沟通，分享内心深处的情感，并彼此给予真诚、接纳、积极的回应。

（10）珍重对方。给予对方足够的珍爱与重视，并能通过沟通与行为让对方感受到。

（二）激情

斯腾伯格认为这是爱情中不可缺少的一部分，是由于恋人强有力的吸引，对恋人产生强烈的、着迷的想法，是一种怦然心动的感觉。激情包含显著的性需要，同时归属、支配、服从等因素也是唤醒激情体验的源泉。

激情的发展大致需要经历3个阶段：

（1）表现为行为失去控制，包括表情和身体动作伴随着情绪状态的改变。改变的原因在于意识控制的减弱，表现为行为服从当下情感的控制。

（2）意志控制持续减弱，发生强烈的非理智行为和言语表达。有些行为会引起尴尬和羞耻等情绪体验。

（3）激情休克出现在情绪强烈爆发后，出现精力耗竭、萎靡、疲劳、平静等身心反应。

激情是一种强烈而激动的情感，具有迅猛、激烈、难以抑制等特点。人在激情的支配下，常能调动身心的巨大潜力。激情是爱情中的动力因素，积极正向、适度的激情有助于感情的发展；消极、失控的激情有时会损害亲密关系。

（三）承诺

承诺包含短期承诺和长期承诺。

（1）短期承诺是爱不爱一个人的决定。

（2）长期承诺则是愿意去维持这段关系，是以两人的共同福祉为出发点，愿意承担责任的、长久的爱的承诺。

两者不一定同时具备，比如虽然决定爱一个人，但无法给出承诺承担责任以保证恋爱关系的持续；又或者决定一辈子只爱对方，但不一定会说出口。

二、爱情的依恋理论

Hazan与Shaver通过研究母亲与其1岁孩子的互动提出爱情的依恋理论。他们认为母婴关系与恋人关系有相似之处。与对方在一起时会得到心理满足，与对方分离时则会产生不同程度的分离焦虑。

“最被重视”和“被无条件接纳”的心理需求，例如，婴儿发现没有得到母亲足够的重视时，会通过哭闹等形式吸引母亲的注意力，求得母亲的亲密照料。从婴儿身上总结出的安全型、回避型、焦虑型3种依恋类型也适用于年轻人及成人的恋爱关系。

（一）安全型依附

母亲离开时，婴儿表现出不快乐并想要挽留母亲；母亲离开后能玩玩具等待母亲归来；母亲回来后主动寻求拥抱与亲密嬉戏，被抱一会儿后可以自己接着玩儿。

这种依恋类型体现在爱情中就是能够表达自己的需求，并且照顾到他人的需求；能够积极地看待他人的行为，不担心被抛弃，也不会回避对方的亲密表达。这种类型的人认为自己是值得爱的，他人也是值得爱和信任的。

（二）回避型依附

母亲离开时婴儿不关注，母亲回来后也不关注，婴儿抑制自己焦虑情绪的表达。这与母婴平时的相处经验有关，婴儿在过往的经验中学会了不期望母亲能长时间相伴。

回避型依恋者能够在亲密关系之中敏锐地察觉出危险的因素，并且心中时刻有关系将要破裂的不良预感。程度轻者面对他人的亲密感觉手足无措，不知该怎样回应；程度甚者会因此对另一半缺少信任，在感情中也投入寥寥，并伴随着强烈的自我依赖倾向。

（三）焦虑型依附

母亲离开时婴儿哭闹不安，表现为强烈的抗拒；母亲回来后情绪难以平静，表现为极度依赖母亲，怕母亲再度离去。

这类恋人需要大量亲密表现，对恋情高度重视，害怕被伴侣嫌弃或抛弃；认为自己必须非常努力才能得到伴侣的青睐；常常不安，或怀疑伴侣是否还爱自己，不断地要确认对方的心意，有时激烈的行为表现甚至会使对方敬而远之。

三、爱情发展的 4 个阶段

完整的、真正的爱情一般会经历 4 个阶段：共存、反依赖、独立和共生。阶段之间转换所需的时间不确定，因人而异。

（一）第一个阶段：共存；味道：甜

处于热恋期的男女，总是期待时刻腻在一起，两人在一起的时候总是有说不完的话、逛不完的街，他们的双眼会总是经常保持注视对方，他们的身体会亲密地触碰对方，他们的情绪会紧紧地牵绊对方，他们会用言语毫不吝啬地赞美对方。在这个阶段，爱情像蜂蜜一样甜美怡人，双方会倾注大量的时间和精力在对方身上，恋人在自己心中仿佛是完美的化身，渴望与对方长久地依恋在一起。

（二）第二个阶段：反依赖；味道：酸

共存期过去后，情感趋于稳定，恋爱中的一方或者双方开始渴望有一些属于自己的时间，不再时时刻刻腻在一起。如果双方发展不同步，还处于共存期的另一方会产生被冷落、被忽视的感觉，像柠檬的酸一样。所以这一时期的恋情是敏感而青涩的，同时，这一时期的到来也给恋爱双方的信任带来了考验。如果渴望共存的一方认为渴望独立的一方是背叛感情和不爱了，那么会收获沮丧、痛苦、愤怒等情绪体验，继而引发冲突与争执；如果渴望独立的一方认为渴望共存的一方对其的紧密关注是束缚与怀疑，那么会收获煎熬、焦虑与痛苦等情感体验，继而产生冷暴力等行为反应。不过，在这一时期产生的大部分争执与冲突都是在给恋情加分，经历过争吵的双方会更加了解彼此，对彼此更加真诚与信赖。

（三）第三个阶段：独立；味道：咸

这是第二个阶段的延续，要求更多的独立自主。所谓爱的考验往往出现在这个时期。在这一时期，男女双方会更加理性、认真、长远地去看待两人间的关系，他们会开始着重发展自己，去为两人以后的共同生活做准备。在这个阶段，恋情变得更加纯厚，像美酒。但双方开始面临一些现实困难，如物质条件以及个人发展与恋爱关系的抉择等困境。这些困难给纯美注了一丝丝咸，需要双方更加坚定信心，为未来更加努力奋斗。

（四）第四个阶段：共生；味道：没有味道胜似有味道

终成眷属，走进结婚的殿堂。新的、稳定的、和谐的相处之道已经形成，两人在磨合和探索中建立了深厚的情谊。这个阶段的恋人建立了一种深厚的依恋，达到灵魂的共融，相互扶持，一起为建立家庭奋斗。这时期的恋情就像白开水，虽然少了一些新奇的滋味，但不可或缺。

但是，大部分恋人在第二或第三阶段会遭遇冲突与争执，如果选择分手，那就没有机会步入共生阶段。一个阶段有一个阶段的风景，只有保持一颗成长的心，恋爱中的你们才能收获途中的惊喜。

【知识点小结】

1. 简述爱情的三角形理论。
2. 简述爱情的依恋理论。
3. 简述爱情的4个阶段。

自测成人依恋量表（AAS）

【课堂活动】

观看电影《飘》，用爱情的三角形理论分析女主角和两个男主角的爱情层次。

任务三　如何培养健康的恋爱心理与行为

【导读】

大学阶段的恋爱，一方面满足了大学生的情感需求，丰富了生活体验；另一方面恋爱的不当与恋爱中的不恰当、不理智行为也造成了许多苦恼。可谓“乐也恋爱，苦也恋爱；得也恋爱，失也恋爱；成也恋爱，败也恋爱”。

一、大学生的恋爱误区

为了了解大学生对恋爱的动机和态度，我们统计了“大学生爱情状况调查”卷中“恋爱中你是更看重过程还是结果”这一问题的回答状况。统计结果显示，有超过50%的同学选择了“更看重过程”；超过30%的同学选择了“更看重结果”。从调查结果我们可以看出，当前大学生所持有的恋爱态度和动机不尽相同，其中并不乏持有“万花丛中过，片叶不沾身”这种爱情观的同学。而恋爱又是个人必经的历程，如此这般态度必然会导致走向恋爱误区，并引发一系列问题。

（一）重恋爱过程，轻恋爱结果

大学生恋爱观呈现出“重恋爱过程，轻恋爱结果”的误区，“重在体验”的观点一度被部分大学生认可和践行。部分大学生的恋爱往往只看重过程注重感觉。这类学生在择偶时很少把恋爱行为与婚姻结合起来考虑，缺乏责任感。还有极少数的学生为了显示自己的魅力，同时和几位异性同学交往、周旋。“分分合合，合合分分”“恋爱无所谓失败，只当是人生经验的累积”，因此，“只在乎曾经拥有，不在乎天长地久”自然就有了一定市场。然而，以这种心态投入恋爱，迟早会发现说散就散也不是那么容易做到的，一味地追求这种肤浅的享乐，最终只能体味到过程的空虚，对心理健康的危害不容小觑。

【拓展阅读】失爱之痛

王某在校外学习外语时认识了一女生。4 月中旬的一天，他突闻姥姥去世，悲痛欲绝，找到该女生向其倾诉从小与姥姥共同生活的情景以及对从姥姥处得到的母亲般温暖的深深眷恋。该女生听后，非常感动，马上表示要与他交朋友。他像抓住了救命稻草，立刻把全部感情投入其中。在之后的交往中他的感情越陷越深，时时想念。可该女生自答应与他交朋友后，又十分后悔，觉得自己欠考虑，并多次表示要结束恋爱关系。可他不同意，曾写过血书，表示要断指自杀。由于他的情绪一直处在极度的波动中，并把主要精力放在处理恋爱的关系上，致使其期末考试 3 门科目不及格。该女生毕业后，回到家乡工作，表示与他只能做一般的朋友。他一时冲动，到该女生的单位动手打了她，致使该女生和其单位的领导找到学校。他当众流着眼泪表示不再与她来往，可内心仍觉得自己是真心爱她，不想失去她，控制不住自己的感情。特别是到了节假日，打电话，写信，甚至到这个女生家的门口或上班的路上等她。他知道这只能让她离他更远，而且也违背了自己做人的原则，但他就是不能自控。眼看又接近期末了，王某的情绪更是难以自制，他怕做出失控行为，更怕考试再亮“红灯”。他感到内心痛苦至极，不知怎么办才好。

——根据某心理卫生协会提供的资料整理

处于青春期的大学生，生理、心理逐步走向成熟，男女两性间开始萌发朦胧的爱意，并且开始憧憬浪漫而真挚的爱情。然而，有恋爱就有失恋，这是自然规律，大多数大学生能很好地应对失恋带来的挫折与烦恼，并整理好自己再次出发。然而，也有一部分人沉溺于失恋的痛苦一蹶不振，导致心理失衡，产生抑郁情绪，更有甚者，选择轻生、伤害自我和他人的方式来应对失恋，令人扼腕叹息。

上述案例中的王某就是因为失恋引发了情绪障碍。由于王某从小与爱他的姥姥一起长大，与姥姥建立了亲密的情感依恋。在姥姥去世后，这份依恋无处依托，便把这份依恋投射到女朋友身上，希望用爱情来填补依恋关系的空缺。王某在失恋后不能及时调整自己的情绪，既影响了学业，又影响了与别人的正常交流。因此，对于大学生来说，如何合理地应对失恋、及时恰当地进行自我调整至关重要。在失恋时只有运用恰当的方法宣泄失恋痛苦，及时走出失恋阴影，才能避免走入失恋后的心理误区，避免发生像王某那样的悲剧。

失恋后的自我心理调整方法：

（1）换位思考法。站在对方的立场，设身处地地体验对方的感受，理解对方为何终止恋爱关系。充分地理解有助于你尽快接纳分手的现实。

（2）情感宣泄法。当经历失恋的打击时，你可能在一段时间内会被愤怒、自卑、怨恨、失望、孤独、遗憾等消极情绪所困扰。这时千万不要过分压抑自己的不良情绪，应当主动找亲朋好友倾诉自己心中理不清的爱与恨、怨与愁，以释放心理压力，并听听他们的评说与劝慰，也可用书写和绘画的方式宣泄自己的苦闷，如写失恋日记，把自己的心理体验和情绪感受记录下来，见证自己成长的过程，从一定程度上缓解自己的心理压力，求得心理解脱。

（3）情感转移法。及时并适当地把情感转移到失恋对象之外的其他人或事物上，如积极参加集体活动，在集体的接纳和关怀下充分释放痛苦，也可以投入大自然，在风、阳光、绿树、草地之中放松和释怀。

（4）升华法。失恋后可尽快把精力引向学习中，把失恋升华为一种积极向上的动力。

（二）重感情享受，轻理智控制

大学生心智还未完全成熟，人生经历相对较少，具有易冲动、易感情用事的心理特点，体现在恋爱问题上，则存在着“重感情享受，轻理智控制”的误区。恋爱本应是两颗心的碰撞，两个人彼此支持，但近年来在大学生群体中出现的一些问题不得不引起我们的关注：注重恋爱体验，注重新奇与享乐，注重新奇与刺激，责任心、严谨性在减少，甚至出现游戏人间的恋爱态度，视爱情如游戏，等等。如此轻浮的恋爱态度，实在是害人害己的不当之举。

（三）重两人爱情，轻同学友情

从广义上讲，恋爱只是异性交往的一种特殊形式，异性交往还应该包括友情等非恋爱交往。大学生需要爱情也需要友情，但在现实生活中部分大学生有了爱情就忽略了友情。“有异性没人性”“重色轻友”是我们在校园内常常听到的时髦话语。有的同学恋爱了，心里想的只有恋人，把自己平时的球友、舍友等都抛之脑后，这就是“重色轻友”。有的同学分不清恋情与友情的区别，往往把两者混为一谈，他们只接纳同性之间的友谊而不接受异性之间的友谊，对于异性之间能否产生友谊持怀疑态度，将异性友好的行为当作恋爱示意加以拒绝，以至在异性面前茫然不知所措，结果严重地阻碍了同学之间的正常交往。

（四）择偶标准不实际

大学生在恋爱时最容易出现一见钟情现象。随着社会的发展与进步，大学生在精神上变得越来越独立，在择偶上对物质基础和情感支持的要求都较以往更高；同时，受文艺作品和影视剧乃至明星偶像的影响，大学生往往会把选择对象理想化。如果大学生真的以“荧幕模板”作为择偶标准，可能很难找到合适对象。但如果容许瑕疵，接受平凡，那么生活中或许能找到不少优质对象。

（五）恋爱挫折承受能力差

大学生中有情人虽多，但终成眷属者很少，这样就产生了“失恋大军”。而处于青春年少时期的大学生们，由于经历有限，心智尚未完全成熟，难以正确处理失恋的挫折，一部分学生挣脱不出失恋的泥潭；有的失去信心，怀疑是否会存在真正的爱情，立下誓言“横眉冷对秋波，俯首甘为光棍”；有的自此一蹶不振，失去自信，丧失生活动力，甚至悲观厌世；还有的心怀怨念难以释怀，将对方视为敌人、仇人，伺机打击报复，甚至做出伤害对方的行为。因失恋而失德、失志者虽属少数，但影响深远难以估量。

【拓展阅读】揭秘恋爱趣味心理

1. 吊桥效应——心动不一定是真爱。

当一个人提心吊胆地走在桥上的一瞬间，抬头发现了一个异性，这是最容易产生感情的情形，因为吊桥上提心吊胆引起的心跳加速会被人误以为是看见了命中注定的另一半而产生的反应。就如英雄救美后美女最后会爱上那个救她的英雄一样。

2. 契可尼效应——为什么初恋最难忘？

初恋在人们心中是最懵懂、最青涩，也是最刻骨铭心的，那种小暧昧和情窦初开的懵懵懂懂的爱情让人怀恋。心理学家契可尼做了许多实验发现，一般人对已完成了的或已有结果的事情极易忘怀，而对中断了的、未完成的、未达目标的事情却总是记忆犹新。这种现象被称为“契可尼效应”。

3. 俄狄浦斯情结——为什么会爱上大龄的他/她？

现在的姐弟恋已经不稀奇，但是有的人喜欢的对象却是与自己父母般年纪的人，其实这种恋母或者恋父情结也很普遍。俄浦斯不认识自己的父母，在一次无意中杀死了自己的父亲后，娶了自己的母亲，后来他知道了真相，承受不了心中痛苦，用胸针刺瞎了自己的双眼，自请放逐至蛮荒之地。心理学用此来比喻有恋母情结的人跟父亲做对以竞争母亲的倾向，同时又因为道德伦理的压力，而有自我毁灭以解除痛苦的倾向。

4. 黑暗效应——光线昏暗的地方更易产生恋情。

优雅而浪漫的西餐厅是很多情侣约会的首选，因为在光线比较暗的场所，约会双方彼此看不清对方的表情，就很容易产生安全感。在这种情况下，彼此产生亲近的可能性就会远远高于光线比较亮的场所。心理学家将这种现象称为“黑暗效应”。

5. 首因效应——初次见面为什么重要？

首因效应说的是人与人在第一次交往时给他人留下的印象在对方的头脑中形成并占据着主导地位。

6. 古烈治效应——男人为什么喜新厌旧？

古烈治效应说明了男女思维的差异，男女都有自己思考问题的角度。后来它就成了男性见异思迁、喜新厌旧（或淡旧）的代名词。心理学家把雄性的见异思迁倾向称为“古烈治效应”。这一效应在任何哺乳动物身上都被实验证实了。人为高等动物，不可避免地残留着这一效应的痕迹。男性在心理上有喜新厌旧的倾向也不是什么人格缺陷，而是有着深刻的生理心理基础，但人有良知、有道德，靠这些东西才使人最终脱离动物界。

7. 多看效应——如何擦出爱的火花？

对越熟悉的东西越喜欢的现象，在心理学上被称为“多看效应”。20世纪60年代，心理学家查荣茨做过这样一个实验：他向参加实验的人出示一些人的照片，让他们观看，有的照片出现了二十几次，有的出现十几次，而有的则只出现了一两次，之后，请看照片的人评价他们对照片的喜爱程度。结果发现，参加实验的人看到某张照片的次数越多，就越喜欢这张照片。他们更喜欢那些看过二十几次的熟悉照片，而不是只看过几次的照片，也就是说，看的次数增加了喜欢的程度。

8. 互补定律——为什么性格互补的人更易产生恋情？

人与人在具体内容上能够互相满足，会产生强烈的相互吸引，这就是互补定律。研究表明，任何一个团体，如果全都是性格相近的人，那么很容易造成内部的不和谐，容易发生争执。这是因为性格相近的人需求类似，同时对一个事物产生需求的时候，大家就会产生利益冲突。

9. 罗密欧与朱丽叶效应——为什么受阻挠的爱情更坚不可摧？

在莎士比亚的经典名剧《罗密欧与朱丽叶》中，罗密欧与朱丽叶相爱，但由于双方家庭是世仇，他们的爱情遭到了极力阻碍，但这并没有使他们分手，反而爱得更深，直到双双殉情。我们将这种现象叫作“罗密欧与朱丽叶效应”。所谓“罗密欧与朱丽叶效应”，就是当出现干扰恋爱双方爱情关系的外在力量时，恋爱双方的情感反而会加强，恋爱关系也因此更加牢固。

二、培养健康的恋爱心理与行为

（一）正确把握过程与结果的关系

正像同学们所认可的一样，恋爱是一个美好的过程，在这个过程当中男孩与女孩相互理解，相互支持，彼此陪伴，在恋爱过程中收获到的种种甜美、青涩、苦楚都是恋情最好的调味剂。如果没有恋爱的过程，那么双方则无法培养出亲密的依恋，对对方也难以达到充分的理解与认可。但过程总是与一定的目标相联系的，是以更加长远和共同的感情生活为目的的，没有目的的爱情是盲目而徘徊的，只追求体验与过程不在乎结果的爱情难以结出美好的果实。如果恋爱中的双方抱有不同的目的，一方注重结果，期待恋情能开花结果共同走向婚姻的殿堂；而另一方只在乎过程，只在乎浪漫的体验而不谈承诺与未来，那么双方则很难磨合，可能会造成一方或双方的痛苦。一段美好而珍贵的爱情应该考虑结果，将结果和过程相融合，收获属于两人的幸福。因而，在恋爱当中，既要看重结果，又要顺其自然，适应变化，经得起挫折，这才是健康的恋爱心理。

（二）正确处理理想与现实的关系

有人说，儿童是现实主义者，要吃、喝、玩耍，到手为实；青年是理想主义者，常憧憬未来，抱负远大，想入非非；壮年是功利主义者，要建功立业，拖家带口，抚老养小；老年则是神秘主义者，回首过去，似乎人生有很多偶然和无奈，努力不如机遇，机遇不如命运，人算不如天算，“有心栽花花不发，无意插柳柳成荫”的事情很多，觉得人生难料似乎有某种神秘力量把握着人的命运。

拥有的不是自己理想的，可理想的总因为这样或那样的原因，一直还滞留在远方，这种理想与现实的冲突，可能是很多人一生中或早或晚会遭遇的难题。大学生正处在情感十分充沛细腻的时期，他们从各种文学作品、影视节目、社会报道中编织对于美好爱情的想象，憧憬自己遇见如文学作品中那样完美的恋人，拥有一段完美的恋情；憧憬“一生一世一双人”“朝朝暮暮、惺惺相惜”。然而，不得不承认，在现实中，大学阶段的爱情会面临很多挑战，从恋爱到婚姻还有很长的路要走，还有许多困难需要克服。有时候很有可能，我们苦苦奋斗努力，最终仍然会因为各种原因，对于美好爱情的憧憬难以实现，理想被现实打败。

其实，理想与现实从来都是有冲突的，无论是爱情还是生活，不经过困难的成功根本不叫成功，不曲折就难以谱写美丽的故事。所以，当目标足够坚定而清晰，当人能始终不忘初心并足够用心，爱情方能瓜熟蒂落。当理想与现实发生冲突时，唯有不忘初心，方能结出硕果。

（三）正确处理发展情感与遵守道德的关系

没有合理的情感，就不可能有合理的恋情。人是社会中的人，被一定的社会关系和社会环境所制约，因而人的行为要符合一定的社会道德规范，大学生的恋情仍需置于社会道德的范围内。

道德是一种社会意识形态，它是调整人们之间以及个人与社会之间相互关系的行为准则和规范的总和。道德本质是一种维护集体利益的公共理性，它体现了人们在社会生活中享有的利益和应负的责任。换句话说，道德是更多人的幸福，是一种广义的幸福。

道德因不同的时间和空间条件而异。对当代大学生恋爱而言，道德首先要求恋爱双方都要相互尊重，在对自己负责的同时对对方负责，尊重对方的人格与意志，要知道，爱必须基于自由的意愿才会让对方欣悦。其次道德还要求双方都要对他人和环境负责，大学生的恋爱行为要注意维持群体风气和氛围，遵守校纪校规，不做违反社会风俗、不文明的恋爱行为。没有道德约束的爱情会沦为一己之念，终将演变成极度自私的烈火，烧掉本该美好的未来。爱情是一个人最好的镜子，在爱人这面镜子中总会照出自己的另一面，那也许才是真实的自己，如何更好地去爱是一件值得每个人学习的事情。

（四）正确处理追求恋情与争取进步的关系

谈恋爱与求进步并非互相矛盾，一方面，谈恋爱可能会占用一部分学习工作的时间与精力；但另一方面，恋爱中的双方在学习生活中相互支持，共同进步，会创造一加一大于二的美好未来。好的爱情，是彼此走进对方的心里，理解对方，珍惜对方。当彼此都为了这份爱而努力向上时，爱情才是美好的。我们的成长其实也是爱的能力积累的过程，正确处理追求恋情与争取进步的关系，能使彼此变得更优秀、更自信，最终收获一份属于自己的完美爱情。

【拓展阅读】马克思与燕妮

当马克思在大学里向青年黑格尔派发展的时候，燕妮就明确而坚定地支持他。青年黑格尔派遭到普鲁士反动政府迫害时，马克思谋求大学讲师职位的计划未能如愿时，这是其最失意的时候。已经 27 岁的燕妮毅然推迟婚期，用实际行动表达对马克思的支持。

后来马克思好不容易谋到一个报纸主编的工作，可报社又被政府查封。结婚以后，他们的生活十分清贫，可是燕妮始终如一地支持马克思的事业。马克思的女儿艾琳娜说："没有燕妮，马克思也就不成为马克思，这绝不是夸大。"马克思和燕妮的爱情成为爱情的光辉典范。

（五）正确处理享有感性与保持理性的关系

心理学研究发现，人类通过两种渠道处理信息：一种是本能的、自发的、快速的、体验式的，俗称感性的；另一种是分析的、审慎的，俗称理性的。理性行为与感性情感是紧密相连、相辅相成的。大学生在面对爱情时，总是在不断地进行着理性与感性的交锋，当遇上感情问题时，会思考到底是注重情感还是听从大脑？是应该放肆自己还是要懂得克制？有时这样的冲突会让人感到疲惫、无助、困惑……极致的理性和感性都不可取，前者容易让人错失，冷漠隔离，止步不前；后者容易让人做出错误决定，让人不顾一切，伤害自己也伤害他人。因为爱情不仅有理性的一面，还有感性的一面。在处理感情的过程中，我们要试着了解对方的想法，学会沟通，相互付出。理智而感性的爱是很难得的，需要耐心经营。

【拓展阅读】男女性的不同点

一、沟通方面

1. 男人不明察，女人不明说。
2. 男人活在纵向社会，女人活在横向社会。
3. 男人脑袋思维，女人感受思维。
4. 男人根据合理化行动，女人根据情绪化行动。
5. 男人爱耍酷与耍坏，女人爱梦幻。

二、恋爱方面

1. 男人想成为第一个，女人想成为最后一个。
2. 男人喜欢大家都爱的女人，女人喜欢自己中意的男人。
3. 男人喜欢当第一，女人喜欢当唯一。
4. 男人的恋爱就是一场游戏，女人的恋爱就是为了结婚。
5. 男人得志的时候，需要女人，女人跌到谷底的时候需要男人。
6. 男人因为符号而动情，女人因为信号而动情。
7. 男人要的是浪漫理想，女人要的是浪漫气氛。
8. 男人重视平常日，女人重视纪念日。
9. 男人爱去老地方，女人爱去新开的店。
10. 男人选择沉默，女人选择哭泣。
11. 男人谴责出轨的女人，女人谴责第三者。
12. 男人出轨多半会回家，女人出轨多半会离开家。
13. 男人为性而爱，女人为爱而性。
14. 男人分不清差别，女人看重差别。
15. 男人不爱被分析，女人喜欢被读心。

三、婚姻或同居磨合方面

1. 男人因面子而活，女人因面包而活。
2. 男人收集用不着的东西，女人丢不掉似乎还有用的东西。
3. 男人想当孩子，女人相当女子。
4. 男人一个时段做一件事，女人则在一个时段做很多事。
5. 男人爱发呆，女人易焦躁。
6. 男人不愿改变自己，女人想要改变对方。
7. 男人不道歉，女人不忘记。

四、在职场上的不同

1. 男人要发光发热，女人要闪闪动人。
2. 男人追逐权力，女人要安定感。
3. 男人重视结果，女人重视过程。
4. 男人要的是赞美与肯定，女人在乎的是了解。
5. 男人想要全世界的认同，女人要的是社交圈的认同。
6. 男人爱开会，女人爱聊天。
7. 男人懂得看尊卑，女人懂得看气氛。
8. 男人专心冲刺，女人临机应变。
9. 男人喜欢概括化，女人喜欢具体化。
10. 男人不擅长与同年男子相处，女人不擅长与比自己年轻的女性相处。

【知识点小结】

1. 了解男女天生的不同，避免走入大学生恋爱的误区。
2. 培养健康的恋爱心理与行为。

自测男/女沟通性格验测表

【课堂活动】真诚表达

每个人上场朗诵一段对爱情的憧憬、愿望等语句，或者对心仪对象的表白等。

任务四　健康性心理的培养

【导读】

爱情和与其有关的行为是人生成长必经阶段，其中，性是爱情的重要生理基础。爱情有 3 个基本成分：亲密、承诺和激情。其中，激情就与性爱密切相关。

一、婚前性行为

当恋爱双方有较深感情基础，对彼此有足够了解，能承担行为发生后的责任和义务，并对此有清晰合理的认识时，性行为是水到渠成的。但是，当双方无法承担相应责任和义务时，不可否认，婚前性行为的禁果是苦涩的，行为双方为了一时之快，可能不得不承受终身的苦楚。

【拓展阅读】苦涩的禁果

一名大二女学生王某放假后留在学校，和同校大三的男朋友一起租了校外民房。在偷吃禁果后，王某发现自己这个月没有正常来例假，并开始出现呕吐、恶心、乏力等现象。王某到一小诊所检查后发现自己已经怀孕，这让她和男友非常紧张，情急之下在一家小诊所做了药物流产。结果药物流产不干净，并引起大出血，其男友不得不将她送到医院治疗，险些丢了性命。

一般高校都不提倡大学生发生婚前性行为，但仍有一部分大学生因抵挡不住诱惑而偷吃禁果。由于两性知识缺乏以及对怀孕可能引发的一系列问题缺少应有的心理准备，这种行为往往对大学生的身心造成无法弥补的创伤，既影响学业又为今后的婚姻与家庭幸福埋下隐患。上述案例中的王某就是因抵挡不住诱惑而与男友同居后怀孕，后又到不正规的小诊所做药物流产，险些丢了性命，对自己的身心造成了严重影响。

二、性梦

性梦是指与性活动、性爱刺激、性信号等有关的梦境，梦者有的在梦中仅与异性拥抱、抚爱、亲吻，有的则在梦中与异性发生性关系。性梦是一种正常的性生理，也是一个成年人正常性欲的反映，是正常的心理活动，是一种不由意志控制的潜意识过程，是性欲的一种释放途径。但在现实生活中，一些大学生由于缺乏生活阅历与知识经验，往往把性梦与现实混淆，出现种种认识偏差，因而会产生诸如恐惧、紧张、羞愧以及内疚等异常心理，进而累及身心发展。

【拓展阅读】性梦的困扰

某大学一年级学生李某，平时性格比较内向，与班级同学沟通交流较少。最近一段时间他却经常梦到班级团支书对其示好，梦中居然和其发生了性关系，因此感到极度羞愧。此后每次看到团支书，李某就会紧张流汗，说话也不利索，自此更加避免参加集体活动，平时上课也经常缺勤，学习生活受到极大影响。李某自认为是一个正直、道德感极强的青年，却不知为何连日来都会梦见和女性发生性关系。每每醒来记起梦境，他都感到难堪和羞耻，却又不敢告诉别人，久而久之郁结成病。

使李某苦恼不已的梦叫作性梦。李某并不是个例，每个人都有可能做性梦。处于青春期的少年可能会因为性梦内容产生内疚、羞愧、自责、恐慌、焦虑等情绪感受，重则导致心理障碍。王某之所以不能自拔，原因是荒诞的梦境使他产生了强烈的内疚心理，以至于怀疑自己，影响了身心健康。青春期男女易发性梦是性生理逐渐成熟的反映，性梦可以帮助他们缓解不能得到满足的性需求。其实，人在睡梦中能感受到性快感和性兴奋是一种非常安全的释放性压力的方式，对身心有益处，并不是一种道德水平低下、人格偏差的表现。所以，做了性梦后，我们也用不着为此有负疚感，它是健康与安全的，没有必要自责。正确对待性梦的方式有以下几点：

（1）一方面，要全面、客观地看待青春期性梦，正视性梦，将其视为正常的生理现象，不要上升为道德问题而造成心理负担；另一方面，也不应刻意去回避，顺其自然。

（2）集中精力于学业上，正确对待性文化，避免影视剧、录像带乃至生活中的性挑逗。

（3）积极参加适度的体育活动，使性能量得以合理转移与宣泄，有助于减少性梦的发生频率。

性梦虽然是一种正常现象，但如果性梦过于频繁，也会对人的身心产生影响。导致性梦过于频繁的原因有很多，如果属生理方面的因素，可及时找医生对症治疗。倘若是较大心理压力和负担，则应找专业心理医生咨询。

三、手淫

手淫是指个体为了寻求性快感，用手、衣物或器具摩擦自身外生殖器或其他性敏感区，以达到性高潮，使性紧张彻底消退的行为。在成年人中，手淫是一种常见现象，而大学生属多发人群。对一个身心健康、认识正确的人，适度的手淫并无害处。但是，过度手淫就属于一种性心理障碍，往往容易引起焦虑、自责、恐惧、精神异常等各种心理问题，严重影响身体健康。

【拓展阅读】手淫的焦虑

某大三学生张某，在读大一的时候有了手淫的习惯，之后便一发不可收拾，再加上他性格十分内向，不善于与人交往，所以自慰就成了他闲时唯一可做的事。大半年过后，他发现这种情况严重地影响了他的学习，出现注意力不能集中、记忆力特别差、烦躁、失眠等问题。刚开始时，他只是吃一些安神补脑液之类的药，虽然有一定的效果，如睡眠稍微好一些，但是这种药却让他的手淫更加频繁。后来他去了很多相关的医院治疗，虽然每次治疗后都有一定的效果，但都不能根治，并且他的身体状况一天比一天糟。到现在，他似乎换了一个人似的，记忆力特别差，反应迟钝，注意力不集中，心神不宁，经常胡思乱想，身体虚弱，经常有气无力，做任何事都有种力不从心的感觉。他感觉自己在精神上已经快要崩溃。

上述案例中的张某就是因为对手淫产生了依赖并且过度而引起了注意力分散、胡思乱想、反应迟钝、身体虚弱、精神崩溃等不良状况，既影响其身心健康，又影响学习。对处于青春期的大学生来讲，对待手淫的正确态度是不以好奇去尝试，不以发生而懊恼。

大学生预防手淫过度可以从以下几点出发：第一，多参加集体活动，扩大人际交往范围，把注意力转向其他健康方面，克服思想过于集中的现象。第二，培养良好的兴趣爱好，将性能量升华为促进更加美好生活的动力。第三，学习掌握有关性的基本知识和技巧，掌握正确处理性紧张与性冲动的方法。第四，注意生活规律与生活调节。例如，少看刺激性的视频；避免穿过紧的衣裤；按时睡眠，睡眠时被褥不要过暖过重；少食刺激性食物，如酒、咖啡、辛辣食品；养成良好的卫生习惯，注意保持性卫生。

【知识点小结】

对处于青春期的大学生来讲，婚前性行为、性梦和手淫都是常见的性心理困扰。正确的态度是不以好奇去尝试，不以发生而懊恼。

【课堂活动】约会 6 分钟

1. 给每一位到场的同学发一张写好数字的小卡片，现场登记每位参与者所对应的号码，大体上保证女生发双号，男生发单号。

2. 将参与者带至指定地点，按抽签位置坐好。

3. 说明活动规则：不能追问对方真实姓名和联系方式（包括手机和邮箱等）。举止文明，不使用下流、不文明或骚扰性语言。约会时间 1～6 分钟，必须遵守时间规则交换人选。活动结束后，不允许对其他参与者采取追问、跟踪等手段。活动时，参与者将愿意与其成为朋友者的编号写在卡片反面（现场每人发一支笔）。活动结束后，收集卡片并汇总。

4. 由主持人负责计时，到时间吹哨子，参与者便交换位置。

按照以上要求重复 8 次，进行信息汇总及匹配。如果两位参与者都表达了愿意与对方成为朋友，便可通知他们。

【课后思考与自评】

表 9-1　自我评价

项目	自评	备注
知识掌握	1　2　3　4　5	
活动参与	1　2　3　4　5	
实践应用	1　2　3　4　5	

专题十　生涯发展与规划

学习目标

1. 了解生涯规划的重要意义，能根据生涯规划的方法和步骤写一份生涯规划书。
2. 探索自己的职业兴趣和职业理想，制定生涯目标。
3. 明确生涯发展需要的基本能力和素质，并有意识地去提高各项能力。

任务一　初识生涯规划

【导读】

大学几年匆匆而过，大学毕业是人生的一个重要转折点，很多大学生对于毕业后该何去何从充满了困惑，有的同学对未来一片茫然，而这个决定会影响他们的一生。没有方向的船，什么方向的风都是逆风。生涯规划就是那座指引我们的灯塔，让我们找准前进的方向，做好劈风斩浪的准备。

一、生涯规划概述

（一）生涯的概念

生涯发展学者舒伯（Donald E. Super）在 1953 年提出了“生涯”的概念，把生涯看作一个持续渐进的过程，从童年开始伴随人的一生。为了综合阐述生涯发展阶段与角色彼此间的相互影响，舒伯创造性地描绘出一个多重角色生涯发展的综合图形——生涯彩虹图（见图 10-1）。

1. 横贯一生的彩虹——生活广度

在生涯彩虹图中，横向层面代表的是横跨一生的生活广度。彩虹的外层显示人生主要的发展阶段和大致估算的年龄：成长阶段（约相当于儿童期）、探索阶段（约相当于青春期）、建立阶段（约相当于成人前期）、维持阶段（约相当于中年期）以及退出阶段（约相当于老年期）。在这 5 个主要的人生发展阶段内，各个阶段还有小的阶段。舒伯特别强调各个时期的年龄划分有相当大的弹性，应依据个体的不同情况而定。

2. 纵贯上下的彩虹——生活空间

在生涯彩虹图中，纵向层面代表的是纵贯上下的生活空间，由一组职位和角色所组成。舒伯认为，人在一生当中必须扮演 9 种主要的角色，依次是：儿童、学生、休闲者、公民、工作者、夫妻、家长、父母和退休者。各种角色之间是相互作用的，一个角色的成功，特别是早期的角色如果发展得比较好，将会为其他角色提供良好的关

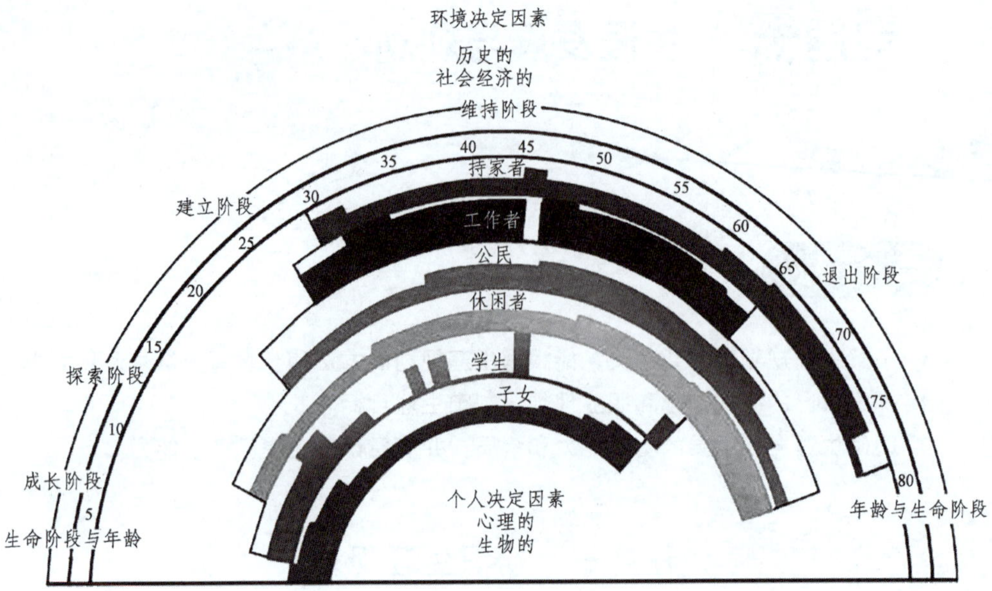

图 10-1　生涯彩虹图

系基础。但是，在一个角色上投入过多的精力，而没有平衡协调各角色的关系，则会导致其他角色的失败。在每一个阶段对每一个角色的投入程度可以用颜色来表示，颜色面积越多表示该角色投入的程度越多，空白越多表示该角色投入的程度越少。生涯彩虹图的作用主要是对自身未来的各阶段进行调配，做出各种角色的计划和安排，成为自己的生涯设计师。

在生涯彩虹图中，我们可以发现人生的每一个阶段都有主要的角色和任务，每个角色的任务都是独特的。我们应该对未来每个阶段的角色进行合理的设计和安排，做出合理的规划，从而能够在人生的舞台上扮演好每一个角色。

【课堂活动】生涯彩虹图

回顾自己从出生到现在的人生经历，思考自己扮演过哪些角色？未来的人生中期待自己能够扮演哪些角色？请画出自己的生涯彩虹图（见图 10-2）。

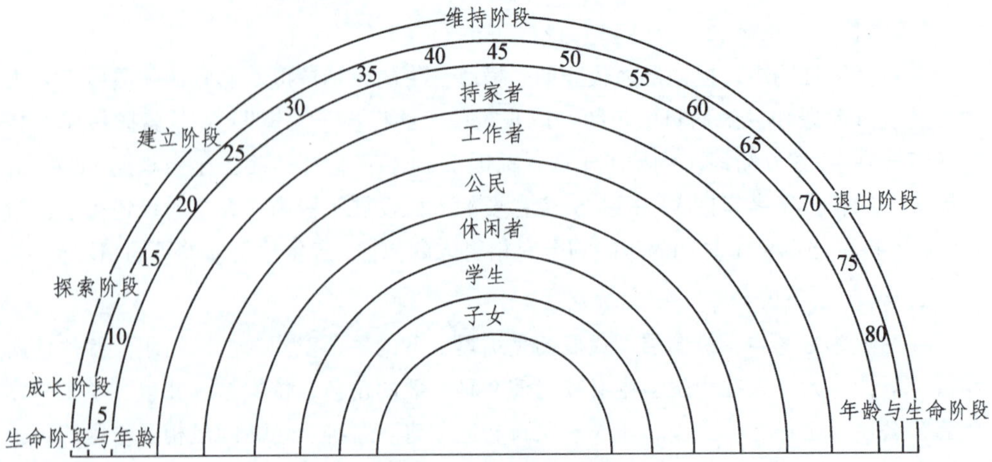

图 10-2　绘制生涯彩虹图

绘制的过程中用不同颜色表示不同角色，对该角色投入越多则颜色面积画得越大，投入越少则空白处越多。请对不同阶段的角色进行合理安排。

思考：

（1）绘制生涯彩虹图时你有什么感受？

（2）看到周围同学的生涯彩虹图，你受到了什么启发？

（二）生涯规划的概念

生涯规划是对自己如何过一个充实、有意义的人生的规划。生涯没有成败，只是一种意义选择。

职业生涯规划是指对职业生涯进行的系统计划，它不同于生涯规划或人生规划，生涯规划的范围更广泛，不仅包含对职业的规划，还包含兴趣、爱好、婚姻、家庭、生活等多方面的规划。但是我们通常说的生涯规划或人生规划基本等同于职业规划，主要强调对职业生涯进行的规划。

（三）生涯规划的意义

思考：

（1）你对自己未来的人生或者职业有过规划吗？或者有过朦胧的想法吗？

（2）你们觉得有必要做职业规划吗？特别对于未来的工作已经基本确定的同学，还需要做职业规划吗？

（3）是不是所有人都要做职业生涯规划？

（4）我们为什么要进行职业生涯规划？职业生涯规划有什么好处？

1. 明确职业发展目标和方向

古人说，凡事“预则立、不预则废”。大学生正处于人生的关键转型期，即将从学生角色转换为职业角色。在这个过程中，大学生如果没有清晰明确的职业发展目标，没有全面客观的自我认识和对外部职业环境的了解，可能会感到迷茫、困惑、无助，大学期间可能还会荒废虚度。做好职业生涯规划就是确定一个适合自己的职业发展目标，制订可行的计划和策略，充分利用在校时间培养自己的职业素养和职业能力，提升学习的主动性，为未来的职业发展做好准备。

2. 发觉自我潜能，提升自身的综合素质

面对竞争激烈的就业环境，如何在其中找到有利位置，创建良好的生涯形态，找到适合自己发展的职业平台，大学生需要拥有过硬的专业技能和职业素养。通过一份行之有效的职业生涯规划，可以帮助大学生正确认识自身特质、潜在资源和优势，对自己的优劣势进行分析，将竞争压力转变为学习动力，充分利用各种机会不断学习并提升自己，努力提高自己的综合素质、职业能力和就业竞争力，不断完善自我，从而提升自己的核心竞争力。

3. 有效促进心理健康

进行生涯规划的过程中，大学生可以更加全面客观地认识自己、接纳自己，了解并发挥自己的优势，弥补自身的不足，根据职业要求全面提升自己的职业能力、综合素质，提高自身的竞争力，建立自信。人本主义心理学之父马斯洛认为，具有自我实

现的人格特征的人就是心理健康的人，生涯规划的最高目标就是追求自我实现，帮助我们提升能力、提高自我价值感、活出真我、绽放生命、实现自我价值。

【拓展阅读】诸葛亮的“职业生涯规划”

东汉三国时期，群雄逐鹿，人杰辈出。与绝大多数怀才不遇者的思维定势相反，长期隐居南阳草庐的诸葛亮一出山就投靠了当时最势单力薄的刘备，并终生为其奔走效力。

在为刘备做出杰出贡献的基础上，诸葛亮实现了个人事业的成功——这归根结底取决于诸葛亮近乎圆满的职业选择规划！

首先，诸葛亮的个人职业发展定位非常清晰。诸葛亮自幼胸怀大志，始终以春秋战国时期两位著名的最高参谋管仲、乐毅为个人楷模，立誓要成为他所处时代杰出的“谋略大师”，为光复汉室贡献力量；同时，诸葛亮也非常清楚：他自己长期积累的才干已具备了实现职业目标的可能！

其次，从应聘对象选择上看，诸葛亮也独具慧眼：曹操已经统一了半个中国，实力雄厚，最有资格挑战全国统治权；孙权只求偏安自保；而势力最为弱小的刘备却具备快速成长，与曹操、孙权三足鼎立乃至在此基础上一统天下的可能性。

原因在于：第一，刘备始终坚持光复汉室的理想并在全国赢得了相当大的一批支持者，这与诸葛亮的个人价值观吻合；第二，刘备品性坚忍顽强，敢于与任何强大的敌人对抗；第三，刘备待人宽厚谦和，团队凝聚力强；第四，刘备是汉朝皇族后裔，具备名正言顺继承“大统”的资格。以上条件恰恰是刘备增值潜力最大的资源且其他诸侯很难模仿、替代。此外，还有一个非常重要的原因：到赤壁之战前夕，曹操和孙权两大阵营都已人才济济、颇具规模，诸葛亮若去投奔，最多也只能成为一名“中层管理人员”；而刘备阵营当时主要由一些武将构成，高级参谋人才奇缺，诸葛亮完全有可能被破格提拔进入最高领导层！

最后，在个人能力和知识储备方面，诸葛亮更是做足了充分准备！

诸葛亮在与外人言谈中每每自比管仲、乐毅，一方面展现了个人的卓越才华，另一方面也表明他对“和谐双赢”的君臣关系的向往。诸葛亮个人才能等重要信息最终通过各种渠道传递到了刘备那里。

诸葛亮通过逻辑严谨的精彩表述充分展现了他个人对国内军事、政治形势以及刘备阵营未来发展战略的全面深入思考，令刘备大为叹服！此后，刘备始终待诸葛亮为上宾，全部重大决策都要与其协商探讨，甚至在临终之时还有托孤让位之举。诸葛亮也始终对刘备忠诚一心，鞠躬尽瘁！深厚的君臣情谊是刘备的事业蓬勃发展，最终与曹操、孙权三足鼎立的重要因素。

二、生涯规划的认识误区

（一）计划不如变化快，不用做规划

有人说，计划不如变化快，未来瞬息万变，不可能完全按照计划来，到时候还要去改，还不如走一步看一步，所以没有必要做计划。然而，事实上，规划在制定的过程中是需要考虑自身的特点、环境的影响等一些变化和不确定因素的，并且在执行的

过程中要不断修正。此外，正是因为时代变化太快，我们才需要通过规划来让自己做更充分的准备，面对未来的变化时才不会被淘汰。

美国哈佛大学 30 年前曾对当时的在校学生做过一项调查，发现没有目标的人占 27%，目标模糊的人占 60%，短期目标清晰的人占 10%，长期目标清晰的人只占 3%。30 年后的追踪结果表明，没有目标的人基本上生活在社会的最底层，长期在失败的阴影里挣扎；目标模糊的人基本生活在社会的中下层，他们没有多大的理想和抱负，整日为生存疲于奔命；有短期目标的人大多进入了白领阶层，他们生活在社会的中上层；有着清晰的长期目标的人，他们为了实现既定的目标，几十年如一日，努力拼搏，积极进取，百折不挠，最终成了行业领袖或精英人物。

制定职业生涯规划可以把人生有限的时间和精力集中起来，用在最该用的地方，从而获得事业的成功和实现人生目标。因此我们应该谋定而后动。

（二）职业规划等到即将毕业时再做也不迟

职业生涯规划不仅仅是选择未来从事的职业，更是对未来整个人生包括家庭、事业、生活、人脉等全方位的考量和规划。所以进入大学后，都应该对未来的职业进行长期系统的规划，包括但不限于对大学时光的规划。规划后利用大学几年的时间，去做有针对性的知识、能力、人脉等方面的准备，培养自身的内在职业素养，为步入工作岗位做好充分的准备。

职业生涯规划其实在高中，高考前就应该开始，这样选择读什么大学、学什么专业的时候会更有针对性。

（三）制定职业规划急功近利

曾有一项在数百名大学生中所做的调查显示，95%的同学表示自己两年之内要做主管，5 年后成为部门总监；77%的同学说，35 岁之前要成为年薪 50 万～100 万的职业经理人，还有 20%的同学表示毕业后 10 年之内上《福布斯》等知名杂志的富豪排行榜，做一名“金领”。

有专家指出，许多人在大学时代就已经形成了对未来职业的一种预期，然而他们往往忽视了对个体年龄和发展的考虑，就业目标定位过高，过于理想化。为自己制定职业规划是件好事，但不宜急功近利，追求速成，这样会导致眼高手低。

（四）缺乏对自身的全面了解

许多人没有做好自身的职业规划，首要的原因是对自己认识不清，不知道自己想干什么、适合干什么，想进行职业规划，但不知如何下手。

在制定自己的职业规划时，最好是面对现实，做一个全面的自我分析，做好“四定”。即“定向”，就是确定自己的职业方向；“定点”，就是确定自己职业发展的地点；“定位”，就是确定自己在社会上的位置；“定心”，就是做到心平气和。这些实际上就是解决职业生涯设计中“干什么”“何处干”“怎么干”“以什么样的心态去干”4 个最基本的问题。这样既可以防止“低价出售”自己，也可以防止期望值过高而一无所获。

（五）专业就是职业

一般来说，80%的专业决定不了职业。专业是学习阶段的任务，在某种程度上是一种被动地接受，而职业则是毕业后的任务，是一种主动的谋生手段。两者唯一的关联恐怕只是一些知识背景。谁都希望自己选择的专业就是今后的职业，但真正发现要转行时，所付出的代价恐怕也仅止于“知识背景”而已。大学的专业，很大程度上是被动接受知识；而为理想、为事业甚至为生存去从事一项工作时，得主动去学习充电，培养职业要求所需要的专业精神。尽管大家已经选择了轨道交通行业，但是未来依旧有无限的可能，即使未来的职业就是轨道交通行业，一个合理的职业规划也可以帮助我们的职业之路走得更稳、更高。

三、生涯规划的内容

合理设计职业生涯规划是大学生通向成功的第一步。一个完整有效的职业生涯规划文案应该包括以下几部分内容：

（一）自我认识与评估

自我评估的目的是认识自己、了解自己。因为只有认识了自己，才能对自己的职业做出正确的选择，才能选定适合自己发展的职业生涯路线，才能对自己的职业生涯目标做出最佳设定。自我评估包括自己的兴趣、特长、性格、知识、技能、智商、情商、思维方式、思维方法以及社会中的自我等，既要对自己的优势进行评估，也要对自己的劣势进行评估。

（二）生涯机会评估

职业生涯机会的评估，主要是评估各种环境因素对自己职业生涯发展的影响。每一个人都处在一定的环境之中，离开了这个环境，便无法生存与成长。所以，在制定个人职业生涯规划时，要分析行业发展的情况、环境条件的特点、环境的发展变化情况、自己与环境的关系、自己在这个环境中的地位、环境对自己提出的要求以及环境对自己有利的条件与不利的条件等。只有对这些环境因素有了充分了解，才能做到在复杂的环境中趋利避害，使自己的职业生涯规划具有实际意义。环境因素评估主要包括：组织环境、政治环境、社会环境、经济环境、行业发展、人际环境、社会支持等。

（三）选择合适的职业

职业选择正确与否，直接关系到人生事业的成功与失败。据统计，在选错职业的人当中，有80%的人在事业上是失败者。正如人们所说的“女怕嫁错郎，男怕选错行”。由此可见，职业选择对人生事业发展至关重要。选择正确的职业时在自我分析和生涯机会评估的基础上，需要考虑以下几点：① 性格与职业的匹配；② 兴趣与职业的匹配；③ 特长与职业的匹配；④ 内外环境与职业相适应。

（四）确定目标

目标的设定是对人生目标做出的选择，这个选择是以自己的最佳才能、最优性格、最大兴趣、最有利的环境等信息为依据而做出的。几年前，美国作家盖尔·希伊出版了一部畅销书，书名叫《开拓者们》。他在撰写这部书的时候，通过一份内容十分广泛的“人生历程调查问卷”间接地访问了6万多个各行各业的人士。他发现那些最成功和对自己生活最满意的人至少有两个共同的特点：第一，他们喜欢有更多的亲密朋友；第二，他们都致力于实现一个略超过其实际能力的目标。根据希伊的研究，这些开拓者们觉得他们的生活很有意义，而且比那些没有长远目标驱使其向前的人更会享受生活。正如一句谚语所说的：“如果你不知道你要到哪儿去，那通常你哪儿也去不了。”有效的职业规划需要切实可行的目标，以便排除不必要的犹豫和干扰，全心致力于目标的实现。

（五）制订计划与措施

在确定了职业生涯目标后，行动便成了关键的环节。没有达成目标的行动，目标就难以实现，也就谈不上事业的成功。这里所指的行动，是指落实目标的具体措施，主要包括学习、工作、训练等方面的措施。例如，为达成目标，在工作方面，你计划采取什么措施提高自己的工作效率；在业务素质方面，你计划学习哪些知识、掌握哪些技能来提高自己的业务能力；在潜能开发方面，采取什么措施开发自己的潜能；等等。这些都要有具体的计划与明确的措施。

（六）评估反馈

影响职业生涯规划的因素有很多，有的变化因素是可以预测的，而有的变化因素难以预测。在此状态下，要使职业生涯规划行之有效，就必须不断地对职业生涯规划的执行情况进行评估。首先，要对年度目标的执行情况进行总结，确定哪些目标已按计划完成，哪些目标未完成。其次，对未完成目标进行分析，找出未完成原因及发展困难，制定相应解决困难的对策及方法。最后，依据评估结果对下一年的计划进行修订与完善。如果有必要，也可考虑对职业目标和路线进行修正，但一定要谨慎考虑。

任务二　走进生涯规划

【导读】

戴高乐曾说：“眼睛所看到的地方就是你会到达的地方，伟人之所以伟大，是因为他们决心要做伟大的事。”明确我们的职业兴趣和理想，找到努力的方向和目标，不断探索和开发自身潜能，才能准确把握人生方向，塑造成功的人生。

一、自我认识与生涯机会评估

进行职业生涯规划需要对自己有全面的认识，了解自己的优势、劣势、适合干什么、想要干什么、能干什么，同时需要对环境资源进行评估，分析环境条件的特点、环境的发展变化情况、自己与环境的关系、自己在环境中的地位、环境对自己提出的要求、环境对自己的有利不利条件、国家政策、经济环境、组织环境等。

（一）SWOT分析

SWOT分析也叫态势分析，在企业管理中较常用，主要分析企业的优势劣势、面临的机遇和挑战，从而制定相应发展战略、计划或者对策。但同样适用于个人的自我分析。通过自我剖析和挖掘的过程，我们可以对自己有更加全面地认识和了解，不再局限于对自己的知识技能和兴趣选择上，会综合分析性格、能力、兴趣、资源、环境等因素，在职业选择上做出一个更加合适合理的选择。

1. S（Strength）：优势

充分了解自身的优势有助于发挥自身特长，最大化自己的长处。很多时候，由于谦虚谨慎，我们很难发现自身的闪光点，而事实上每个人都有自己独特的技能、天赋和能力。

在分析自身优势时，可以问自己这些问题：

（1）你学习过什么？有哪些知识技能方面的优势？

（2）你做过什么？有什么样的人生经历和体验？

（3）你的性格特征方面有哪些优势？

（4）有没有哪些事情你做得比别人好？

（5）你收到的最多的赞美是什么？

（6）你在什么领域最感到如鱼得水？

（7）你在做什么事时最专注？

（8）你可以从哪些事情上找到成就感？

（9）你有哪些特别好的习惯？

（10）平时在哪些活动上投入最多时间？

（11）你有哪些可以联系的个人资源、关系网？

（12）你有哪些引以为傲的成就？取得过什么成功？

通过对学习、实践活动、过往经历和个人资源的分析深挖自己的优势和闪光点，形成职业规划的有力支撑。每个人在寻找自己的职业方向时，都要从自己的优势出发，以己之长立足于社会。

2. W（Weakness）：劣势

没有人是一无是处的，同样也没有人是完美无缺的。人无完人，找到自己的缺点和劣势是同等重要的。有的人更擅长发现自己的缺点，而有的人不愿意直面自己的短处。因此，在进行自我分析时要尽量做到客观全面。

在分析劣势时，可以问自己这些问题：

（1）有什么事情或任务是你经常会去逃避，觉得没有信心完成的？

（2）你对自己掌握的知识技能有信心吗？哪些方面最弱？

（3）你最想拥有什么能力或技能？

（4）你最不擅长的活动是什么？

（5）你最讨厌做的事情是什么？

（6）做什么事情让你感到有压力？

（7）你有哪些性格方面的劣势？

（8）你有哪些不良的生活或工作习惯会影响自己的职业发展？

（9）你接受过哪些批评？有无道理？

通过对劣势的自我分析，找到自己可以改进的不足，做出有针对性的改进计划去执行、改进和提高。对于难以改变的地方，在未来求职时可以选择那些对这些特点要求不高的职业。

3. O（Opportunity）：机会

法国19世纪浪漫主义作家大仲马曾说过：“谁若有一刹那的胆怯，也许就放走了幸运在这一刹那间对他伸出来的香饵。”所以我们想要成功，当机会来临时能够抓住，就得从现在开始做好准备，机会都是留给有准备的人的。

分析机会时，我们可以问自己这些问题：

（1）你未来要从事的行业/领域发展前景如何？

（2）你未来要去的公司发展如何？

（3）你是否有机会经常参加学习培训或者实践活动？

（4）你的专业技能是否有竞争力？

（5）你身上有哪些别人不具备的能力/技能？

（6）你有没有可以提供良好职业建议的社会支持？

（7）如果未来工作中有同事请假或离职时，你能否承担他的工作来积累经验？

（8）你可以通过改善你的弱势给自己提供更多机会吗？

（9）外部环境有哪些对你有利的因素？

SWOT 分析中的机会是指我们所处的社会环境中我们所占据的对我们有利的因素，人是社会的人，无法摆脱社会环境单独存在，做好充足的准备，及时抓住时代的机遇，更有利于成功。

4. T（Threat）：威胁

不同的行业，不同的公司都会面临不同的外部机会和威胁，这些威胁可能也会对我们的职业发展产生影响，所以人生规划也不可避免地要对未来的威胁进行分析。威胁是你所处的社会环境中你所面临的不利因素。

分析威胁时，我们可以问自己这些问题：

（1）你未来要从事的行业在发展中会面临哪些威胁？

（2）日益发展的技术是否会威胁你的职位？

（3）有哪些即使你不断提升和改进仍无法改变的环境因素？

（4）工作中面临的障碍是什么？

（5）你的经验和技能是否会过气？

（6）外部环境中有哪些对你不利的因素？

（7）行业/领域中有哪些阻碍你个人发展的因素？

（8）同事的竞争是否会对你造成威胁？

对威胁进行分析，也是为了让我们能够未雨绸缪，建立危机意识，不断自我更新，做好充足的应对，立于不败之地。

【课堂活动】SWOT 分析

客观地认识自己是尽快适应职业角色的重要前提。对自己做一个细致的 SWOT 分析，可以帮助了解自己在职业能力、职业兴趣等方面的优势和不足，评估自己感兴趣的职业机会和面临的威胁。

1. 请在表 10-1 中第一行填写你的优势和劣势，包括你的知识技能、性格特点、工作实践经验、通识能力等内部因素。

表 10-1 SWOT 矩阵

	优势（S） 1. 2. 3.	劣势（W） 1. 2. 3.
机会（O） 1. 2. 3.	SO 组合：大力发展	WO 组合：利用机会，回避弱点
威胁（T） 1. 2. 3.	ST 组合：利用优势，降低威胁	WT 组合：学习提升

2. 根据你未来想要从事的职业，分析一下外部的机会和威胁，填写在左边第一列，包括行业发展前景、就业机会、晋升机会、人脉、国家政策等。

3. 面对内部优劣势和外部机会与威胁，你将会如何发挥和运用自己的优势和机会、避免劣势、减少威胁？请将策略填写在表中。

思考：

（1）你的优点能否弥补职业面临的威胁？如果不能，你会如何回避威胁？

（2）你的缺点能不能用行业机会去弥补？如果不能，你要如何提升自己？

（二）探索职业兴趣

职业兴趣是兴趣在职业领域的延伸，指人们对某种职业活动产生的比较稳定而持久的心理倾向。职业兴趣对我们的职业选择和职业规划具有重要的作用。

职业兴趣如果能和我们的职业匹配，可以更好地激发个人的工作热情和动力，最大限度地发挥个人潜能，深入钻研，创造性思考，提高工作效率，在工作上取得成绩，有所建树，提高对工作的满意度和职业稳定性。

选择轨道交通行业的大学生，可能跟大多数大学生一样，选择专业的时候懵懵懂懂，不知道自己到底喜欢什么，想干什么，凭感觉或者听从父母的意见，选择了专业。前文提到，专业并不等同于职业，所以了解自己的职业兴趣对未来的职业发展至关重要。

【课堂活动】霍兰德职业兴趣岛

你和朋友一起去海上旅游，在航行过程中，你看到了 6 个小岛，这 6 个小岛各有特色。

1. 自然原始的岛屿：岛上自然生态保持得很好，有各种野生动物。居民以手工见长，自己种植花果蔬菜、修缮房屋、打造器物、制作工具，喜欢户外运动。

2. 深思冥想的岛屿：有多处天文馆、科技博览馆及图书馆。居民喜欢观察、学习，崇尚和追求真知，常有机会和来自各地的哲学家、科学家、心理学家一起交换心得。

3. 美丽浪漫的岛屿：岛上到处都是美术馆、音乐厅，街头雕塑、街边艺人，弥漫着浓厚的艺术文化气息。居民保留了传统的舞蹈、音乐与绘画，许多文艺界的朋友都喜欢来这里找寻灵感。

4. 友善亲切的岛屿：居民个性温和、友善、乐于助人，社区到处都是一个亲密互助的服务网络，人们重视互助合作，重视教育，关怀他人，充满人文气息。

5. 显赫富庶的岛屿：居民善于经营和贸易，能言善道。经济高度发展，处处是高级饭店、俱乐部、高尔夫球场。来来往往的人大多数都是企业家、经理、政治家、律师等成功人士。

6. 现代井然的岛屿：岛上的建筑十分现代化，是进步的都市形态，以完善的户政管理、金融管理见长。岛上的居民个性冷静保守，处事有条不紊，善于组织规划，细心高效。

思考：

（1）如果你要在其中一个岛屿上度过一生，你会选择哪个岛？为什么？

（2）你第二会选择哪一个岛？

（3）你第三会选择哪一个岛？

（4）你一定不会选择的是哪一个岛？

这个小游戏是霍兰德职业兴趣岛测验，6 个岛屿代表着 6 种职业兴趣类型。（其中第一个是主要兴趣，第二、三个是辅助兴趣）

（1）自然原始的岛屿代表的职业兴趣是实用型（R）。这种类型的人喜欢从事具体的事务性的工作，喜欢体力性、技术性的工作，擅长使用工具，喜欢与机械打交道，动手能力强，喜欢户外活动。不喜欢模糊的、抽象的问题，不善于交际。典型职业为工程师、木匠、医生、机械行业的工作等。

（2）深思冥想的岛屿代表的职业兴趣是研究型（I）。这种类型的人喜欢收集和处理信息，探索和理解事物，重视分析与内省，好奇心强烈，倾向独立工作，平静内敛，爱好分析和抽象推理等智力活动。典型的职业为各种科学家、实验室研究人员、程序设计员等。

（3）美丽浪漫的岛屿代表的职业兴趣是艺术型（A）。这种类型的人具有独创的思维方式和丰富的想象力，直觉强烈，感情丰富，追求美、自由、变化，喜欢创造和自我表达类型的活动，如音乐、美术、写作、戏剧。典型的职业为音乐家、画家、作家、诗人、导演、设计师等。

（4）友善亲切的岛屿代表的职业兴趣是社会型（S）。这种类型的人喜欢和人打交道，洞察力强，乐于助人，善于合作，重视友谊，热情关心他人的幸福，有强烈的社会责任感、良好的人际交往技能、敏感的关系体验，总是关心自己的工作能对他人及社会做多大贡献。典型的职业为教师、医护人员、心理咨询师、社会工作者等。

（5）显赫富庶的岛屿代表的职业兴趣是企业型（E）。这种类型的人喜欢领导和支配别人，追求领导力与社会影响，为达到个人或组织的目的而说服别人，言语说服能力强，希望成就一番事业，对自己充满自信，精力旺盛，喜好发表意见和见解。典型的职业为企业家、管理人员、销售人员、律师等。

（6）现代井然的岛屿代表的职业兴趣是事务型（C）。这种类型的人喜欢固定的，有条理、程序化的活动，如组织和处理数据等，希望确切知道工作的要求和标准，愿意在一个大的机构中处于从属地位，忠诚、乐于执行与服务，工作认真细致、条理性好。典型的职业为会计师、出纳、税务专家、秘书、行政助理等。

（三）明确职业理想

职业理想是人们在职业上依据社会要求和个人条件，对未来工作的行业及获得事业成就的向往，即个人渴望达到的职业境界，与人的世界观、人生观、价值观密切相关。职业理想是我们努力的方向。人生发展的目标是通过职业理想来确立的，并最终通过职业理想来实现。

职业理想对个人的职业选择与职业发展有着重要的导向作用。大学生正处于职业探索和职业准备的重要阶段，拥有明确的职业理想可以帮助大学生确定大学阶段的奋斗目标和学习任务，以便在未来职业发展的各个阶段都能找到明确的奋斗方向，激励大学生克服重重困难和挫折，从而让美好的职业理想成为现实。

【课堂活动】多年之后我是谁

想一想，你的职业理想和职业兴趣是什么？这意味着你将来可能从事哪些工作？希望下面的“多年之后我是谁”活动能对你有所启发。

请慢慢地闭上眼睛，让自己放松。

想象一下，时光飞速流逝。5 年过去了，那时候的你在哪里？你的职业是什么？你在职场上处于什么样的位置？和你一起工作的人都是什么样子的？你对自己的职业环境、工作伙伴以及自己满意吗？10 年之后呢？

转瞬，20 年过去了，你实现了自己的职业理想。这时候，你从事着什么工作？其中最让你感到自豪的事情是什么？

岁月如梭，几十年后，你结束了无悔的一生，与世长辞。你的家人和朋友来参加你的葬礼，并发表对你的悼词。你认为他们是谁？你希望他们如何评价你的一生？

请睁开眼睛，写下你的感受和想法。

思考：

（1）你的职业理想和职业兴趣分别是什么？

（2）在本活动中，你有哪些触动或感悟？

（3）在实现职业理想前，你可能会遇到哪些阻碍或困难？

在树立职业理想之前，我们需要全面认识自己，了解自己的生理特点、心理特点、各方面能力和潜能，了解社会发展的趋势和对人才的需求，了解职业的发展前景、对能力素质的要求，工作的性质、环境等。在全面分析了解的基础上，才能做出合理的选择，树立合适的职业理想。

【拓展阅读】如果职业理想与现实发生冲突

首先，分析自己的职业理想是否定得过高。职业理想必须以个人能力为依据，我们在选择职业之前要客观地评估自己，给自己一个合理的定位。

其次，正确对待自己的职业。有些同学在工作中一遇到困难就抱怨工作太辛苦，对实现职业理想悲观、失望。其实，遇到困难和挫折本来就是工作常态，是一种磨炼。很多事业有成的人都经历过艰难困苦，但还是一步一步坚持了下来，并最终闯出了自己的天地。

最后，在求职过程中如果自己喜欢的职业岗位已经饱和，那就先降低要求选择就业。只要不断努力、积极进取，你就在朝着自己的职业理想靠近。要知道，如果因没找到理想的工作而选择做“啃老族”的话，那就意味着根本没有实现职业理想的可能。

二、确定目标

无论是一件事还是整个职业、人生，都需要明确的目标，目标可以引导我们的行为。有了目标，我们就有了前进的方向，没有目标就不知道往哪儿走。

（一）SMART 原则

有效的目标需要符合 SMART 原则。

1. S（specific）：具体的，明确的

很多时候，设定的目标没有实现，不是因为执行目标的力度不够，而是因为目标设定得太含糊，不够明确具体。只有用明确具体的语言，清楚地说明要达到的效果，才是一个恰当的目标。

比如，有同学说 10 年后要在工作中成为一个小领导。小领导这就是一个很模糊的目标，不具体。10 年后成为站长、高级技师、司机长，这就是比较具体明确的目标。

有研究者曾经做过一个试验，他把人随机分成两组，让他们去跳高。两组人的个子差不多，先是一起跳过了 1 米。他对第一组说：“你们要跳过 1.2 米。”他对第二组说：“你们要跳得更高。”经过练习后，让他们再分别去跳。由于第一组有具体的目标，结果第一组每个人都跳过 1.2 米。而第二组的人因为没有具体目标，所以他们中大多数人只跳过了 1 米，少数人跳过了 1.2 米。这就是有和没有具体目标的差别所在。

2. M（measurable）：可衡量的，能度量的

目标应该是可以量化、可以衡量的，有明确的数据可以作为衡量目标是否达成的依据。比如，过着衣食无忧的生活、自我提升都是很笼统、难以衡量的目标，而年薪 30 万、看完 10 本书就是可量化、可衡量的目标。

3. A（attainable）：可达到的

一个有效的目标应该是稍加努力就可以实现的，有一定的挑战性，不会因为过于简单而让人失去追求目标的动力，又不至于过难而无论怎样努力都无法实现。

心理学研究中有一项关于成就动机的实验，邀请一些人参加一项套圈的游戏。在房间的一边钉上一根木棒，给每个人几个绳圈套到木棒上，离木棒的距离可以自己选择。距离一旦选定，就必须站在那个位置投。站得太近的人很容易就把绳圈套在木棒上，觉得这个活动没意思，于是很快放弃了；有的人站得太远，总是套不进去，也很快就放弃了；但有少数人站的距离恰到好处，不但使游戏具有挑战性，而且他们也在游戏中获得了成就感。

比如，有同学说要 5 年后成为地铁公司老总，这就是难以达成的目标，而 5 年后成为值班员、行调是可以实现的。

4. R（relevant）：相关的

相关性指的是此目标与其他目标是相关联的，如果实现了这个目标，但和其他目标完全不相关，或者相关度很低，那这个目标即使被达到了，意义也不是很大。

比如，大学期间不挂科，每门课达到 90 分以上，这些目标是为了毕业时候顺利进入地铁公司或者铁路局这个大目标，而某某游戏打到什么段位这个目标就和就业目标没有关联性。

5. T（time-bound）：有明确时间限制的

有效的目标应该是有明确的时间限制的，一个月的目标、一年的目标还是 5 年或者 10 年的目标。有时间限制是第一生产力，没有明确的时间限制就会觉得时间多的是，没有紧迫感，很容易让人懈怠。

比如，目标定为看完 5 本书，那么是一个月看完还是一年看完呢？成为值班站长的目标是 3 年、5 年还是 10 年呢？不同的时间对行动力的影响是不一样的。明日复明日，明日何其多。

（二）分解目标

制定职业目标前首先需要对未来所从事的行业有一些基本的了解，行业发展的情况、职位晋升的路线、普遍需要的年限等。制定一个长期的职业目标，可能依旧不知道该如何去着手准备，或者因为目标较高、实现较难、担心失败而拖延执行，所以需要对长期目标、大的目标进行拆解。

【拓展阅读】山田本一的取胜之道

1984 年，在东京国际马拉松邀请赛中，名不见经传的日本选手山田本一意外地夺得了世界冠军。当记者问他凭借什么取得如此惊人的成绩时，他说了这么一句话：凭智慧战胜对手。当时许多人都认为这个偶然跑到前面的矮个子选手是在故弄玄虚。马拉松赛是体力和耐力的运动，只要身体素质好又有耐性就有望夺冠，爆发力和速度都还在其次，说用智慧取胜确实有点勉强。

2 年后，意大利国际马拉松邀请赛在意大利北部城市米兰举行，山田本一代表日本参加比赛。这一次，他又获得了世界冠军。记者又请他谈经验。山田本一性情木讷，不善言谈，回答的仍是上次那句话：用智慧战胜对手。这回记者在报纸上没再挖苦他，但对他所谓的智慧迷惑不解。

10 年后，这个谜终于被解开了，他在他的自传中是这么说的：“每次比赛之前，我都要乘车把比赛的线路仔细地看一遍，并把沿途比较醒目的标志画下来，比如第一个标志是银行；第二个标志是一棵大树；第三个标志是一座红房子……这样一直画到赛程的终点。比赛开始后，就以百米的速度奋力地向第一个目标冲去，等到达第一个目标后，我又以同样的速度向第二个目标冲去。40 多公里的赛程，就被我分解成这么几个小目标轻松地跑完了。起初，我并不懂这样的道理，我把我的目标定在 40 多公里外终点线上的那面旗帜上，结果我跑到十几公里时就疲惫不堪了，我被前面那段遥远的路程给吓倒了。”

生涯规划中首先需要定一个人生目标，也就是整个人生的目标，大概四五十年后的目标，然后根据人生目标设定长期目标，即 5～10 年后的目标，中期目标，即 3～5 年的目标，最后是短期目标，即 2 年内的目标。

在人生旅途中，我们常常会因为觉得成功离自己很遥远而缺乏动力甚至半途而废，所以我们常常不是因为难度较大或者失败而放弃，而是因为对目标的畏惧或者倦怠。因此，在做生涯规划时，首先需要定一个人生目标，也就是整个人生的目标，然后分解到 5～10 年的目标、3～5 年的目标、每年的目标、每个月的目标，甚至每周的目标、每天的目标。只有这样，我们才能清楚地知道我们每天完成的成果与目标的关系，使我们持之以恒，不轻易放弃。

【课堂活动】制定你的职业目标

1. 请结合你的专业和未来的职业制定一个符合 SMART 原则的职业目标。
2. 请对你的职业目标进行分解，拆分为短期的小目标（也要符合 SMART 原则）。

我的职业目标：

我的 10 年目标：

我的 5 年目标：

我的 1 年目标：

我的半年目标：

我的月目标：

我的周目标：

我的日目标：

任务三　培养职业素养和能力

【导读】

当今世界，谁掌握了过硬的职业技能，拥有良好的职业素养，谁就能适应社会、找到立足之地。大学时光是我们最好的提升自身专业知识技能、培养通识能力和职业素养的最佳时机。精湛的技能、突出的能力、良好的职业素养将助力我们扬帆远航，谱写人生绚丽篇章。

【课堂活动】

阅读下面的内容，思考后面的问题。

雇主们通常对员工的能力有自己的要求。下面是一些知名企业的用人标准：

（1）摩托罗拉：诚信、勤奋、富于创造性、有团队精神。

（2）英美烟草：领导才能、思考能力、沟通能力、创造力。

（3）壳牌公司：成就力、分析力。

美国生涯咨询和发展协会对雇主的一份调查发现，雇主最看重的能力如下：

（1）善于学习。
（2）读写算的能力。
（3）良好的交流能力，包括听说能力。
（4）创造性思维和解决问题的能力。
（5）自尊、积极，有奋斗目标。
（6）有个人和事业开拓能力。
（7）交际、谈判能力及团队精神。
（8）良好的组织和领导能力。

思考：
（1）我有哪些能力？我是如何运用自己的能力的？
（2）有哪些能力是我欠缺而有待完善的？
（3）我还需要发掘自己的哪些能力？
（4）我目前的能力可以从事哪些职业？哪些是我感兴趣的？

一、时间管理

（一）要事优先

【拓展阅读】

一天，时间管理专家为一群商学院大学生讲课。他现场做了演示，给学生们留下了难以磨灭的印象。他对学生说，我们来做个小测验。拿出一个一加仑的广口瓶放在他面前的桌上。随后，他取出一堆拳头大小的石块，仔细地、一块一块地放进玻璃瓶。直到石块高出瓶口，再也放不下了。他问道："瓶子满了？"所有学生应道："满了！"时间管理专家反问："真的？"他伸手从桌下拿出一桶砾石，倒了一些进去，并敲击玻璃瓶壁使砾石填满下面石块的间隙。"现在瓶子满了吗？"他第二次问道。但这一次学生有些明白了，"可能还没有"，一位学生应道。"很好！"专家说。他伸手从桌下拿出一桶沙子，开始慢慢倒进玻璃瓶。沙子填满了石块和砾石的所有间隙。他又一次问学生："瓶子满了吗？""没满！"学生们大声说。他再一次说："很好！"然后他拿过一壶水倒进玻璃瓶直到水面与瓶口持平。抬头看着学生，问道："这个例子说明什么？"一个心急的学生举手发言："无论你的时间表多么紧凑，如果你确实努力，你可以做更多的事情！""不！"时间管理专家说。"那不是它真正的意思，这个例子告诉我们：如果你不是先放大石块，那你就再也不能把它放进瓶子了。那么，什么是你生命中的大石头呢？与你爱的人共度时光，你的信仰、教育、梦想？切记先去处理这些大石块，否则，一辈子你都不能做！"

我们常常会有这样一种感觉：我们正在认真学习，突然电话响了或者收到一条消息，可能是女朋友请你帮忙买一个东西，我们便开始逛淘宝挑选商品，然后顺着淘宝我们继续逛了逛微博、刷了刷抖音……一天过去了，这一天中最重要的学习任务并没有完成。

意大利的经济学家和园艺师弗雷多·帕累托（Wilfredi Pareto）发现：菜园里80%

的豌豆源自20%的豌豆荚，意大利80%的土地为20%的人口所有。后来又发现很多事物都存在80/20之间的规律，于是提出了“80/20法则”。一般情形下，产出或报酬是由少数的原因、投入和努力产生的。原因与结果、投入与产出、努力与报酬之间的关系往往是不平衡的。

在日常生活中这些例子不胜枚举：80%的生产来自20%的生产线，80%的销售额来自20%的客户，80%的病假条来自20%的员工，20%的业务员创造了80%的销售额，20%的人口消耗掉80%的医疗资源，20%的人际关系带来了80%的个人幸福……

这些规律和现象提示我们应该集中精力处理那些重要的20%的工作，花了一天的时间在淘宝、抖音、微博上而没有完成学习任务，就是因为缺乏要事优先的思维能力。

我们每个人的精力都是有限的，很难做到面面俱到，这时候就需要我们把80%的精力集中在这20%最重要的事情上，因为它们会对未来产生重要影响，所以值得我们付出80%的精力。如果反过来，我们将大部分时间放在了80%无关紧要的事情上，其实拖延很多时候就是先花了很多时间和精力在做无关紧要的事情、简单的事情，而重要的事情迟迟不动。

这样会导致我们可能总是处于忙碌地为在最后期限之前完成任务而疲于奔命的状态，我们面临的问题会越来越多，情绪也会越来越焦躁。

四象限法则是一个很有用的帮助我们对工作、学习和生活进行有效安排的工具，它可以帮助我们区分任务的优先级和重要性，从而把主要的时间精力集中于重要不紧急的事情上。（见图10-3）

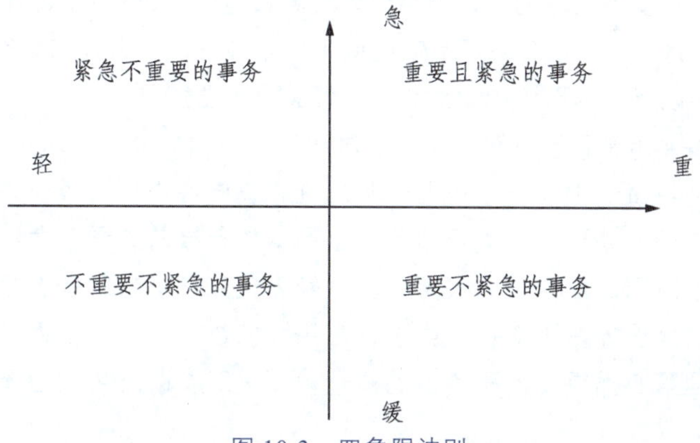

图10-3　四象限法则

如果把要做的事情按照紧急、不紧急、重要、不重要的排列组合分成4个象限，这4个象限的划分有利于我们对时间进行深刻的认识及有效的管理。

（1）第一象限：紧急且重要——马上处理。

第一象限的事是一些重要且紧急的事情，包括紧急事件、有期限要求的任务和需要立即解决的重要问题。这一类的事情具有时间的紧迫性和影响的重要性，无法回避也不能拖延，必须首先处理、优先解决。这些事情一般需要亲自做，不能丢掉不管，不能拖一拖再办，要按照先后顺序自己亲自去完成。例如需要向老师提交的一个活动方案，即将到来的考试，马上要交的实验报告、作业等。

（2）第二象限：紧急不重要——酌情处理。

第二象限的事件是那些紧急但不重要的事情，包括临时的干扰、无谓的电话、突发的不重要事件等。这些事情表面看上去像是第一象限的，因为紧迫性会让大家产生“这件事很重要”的错觉，实际上就算重要也是对别人而言，这些不重要的事件往往因为它紧急，就会占据人们很多宝贵时间。而我们花很多时间在这里面打转，自以为是在第一象限，其实不过是在满足别人的期限与标准。

因此，在评估了事情和对方的重要性且考虑清楚不做这件事的后果后，能拒绝的可以拒绝，能请他人帮忙处理的可以请人帮忙，只能自己处理的也应该尽快处理完。

（3）第三象限：既不重要也不紧急——避免或延迟行动。

第三象限的事件是既不重要也不紧急的，一般是些琐碎的杂事，如上网、玩游戏、闲聊、游逛等，没有时间的紧迫性，没有任何的重要性。这些事情应该放在最后，等其他类型的任务都完成后再来处理。

许多人往往在一、二象限中来回奔走，忙得焦头烂额，不得不到第三象限去疗养一段时间再出发。我们需要通过这类事情来让自己放松，真正有创造意义的休闲活动是很有价值的。然而像无节制地看电视、通宵上网玩游戏等，不但对未来的发展没有益处，而且还适得其反，是对身心的损毁。因此，不能让这些既不紧急也不重要的事情占据我们生活的大多数时间，如果我们花大把时间在这个象限，简直就是在浪费生命。

（4）第四象限：重要但不紧急——分阶段处理。

第四象限是重要不紧急的事，包括个人发展和提升、建立人脉、锻炼身体等，不同于第一象限。这一象限的事件不具有时间上的紧迫性，但是，它具有重大的影响，对于个人的发展以及周围环境的建立维护，都具有重要意义。

当我们有多件事情需要处理的时候，对一系列事情排列优先次序就显得很重要。根据四象限法则将每一项任务根据他的紧急性和重要性进行分类。在处理这四类事情时，首先集中精力处理第一类重要且紧急的事件，接着处理紧急不重要的事件。这类事件的处理原则是能请别人代劳的就让别人代劳，能拒绝的就拒绝，不能拒绝无法代劳的尽快处理掉，不能让这类事情占用我们过多时间，前面两类事情处理完之后就可以处理第四类重要但不紧急的事情，而第三类既不重要也不紧急的事情应放在最后。

我们需要多关注第四类重要但不紧急的事情，对这类事情的忽视或者拖延会导致两种结果：一种是重要但不紧急的事情变成了重要且紧急的事情，时间紧张、疲于应付、完成质量难以保证；另一种是关于自己长远发展的事情做得过少，使自己逐渐失去竞争力，被他人取代。

（二）番茄工作法

番茄工作法是由弗朗西斯科·西里洛于 1992 年创立的一种时间管理方法。有研究表明，我们能够真正专注于做一件事的时间是 25～30 分钟，所以番茄工作法就是把我们的工作或者学习时间划分为很多个番茄时间，一个番茄时间一般是 25 分钟，专注于工作学习，中间不做任何无关的事情，然后再休息 5 分钟（休息时间最好也能计时，避免一不小心休息过多时间）。每四次番茄时间，暂停工作和学习，进行一次比较长时间的休息，可以是 15 ~ 30 分钟。特别适用于工作和学习。

使用番茄工作法，需要准备两个工具：

（1）番茄钟，也可以用普通的计时器或者手机下载计时软件，如番茄 to do。

（2）列一张任务清单，将今天要做的事情按照轻重缓急排序，优先做那些重要且紧急的事情，做完一项任务画掉一项。

使用番茄工作法时，要注意尽量减少被打断的次数，如果被打断，但是打断你的事情不是当前立即需要去做的事情，可以把它列入任务清单中，然后继续刚才的任务，等当前这个番茄时间结束再去处理刚才的记录。如果打断你的任务是当前紧急的，那就重新开始一个番茄时间，按照紧急优先原则处理事务。

二、学习能力

（一）了解学习风格

学习风格是指学习者对学习环境的感知和认知方式，以及对学习环境做出的反应和与学习环境相互作用时所表现出的具有倾向性的方式，这种方式具有相对稳定性。

学习风格有以下几种类型：

1. 活跃型与沉思型

活跃型学习者倾向通过积极地做一些事，如通过讨论、应用或解释给别人听来掌握信息。而沉思型学习者更喜欢安静地思考问题。

2. 感悟型与直觉型

感悟型学习者喜欢学习事实，而直觉型学习者倾向发现某种可能性和事物间的关系。感悟型的学习者比直觉型的学习者更实际和仔细，而直觉型的学习者又比感悟型的学习者工作得更快，更具有创新性。

3. 视觉型与言语型

视觉型学习者很擅长记住他们所看到的东西，如图片、图表、流程图、图像、影片和演示中的内容，言语型学习者更擅长从文字和口头的解释中获取信息。

4. 序列型与综合型

序列型学习者习惯按线性步骤理解问题，每一步都合乎逻辑地紧跟前一步。综合型学习者习惯大步学习，吸收没有任何联系的、随意的材料，然后获得知识。

【课堂活动】所罗门学习风格自测表

请根据自己的情况选择最符合你学习情况或者学习兴趣的答案。

1. 你的性别？

A. 男　　B. 女

2. 为了较好地理解某些事物，我首先：

A. 试试看　　B. 深思熟虑

3. 我办事喜欢：

A. 讲究实际　　B. 标新立异

4. 当我回想以前做过的事，我的脑海中大多会出现：

A. 一幅画面　　B. 一些话语

5. 我往往会：

A. 明了事物的细节但不明其总体结构

B. 明了事物的总体结构但不明其细节

6. 在学习某些东西时，我不禁会：

A. 谈论它　　B. 思考它

7. 如果我是一名教师，我比较喜欢教：

A. 关于事实和实际情况的课程　　B. 关于思想和理论方面的课程

8. 我比较偏爱的获取新信息的媒体是：

A. 图画、图解、图形及图像　　B. 书面指导和言语信息

9. 一旦我了解了：

A. 事物的所有部分，我就能把握其整体

B. 事物的整体，我就知道其构成部分

10. 在学习小组中遇到难题时，我通常会：

A. 挺身而出，畅所欲言　　B. 往后退让，倾听意见

11. 我发现比较容易学习的是：

A. 事实性内容，例如：Excel 中 SUM 函数能够求出指定区域中所有数据之和

B. 概念性内容，例如：计算机是一种按照程序自动、高速、准确地进行大量运算和信息处理的电子设备

12. 在阅读一本带有许多插图的书时，我一般会：

A. 仔细观察插图　　B. 集中注意知识讲解的文字

13. 当我解决数学题时，我常常：

A. 思考如何一步一步求解　　B. 先看解答，然后设法得出解题步骤

14. 在我学习的班级中：

A. 我通常结识许多同学　　B. 我认识的同学寥寥无几

15. 在阅读非小说类作品时，我偏爱：

A. 那些能告诉我新事实和教我怎么做的东西

B. 那些能启发我思考的东西

16. 我喜欢的教师是：

A. 在黑板上画许多图解的人　　B. 花许多时间讲解的人

17. 当我在分析故事或小说时：

A. 我想到各种情节并试图把他们结合起来去构想主题

B. 当我读完时只知道主题是什么，然后我得回头去寻找有关情节

18. 当我做家庭作业时，我比较喜欢：

A. 马上着手，边做边思考任务

B. 先明白任务的具体内容，再着手完成

19. 我更喜欢以下两个选项中的哪个知识：
    A. 确定性的想法，例如：已知 A 是大于 C 的
    B. 推论性的想法，例如：已知 A>B 和 B>C，自行推出 A>C
20. 我记得最牢的是：
    A. 看到的东西，例如：电脑屏幕上呈现的操作图示
    B. 听到的东西，例如：教师讲解的知识内容
21. 我特别喜欢教师：
    A. 向我条理分明地呈示材料
    B. 先给我一个概貌，再将材料与其他论题相联系
22. 在课堂上，我喜欢：
    A. 在小组中学习　　B. 独自学习
23. 我更喜欢被认为是：
    A. 对学习细节很仔细　　B. 对学习很有创造力
24. 当要我到一个新的地方去时，我喜欢：
    A. 要一幅地图　　B. 要书面指南
25. 我学习知识时：
    A. 总是按部就班，我相信只要努力，终有所得
    B. 我有时完全糊涂，然后恍然大悟
26. 我办事时喜欢：
    A. 试试看　　B. 想好再做
27. 当我阅读趣闻时，我喜欢作者：
    A. 以开门见山的方式叙述　　B. 以新颖有趣的方式叙述
28. 当我在上课时看到一幅图，我通常会清晰地记着：
    A. 那幅图　　B. 教师对那幅图的解说
29. 当我思考一大段信息资料时，我通常：
    A. 注意细节而忽视概貌　　B. 先了解概貌而后深入细节
30. 我最容易记住：
    A. 我做过的事　　B. 我想过的许多事
31. 当我执行一项任务是，我喜欢：
    A. 掌握一种方法　　B. 想出多种方法
32. 当有人向我展示资料时，我喜欢：
    A. 图表　　B. 概括其结果的文字
33. 当我写文章时，我通常：
    A. 先思考和着手写文章的开头，然后循序渐进
    B. 先思考和写作文章的不同部分，然后加以整理
34. 当我必须参加小组合作课题时，我要：
    A. 大家首先“集思广益”，人人贡献主意
    B. 各人分头思考，然后集中起来比较各种想法
35. 当我要赞扬他人时，我可能会说他是：

A. 具有很强的敏锐性　　B. 具有丰富的想象力

36. 当我在聚会时与人见过面，我通常会记得：

A. 他们的模样　　B. 他们的自我介绍

37. 当我学习新的科目时，我喜欢：

A. 全力以赴，尽量学得多学得好

B. 试图建立该科目与其他有关科目的联系

38. 我通常被他人认为是：

A. 外向的　　B. 保守的

39. 我喜欢的课程内容主要是：

A. 具体材料（事实、数据），例如：Excel 中的数据管理，如学生成绩的管理

B. 抽象材料（概念、理论），例如：网络的分类、术语及服务协议

40. 在娱乐方面，我喜欢：

A. 看电视　　B. 看书

41. 有些教师讲课时先给出一个提纲，这种提纲对我：

A. 有所帮助　　B. 很有帮助

42. 我认为只给合作的群体打一个分数的想法：

A. 吸引我　　B. 不吸引我

43. 当我长时间地从事计算作业时：

A. 我喜欢重复我的步骤并仔细地检查我的作业

B. 我认为检查作业非常无聊，我是在逼迫自己这么干

44. 我能画下我去过的地方：

A. 很容易且相当精确　　B. 很困难且没有许多细节

45. 当在小组中解决问题时，我更可能是：

A. 思考解决问题的步骤

B. 思考可能的结果及其在更广泛的领域内的应用

表 10-2　计分表

活跃型/沉思型			感悟型/直觉型			视觉型/言语型			序列型/综合型		
问题	A	B	问题	A	B	问题	A	B	问题	A	B
1			2			3			4		
5			6			7			8		
9			10			11			12		
13			14			15			16		
17			18			19			20		
21			22			23			24		
25			26			27			28		
29			30			31			32		
33			34			35			36		

续表

活跃型/沉思型			感悟型/直觉型			视觉型/言语型			序列型/综合型		
问题	A	B	问题	A	B	问题	A	B	问题	A	B
37			38			39			40		
41			42			43			44		
总计			总计			总计			总计		
(较大数－较小数)＋较大数的字母											

计分方法：

1. 在表中适当的地方填上“1”(例：如果你第3题的答案为A，在第3题的A栏填上“1”；如果你第15题的答案为B，在第15题的B栏填上“1”)。

2. 计算每一列总数并填在总计栏。

3. 这个量表每列中用较大的总数减去较小的总数，记下差值(1到11)和字母(A或B)。例如：在“活跃型/沉思型”中，你有4个“A”和7个“B”，你就在那一栏的最后一行写上“3B”(3＝7－4，并且因为B在两者中最大)；又如若你在“感悟型/直觉型”中，你有8个“A”和3个“B”，则在最后一栏记上“5A”。

4. 每一列的取值可能为11A、9A、7A、5A、3A、A、11B、9B、7B、5B、3B、B中的一种。其中字母代表学习风格的类型不同，数字代表程度的差异。若得到字母“A”，表示属于前者学习风格，且“A”前的系数越大，表明程度越强烈；若得到字母“B”，表示属于后者学习风格，且“B”前的系数越大，同样表明程度越强烈。例如：在活跃型/沉思型量表中得到“9A”，表明测试者属于活跃型的学习风格，且程度很强烈；如果得到“5B”，则表明测试者属于沉思型的学习风格，且程度一般。在视觉型/言语型量表中得到“A”，表明测试者属于视觉型的学习风格，且程度非常弱；如果得到“3B”，则表明测试者属于言语型的学习风格，且程度较弱。

学习建议：

如果你是活跃型的学习者，更适合在做的过程中学，所以学习时应注意勤实践、多动手，平时可以多参加一些学校社团或社会实习等活动。

如果你是沉思型的学习者，说明你是个很好的思考者，遇到问题时会认真思考，所以学习时可以认真权衡各种问题解决的方法，然后从中选择一个最佳方案。

如果你是感悟型的学习者，那你必定很擅长记忆事实和做一些现成的工作，对细节很有耐心，学习时你可以依赖记忆和熟悉的方法来解决问题。

如果你是直觉型的学习者，你喜欢革新而不喜欢重复，所以学习时要多发挥自己的创造力，集中精力去理解和创新。

如果你是视觉型的学习者，那么你就一定是用眼睛学习一切学习材料。你应当多使用图表、幻灯片等视觉辅助性工具，要多练习将词汇或概念等在脑海里视觉化或形成图像。

如果你是言语型的学习者，你会希望表达，同时你一定也要多听多记录，并且随时审视你所记录下来的东西，听课时应坐在能够听清楚的地方。

如果你是序列型的学习者，那就按部就班地学习，按既定的计划和逻辑思考方法坚持学下去，你会积累很多知识。

如果你是综合型的学习者，你多半是个恍然大悟者，坚持训练自己解决复杂问题的能力，尝试用新奇的方式将知识组合，到时定有新突破。

（二）培养学习兴趣

学习兴趣是一个人倾向认识、研究获得某种知识的心理特征，是可以推动人们求知的一种内在力量。学生对某一学科有兴趣，就会持续地专心致志地钻研它，从而提高学习效果。

学习兴趣有一个发生、发展的过程，一般来说是从“有趣”开始，产生“兴趣”，然后向“志趣”发展的。因此，多去接触不同的行业、领域，找到自己感兴趣的学习领域，制定目标、建立激励机制，提升对该领域的学习兴趣。

（三）掌握学习策略

学习策略是学习方法的使用或活动方式，是学习者为了提高学习的效果和效率，用以调节个人学习行为和认知活动的一种抽象的、一般的方法。

1. 复述策略

复述策略是为了保持信息的完整、不遗忘而对信息反复重复的过程。

（1）分散记忆。

分散记忆是把较长、较复杂的学习材料分成几段加以记忆，中间穿插以休息或其他活动，来加强记忆的方法。采用分散记忆法，不仅记忆的速度快，而且出现的错误也少。

分散学习中，中间的休息时间可对刚学的内容进行巩固，从而提高记忆效果。分散学习可避免因学习时间过长而造成的兴趣降低和注意力减弱，也可以避免前后学习材料的互相干扰。在分散记忆时，人的大脑神经细胞可以得到适当的休息；反之，老是重复同一材料，单调刺激容易引起大脑皮层的保护性抑制。

（2）过度学习。

过度学习是指达到一次完全正确再现后仍继续识记的记忆。过度学习理论是由德国著名的心理学家 H.艾宾浩斯提出的，他认为一个人要掌握所学的知识，一定要经常提醒自己反复练习，才能得到巩固。

艾宾浩斯所说的“过度学习”，不是毫无限度地“超度学习”。一般认为在一定范围内，过度学习是必需的，超过了一定限度，就是很不经济的，因为过度学习需要更多的时间和精力。一般说来，学习程度以 150%为佳，其效应也最大。超过 150%，会因学习疲劳而发生“报酬递减”现象，学习的效果就会逐渐下降，出现注意分散、厌倦、疲劳等消极效应。

（3）及时复习。

艾宾浩斯的遗忘曲线告诉我们，遗忘在学习后立即发生，且在最初遗忘速度最快，之后逐渐减慢。学得的知识在一天后，如不抓紧复习，就只剩下原来的 25%。随着时间的推移，遗忘的速度减慢，遗忘的数量也就减少。

有人做过一个实验，两组学生学习一段课文，甲组在学习后不复习，一天后记忆率 36%，一周后只剩 13%。乙组按艾宾浩斯记忆规律复习，一天后保持记忆率 98%，一周后保持 86%，乙组的记忆率明显高于甲组。可见，及时复习可以减少遗忘。

2. 精加工策略

（1）联系已有背景知识。

精细加工强调在新学知识和已有知识之间建立联系，可见背景知识的多少在学习中是非常重要的。对于某一事物，我们到底能学会多少，最重要的一个决定因素就是我们对于这一方面的事物已经知道多少。有人曾经让大学生学习棒球和音乐方面的信息，结果发现，那些熟悉棒球但不熟悉音乐的学生，棒球方面的信息学得多一些；相反，那些熟悉音乐而不熟悉棒球的学生，音乐方面的信息学得多一些。事实上，背景知识比一般学习能力能帮助我们预测学生能学会多少。一个学习者如果非常了解某一课题，那他就有更完美的图式融合新的知识。因此，我们要不断扩充自己的背景知识，并有意识地将新学的知识与已有的知识联系起来。

（2）联系实际生活。

生活中产生的许多问题，不是因为我们缺乏相应的知识，而是因为我们不能使用这些知识。我们记住某个信息，并不能保证我们适时地使用它。我们学习的很多知识技能如果不在生活中去练习、践行，永远只能是书本上的知识，最终导致“懂了那么多道理，却依旧过不好一生”。因此，我们需要将学习的知识技能与实际生活联系起来，去练习、使用。我们不仅要记住某个信息，而且要知道如何以及何时使用所拥有的信息。

三、其他职业素养

（一）写作能力

书面沟通也是沟通的重要方式之一。统计表明，企业中高层领导的大部分时间花在文件审阅、传送及拟定上面，也就是说大部分时间在与书面语言打交道。而我们作为普通员工，也离不开书面沟通。年初计划、年终总结、工作汇报、请假条等都需要我们具有良好的写作和表达能力。

写作需要掌握一些基本原则，可以括为 4C 原则，即正确（correct）、清晰（clear）、完整（complete）、简洁（concise）。

“正确”是写作的首要原则，即写出的文字材料要真实可靠，观点要正确无误，语言要恰如其分。另外，也应该注意表述上的正确性。具体来说，在表述方式上，要符合文章样式的需要；在文字表达上，概念要明确，判断要恰当，推理要合乎逻辑；在文字书写上，要符合一定的标准。

“清晰”指在正确表达的基础上，应该力求清楚明了。清晰的文章能让同事、领导迅速领会文字的大意。此外，还应该注意文章的整体布置，包括标题、大小写、字体、页边距等，尤其是要留下适当的空白，若是把所有的文字都挤在一起，则很难阅读。

“完整”是指写作的文字应该反复检查思考，不断增补重要的事项，避免遗漏重要信息。

“简洁”就是清晰、准确地传达想要表达的意思，避免使用冗长的句子和拖沓的论述，以及只有少数人能明白的专业术语，这些会增加阅读负担，使阅读者理解起来很费劲。

（二）责任意识

责任就是做好社会赋予你的任何有意义的事情。对自己喜欢的工作尽职尽责、精益求精是责任，对自己不喜欢的工作毫无怨言的承担、认认真真做好，是责任。

我们的家庭需要责任，因为责任让家庭充满爱；我们的社会需要责任，因为责任能够让社会快速、稳健地发展；我们的企业需要责任，因为责任让企业更有凝聚力、战斗力和竞争力。

【拓展阅读】

为了发展海尔整体卫浴设施的生产，1997 年 8 月，33 岁的魏小娥被派往日本，学习掌握世界最先进的整体卫浴生产技术。在学习期间，魏小娥注意到，日本人试模期的废品率一般都在 30%、60%，设备调试正常后，废品率为 2%。

“为什么不把合格率提高到 100%？”魏小娥问日本的技术人员。“100%？你觉得可能吗？”日本人反问。从对话中，魏小娥意识到，不是日本人能力不行，而是思想上的桎梏使他们停滞于 2%。

作为一个海尔人，魏小娥的标准是 100%，即“要么不干，要干就要争第一”。她拼命地利用每一分每一秒的学习时间，3 周后，带着先进的技术知识和赶超日本人的信念回到了海尔。

时隔半年，日本模具专家宫川先生来华访问见到了“徒弟”魏小娥，她此时已是卫浴分厂的厂长。面对着一尘不染的生产现场、操作熟练的员工和 100%合格的产品，他惊呆了，反过来向徒弟请教问题“你们是怎么做到现场清洁的？100%的合格率是我们连想都不敢想的，对我们来说，2%的废品率、5%的不良品率天经地义，你们又是怎样提高产品合格率的呢？”

“细心。”魏小娥简单的回答又让宫川先生大吃一惊。细心，看似简单，其实不简单。

魏小娥在实践中把 2%放大成 100%去认识。比如她发现，有的产品成型后有不易察觉的黑点，就马上召集员工商量对策。有的员工说：“这个黑点不仔细看根本看不见，再说，经过修补后完全可以修掉……”

魏小娥说：“这些有黑点的产品万一流向市场，就会影响海尔的美誉度，用户都能拿着放大镜、听诊器去买冰箱，也会拿着这些东西来买卫浴设施。所以，既是‘白璧’就不能有‘微瑕’，产生这个小黑点的原因就是我们的现场还不能做到一尘不染。”

看过魏小娥带回的日本生产卫浴产品现场照片的职工说：“日本人的现场都那么脏，我们比他们强多了。再说，压出板材后，难免会有清理下来的毛边落下来……”

魏小娥听后深不以为然：“脏乱绝不是标准，一尘不染是海尔的标准！日本人做不到的，海尔何尝一定做不到？”但清理毛边的确要出现飞扬的尘土，怎么解决？魏小娥用上了心，吃饭走路都想着这个事。

一天，下班回家已经很晚了，吃着饭的魏小娥仍然在想着怎样解决“毛边”的问题。突然，她眼睛一亮：女儿正在用卷笔刀削铅笔，铅笔的粉末都落在一个小盒内，魏小娥豁然开朗，顾不上吃饭，在灯下画起了图纸。第二天，一个专门收集毛边的“废料盒”诞生了。压出板材后清理下来的毛边直接落入盒内，避免了落在工作现场或原料上，也就有效地解决了板材的黑点问题。

但魏小娥紧绷的质量之弦并未因此而放松。试模前的一天，魏小娥在原料中发现了一根头发。这无疑是操作工在工作时无意间落下的。一根头发丝就是废品的定时炸弹，万一混进原料中就会出现废品。魏小娥马上给操作工统一制作了白衣、白帽，并要求大家统一剪短发。又一个可能出现2%废品的原因被消灭在萌芽之中。

2%的责任得到了100%的落实，2%的可能被一一杜绝。终于，100%，这个被日本人认为是“不可能”的产品合格率，魏小娥做到了，不管是在试模期间，还是设备调试正常后。

考察一个人责任心的时候，不是听他讲得如何动听，而是看他能否以饱满的精神认真细致地做好自己分内的工作。

（三）安全意识

危险无处不在，主观安全意识薄弱，不仅影响职业生涯，还会有生命危险。轨道交通行业关系千万乘客的生命安全，更是需要加强安全意识。

生活中，我们也要做一个有安全意识的人，如不酒驾醉驾、带着孩子推着婴儿车不坐扶梯、不横穿马路等。

【拓展阅读】

2014年11月6日，33岁河北籍女子潘某，在北京地铁五号线驶往天通苑北方向的惠新西街南口站，被夹在闭合的安全门和车门中。随后车子开动，潘某被挤后跌落站台。列车共有24个车门，事故应该发生于第12个车门，在车头和车尾两个监控中，都是视野最远的地方。看到有人被夹在两道门之间，站在车外的七八个人就使劲地拍打安全门。女子被送来医院时，呼吸心跳已经停止，虽经积极抢救，予以心肺复苏约1小时，但最终抢救无效死亡。

案例分析：

第一，设备的安全性和可靠性问题。无论是屏蔽门还是车门都是夹不死人的，因为门上有传感器，有人就会打开。如果是人被夹在屏蔽门和车门之间，应该在屏蔽门和车门之间加装感应装置。地铁公司不应一味追求正点率和缩短发车间隔时间，更要考虑设备的维护和保养。

第二，乘客被夹，应该有站台工作人员及时和司机沟通。新线开通时往往站台工作人员更为谨慎，时间长了可能就会麻痹大意。在整个过程中，没有站台工作人员看到意外吗？他和司机有没有一个互动机制？司机有没有进行车门检查？

第三，地铁站需要加强安全监控。事故发生时包括地铁五号线在内的多条地铁线路都没有车身侧面的监控摄头，仅在车头和车尾装有监控。一旦发生意外，很难还原过程。应该落实严谨的监控制度，在每个站台，只有地面观察人员和监控摄头都没有发现意外情况时，才能发车。

（四）服务意识

服务意识是企业员工在与一切企业利益相关的人或企业交往中所体现的为其提供热情、周到、主动服务的欲望和意识，即自觉主动做好服务工作的一种观念和愿望，发自服务人员内心。轨道交通行业属于服务行业，更应该时刻树立乘客至上的服务意识。

【拓展阅读】

2005年2月18日上午9时55分左右，韩国东部著名的纺织服装城市大邱市，第1079号地铁列车上乘坐的大部分是老人和孩子。他们或翻看手中的书报，或闭目养神，车厢里显得非常安静。然而，列车刚在市中心的中央路车站停住，第三节车厢一名50多岁的男子从包里拿出一个装满易燃物的塑料罐，并拿出打火机将其点燃。顿时，整节车厢燃起了大火，三号车厢起火后，火势转眼之间就燃烧到整列六节车厢。更不幸的是，对面的列车也驶进了车站，火势又迅速蔓延到那列列车的六节车厢。

两列列车起火燃烧了起来，车站的电力系统立刻自动断电，站内一片漆黑，再加上当时列车电源突然中断，许多地铁车厢门根本打不开，地铁车窗玻璃又十分坚固，所以很多乘客被烧死或窒息死在车厢里。

此次火灾事故造成至少126人死亡，146人受伤，此外还有318名失踪者。据调查，1079号列车司机崔某和1080号列车司机被控未能及时向中央控制室报告火灾发生的情况，也未能采取有效措施帮助乘客逃生。1080号列车司机在逃离火灾现场时还拔走了机车的主控钥匙，致使列车完全断电，车门不能打开，造成大批乘客死亡。

在这个事件中，引起事故的原因有很多，其中不难发现司机的责任占了很大一部分。司机在列车发生火灾时关闭主控钥匙并独自逃离，这是严重的乘客服务意识不足。在当时的情景下，司机想的更多的是自己的生命安全，而乘客的人身安全已被抛之脑后。试想，如果当时值乘司机立即打开车门用广播引导乘客疏散并汇报控制中心，那么或许伤亡人数就没有这么多。司机的临阵逃离是其下意识的行为，这也说明了乘客服务意识在地铁运营中的重要性。

【知识点小结】

1. 生涯规划包含自我认识与评估、生涯机会评估、确定职业、确定目标、制订计划与措施、评估反馈6个重要步骤。

2. SWOT分析从优势、劣势、机会、威胁4个方面帮助我们进行自我评估和生涯机会评估。

3. 职业兴趣包含实用型、研究型、艺术型、社会型、企业型、事务型6种类型。

4. 制定目标要复合SMART原则，S：具体的，明确的；M：可衡量的，能度量的；A：可达到的；R：目标与其他目标的相关性；T：有明确时间限制的。

5. 时间管理要遵循要事优先的基本原则，通过四象限法则对生活事件进行分类和排序。

6. 学习风格有活跃型、沉思型、感悟型、直觉型、视觉型、言语型、序列型、综合型 8 种，不同的学习风格适合不同的学习方法和策略。

7. 学习策略主要有复述策略和精加工策略。

【课后思考与自评】

表 10-3　自我评价

项目	自评	备注
知识掌握	1　2　3　4　5	
活动参与	1　2　3　4　5	
实践应用	1　2　3　4　5	

参考文献

[1] 基思·斯坦诺维奇. 这才是心理学[M]. 北京. 人民邮电出版社，2008.

[2] 卡伦·达菲，伊斯特伍德·阿特沃特. 心理学改变生活[M]. 北京. 机械工业出版社，2015.

[3] 张志明，金冬梅. 亚健康状态研究现状[J]. 中国健康教育，2008，24（3）.

[4] 李子勋. 自在成长：所有经历，都是完成自己[M]. 北京：中国法制出版社，2019.

[5] 刘华山. 心理健康概念与标准的再认识[J]. 心理科学，2001（4）.

[6] 朱育红. 大学生心理健康教育课堂活动手册[M]. 上海：华东理工大学出版社，2015.

[7] 陈承欢，雷希夷. 通用职业素养训练与提升[M]. 北京：高等教育出版社，2016.

[8] 叶星，毛淑芳. 大学生心理健康指导[M]. 北京：对外经济贸易大学出版社，2014.

[9] 马歇尔·卢森堡. 非暴力沟通. [M]. 北京：华夏出版社，2009.

[10] 西也精治. 斯坦福高效睡眠法[M]. 北京：文化发展出版社，2018.

[11] 方平，蔡晓军，张立春. 自助与成长——大学生心理健康教育[M]. 教育科学出版社，2010.

[12] 徐宏俊，顾定红. 高职生心理健康体验式教程[M]. 北京：中国人民大学出版社，2015.

[13] 庄明科，谢伟. 大学生职业素养提升[M]. 北京：高等教育出版社，2016.

[14] 罗杰 R 霍克. 改变心理学的 40 项研究[M]. 北京：中国人民大学出版社，2004.

[15] 乔·卡巴金. 正念：此刻是一枝花[M]. 北京：机械工业出版社，2017.

[16] 汪海燕，马奇柯. 高职高专学生心理健康指导[M] 北京：高等教育出版社，2009.

[17] 黄希庭. 心理学与人生[M]. 广州：暨南大学出版社，2005.

[18] 苏颖，龙叶明. 轨道交通心理学[M]. 成都：西南交大出版社，2016.

[19] 汉姆菲特，米勒. 爱是一种选择[M]. 北京：中国轻工业出版社，2006.

[20] 克里斯多福·孟. 亲密关系[M]. 长沙：湖南文艺出版社，2011.